Energiesparen an Schulen

D1670354

Deutsche Gesellschaft für Umwelterziehung e.V.

Axel Beyer (Hrsg.)

Energiesparen an Schulen

Erfahrungsberichte

KRÄMER

Die deutsche Bibliothek - CIP-Einheitsaufnahme

Energiesparen an Schulen

Axel Beyer (Hrsg.) - Hamburg - Krämer, 1998

ISBN 3-89622-023-3

2. Auflage 1999

© Verlag Dr. R. Krämer, Hamburg 1998

Umschlaggestaltung: Verlag Dr. R. Krämer

Druck: Difo-Druck, Bamberg

Printed in Germany

ISBN 3-89622-023-3

Inhalt

Axel Beyer

Einleitung......7

I. Politik und Verwaltung

Herbert Medler
Schule und Energiezukunft in Europa - Ein Statement......15

Heidrun Heidecke
Energiesparen - eine umweltpolitische Zielstellung in Sachsen-Anhalt.....19

Renate Jürgens-Pieper
Erfahrungen in Niedersachsen mit unterschiedlichen
Energiesparprojekten......29

Werner Schmid
Energiesparen - Interessen und Möglichkeiten von Gemeinden
als Schulträger......37

Astrid Hoffmann, Karl-Heinz Hempler, Birgit Lüth
Nicht-investives Energiesparprogramm an den Schulen Hannovers......43

Eberhard Adam
Projekt „Dreh ab!" - Klimaschutz durch Energieeinsparung an
Schulen im Regierungsbezirk Lüneburg......53

Klaus Meyer
„Öfter mal abdrehen" - Eine Initiative für die Schulen des
Regierungsbezirks Lüneburg......59

II. Schulen

Roland Susel
Schulklima - Vom Motivieren einer Schulgemeinschaft......79

Jörg Eschner
ASKA - Eine Schule spart Energie..95

Wolfgang Kirsch
Der Alltag eines Energiesparprojektes 105

Walter Krohn
Schüler testen Schüler..119

Klaus Steup
„Energiesparen!" - eine Schule macht sich auf den Weg.........131

Hans-Jürgen Benecke
Ein Blockheizkraftwerk für die Gesamtschule Niendorf..........139

Ludwig Möller
Das Energiesparprojekt an der Beruflichen Schule
in Bad Segeberg..155

III. Energiewirtschaft

Martin Hector
Das Engagement der deutschen Gaswirtschaft beim Umwelt-
und Klimaschutz - Zusammenarbeit zwischen Unternehmen
und Schulen 177

Dietmar Reichelt
Warum die Energieversorgung Potsdam GmbH den Schulen beim
Energiesparen hilft...187

Elke Scholz
Energieunternehmen und effizienter Einsatz von Energie 191

Holger Krawinkel
Die Energiestiftung Schleswig-Holstein als Beispiel für die
Modernisierung der alternativen Energiepolitik........................199

Autorenverzeichnis...211

Einleitung

Axel Beyer

Als die Deutsche Gesellschaft für Umwelterziehung (DGU) 1992 erste Überlegungen anstellte, in Modellversuchen zu erproben, ob es möglich sei, durch ein geändertes Nutzerverhalten in Schulen Energie zu sparen, waren wir zunächst von der ausnahmslos guten Resonanz bei zuständigen Behörden, Lehrkräften und auch den Energieversorgern überrascht. Wir benötigten dann jedoch insgesamt zwei Jahre, um unser Vorhaben in Norddeutschland verwirklichen zu können. Seit im Sommer 1995 die Energiesparergebnisse aus Hamburg erstmals veröffentlicht wurden, hat sich unser Konzept bundesweit herumgesprochen und Nachahmer in allen Regionen des Landes gefunden.

Die Idee für ein Energiesparprojekt an Schulen kam ursprünglich nicht von der DGU. Bereits seit mehreren Jahren haben Lehrkräfte in verschiedenen Regionen versucht, im Rahmen der allgemeinen politischen Diskussion um eine zukünftige Energieentwicklung in der Bundesrepublik Deutschland für ihren Unterricht eine handlungsorientierte Umsetzung zu finden. Sowohl von der pädagogischen Durchdringung wie auch von den Ergebnissen bei der Energieeinsparung imponierte das Beispiel der Askanischen Oberschule in Berlin besonders. Jörg Eschner, einer der Promotoren des dortigen Versuchs, war dann auch Pate bei dem großangelegten Modellversuch der DGU.[1]

Es war unsere Absicht, möglichst viele Entscheidungsträger beim Modellversuch zu beteiligen, um einen gesellschaftspolitischen Durchbruch zu erreichen. Wir wollten so imponierende Ergebnisse produzieren, daß sich jeder Schulträger, der für die Energieversorgung von Schulen zuständig ist, ermutigt fühlt, ein Energieprojekt an seiner Schule durchzuführen. Energiesparen heißt schließlich Geld sparen, und die Kommunen stecken ja größtenteils tief in den roten Zahlen. Da die Energiekosten bei der Bewirtschaftung von Schulen für die Schulträger meist einen Anteil von über 50% haben, müßte eine Einsparmöglichkeit bei diesem großen Posten verlockend sein.

Doch zurück zum Vorgehen in der Planungsphase des Pilotprojektes. Erste Gespräche führten wir mit Bildungs- und Energieministerien und der Vereinigung Deutscher Elektrizitätswerke e.V. – Landesgruppe Schleswig-

---

[1] Hrsg.: Freie und Hansestadt Hamburg, Behörde für Schule, Jugend und Berufsbildung, ASKA – Eine Schule spart Energie, Redaktion: Jörg Eschner, Jürgen Wolf, Wolfgang Schulz, Hamburg, 1994.

Holstein, Hansestadt Hamburg und Mecklenburg-Vorpommern (VDEW) und dem Bundesverband der Deutschen Gas- und Wasserwirtschaft e.v. – Landesgruppe Nordost (BGW). Aufgrund der Verbandsstruktur der Energieversorger in den drei norddeutschen Ländern, den Hauptfinanziers des Versuches, zeichnete sich ab, daß wir in Hamburg, Schleswig-Holstein und Mecklenburg-Vorpommern unsere Idee gleichzeitig realisieren konnten. Die zuständigen Ministerien und Behörden in allen drei Bundesländern haben unserer Grundüberlegung zugestimmt, und nach einem Abstimmungsprozeß zeichnete sich ein jeweils paralleles Vorgehen in jedem der drei Bundesländer ab. Der Öffentlichkeit wurde durch eine unterschriebene Projektvereinbarung in jedem Bundesland das Konzept vorgestellt. Im folgenden Auszüge aus der Hamburger Vereinbarung:

„Energiesparen an Schulen - ein Umwelterziehungsprojekt an Schulen in Hamburg

Im Rahmen der allgemeinen Diskussion über die Gefahren einer globalen Klimaveränderung und im Zusammenhang mit der sich verschlechternden Lage der öffentlichen Haushalte ist Energiesparen stärker in den Vordergrund der gesellschaftlichen Betrachtung geraten. Von diesem Schuljahr an werden 13 Hamburger Schulen in einer zweijährigen Erprobungsphase Einsparpotentiale in ihren Gebäuden untersuchen und versuchen, diese weitgehend zu realisieren.

Begleitet wird das Gesamtvorhaben von einem Hamburger Beirat, in dem an dem Projekt interessierte Personen und Institutionen beteiligt sind:

- *die Behörde für Schule, Jugend und Berufsbildung,*

- *die Umweltbehörde,*

- *das Institut für Lehrerfortbildung,*

- *die Eltern-, Schüler- und Lehrerkammer des Landes,*

- *Vereinigung Deutscher Elektrizitätswerke e.V. - Landesgruppe Schleswig-Holstein, Hansestadt Hamburg, Mecklenburg-Vorpommern,*

- *der Bundesverband der Deutschen Gas und Wasserwirtschaft e.V., Landesgruppe Nordost,*

- *das Bezirksamt Altona,*

- *die Deutsche Gesellschaft für Umwelterziehung e.V.,*

- *jeweils ein Mitglied jeder Fraktion der Hamburger Bürgerschaft.*

Das Projekt

"Energiesparen an Schulen in Hamburg"

wird von den Beiratsmitgliedern unterstützt:

Behörde für Schule, Jugend und Berufsbildung

Umweltbehörde

Institut für Lehrerfortbildung

Elternkammer

Schülerkammer

Lehrerkammer

Vereinigung Deutscher Elektrizitätswerke -
VDEW e. V. / Landesgruppe S-H / HH / M-V

Bundesverband der Deutschen Gas- und Wasserwirtschaft - Landesgruppe Nordost

Bezirksamt Altona

Mitglied jeder Fraktion der
Hamburger Bürgerschaft   SPD

                          CDU

                          GAL

                          STATT-Partei
Deutsche Gesellschaft für Umwelterziehung e. V.
Hamburg, den 12. Juli 1994

Finanziell wird das Modellvorhaben von der Vereinigung Deutscher Elektrizitätswerke e.v., VDEW - Landesgruppe SH / HH / M-V, dem Bundesverband der deutschen Gas- und Wasserwirtschaft e.v. - Landesgruppe Nordost, der Umweltbehörde und der Deutsche Gesellschaft für Umwelterziehung e.v. getragen. In einer intensiven zweijährigen Vorbereitungsphase haben sich alle Beteiligten immer wieder für die Durchführung dieses Vorhabens eingesetzt und zur Realisierung beigetragen.

Parallel zum Projekt in Hamburg wird das gleiche Vorhaben für die zwei Bundesländer Schleswig-Holstein und Mecklenburg-Vorpommern durchgeführt.

Im Vordergrund des Gesamtvorhabens stehen dabei die praktischen Erfahrungen und die Bewußtseinsbildung der Schüler, indem sie lernen, durch eigenes Handeln Veränderungen im Energiehaushalt der Schule zu bewirken. Ein wesentlicher Teil dieser Maßnahmen setzt sich aus der Verhaltensschulung zum richtigen Umgang mit Energie und Energiedienstleistungen im Schulgebäude zusammen. Eine optimalere Nutzung von Licht und Heizung soll durch die Zusammenarbeit von Schülern, Lehrern und Hausmeistern mit den zuständigen Behörden, Energieberatungs- und Energieversorgungsunternehmen erreicht werden.

Grundlage für Einsparungen im Energiehaushalt der Schule ist die Erfassung und die Analyse der aktuellen Energieversorgung des Schulgebäudes, z. B. durch Temperaturmessungen und die Erforschung der Verbrauchswerte der zurückliegenden Jahre. Daraufhin sollten nicht-investive und auch investive Maßnahmen zur Verringerung des Energieverbrauchs erarbeitet werden.

Für die Arbeit der Schulen wird ein Gerätepool mit Meßgeräten und mit Beispielsammlungen von Energiesparaktionen von Schulen in anderen Bundesländern bereitgestellt. Das Modellvorhaben wird in jeder Schule jeweils von einem kleinen Lehrerteam geleitet werden. Zur Durchführung des Projektes werden die beteiligten Lehrer in Fortbildungsveranstaltungen vorbereitet. Unmittelbar durchgeführt werden kann das Projekt je nach Interesse der Schule im Regelunterricht, in Projektwochen oder aber in speziellen Arbeitsgemeinschaften.

Durch das Energiesparprojekt lassen sich zentrale umweltpädagogische Ziele realisieren:

- *handlungsorientierte Umwelterziehung, bei der das Lernziel "sinnvoller Umgang mit Energie" kurzfristig mit konkreten Erfolgen belohnt werden kann;*

- *fachliche und pragmatische Lernziele: das Verständnis für Energie, das Messen, Erstellen und Verstehen von Diagrammen und fächerübergrei-*

fende Lernziele: z.B. Geschichte, Schulgeschichte, Energiegeschichte, Haushaltslehre;

- *die Erfahrung, daß scheinbar unveränderliche Bedingungen und Sachzwänge durch Engagement, Wissen und Ausdauer durchaus zum Besseren verändert werden können. Gerade für Jugendliche ist eine solch Erfahrung angesichts der scheinbaren Ohnmacht des einzelnen gegenüber komplexen Sachverhalten eine wichtige soziale Lernerfahrung.*

Die Einsparung von Energie ist gleichbedeutend mit Kosteneinsparungen. Durch die Möglichkeit, einen Teil der gesparten Energie in finanzieller Form den Schulen wieder zur Verfügung zu stellen, soll den beteiligten Schulen neben den inhaltlichen Aspekten ein weiterer Anreiz zum Energiesparen gegeben werden. Die Durchsetzung dieses Anliegens für die Schulen ist ein Arbeitsziel im Rahmen des Projektes. "

Nach Abschluß der Heizperiode des ersten Projektjahres hat die Hamburger Umweltbehörde die Energiesparergebnisse öffentlich präsentiert. Die 13 DGU-Schulen haben rund 230.000 DM eingespart und damit durchschnittliche Einsparungen des Energieverbrauchs in Höhe von 8% erreicht. Die höchste Einsparquote wurde mit 17% und die geringste mit 1% erzielt. Den beteiligten Schulen wurde die Hälfte der eingesparten Energiekosten als Belohnung zur freien Verfügung zurückerstattet. Die andere Hälfte der Einsparungen kamen dem Haushalt der Hansestadt Hamburg zugute. Dieses Finanzmodell wird in Hamburg „Fifty-Fifty" genannt. Schulträger in anderen Bundesländern haben die eingesparten Gelder dreigeteilt: 30% kommen in den Haushalt, 40% werden für Investitionen in Energiespartechnik der Schule aufgewendet und 30% stehen für den Schuletat zur freien Verfügung. Es gab auch Bürgermeister, die 100% des Geldes an die Schulen wieder auszahlten und auch welche, die alles einbehielten, weil sie der Auffassung waren, das jeder Beamte seine Arbeit ohne besondere Zuzahlung tun sollte.

Während in den Flächenländern Schleswig-Holstein und Mecklenburg-Vorpommern die Schulträgerschaft bei den Kommunen liegt und somit jeder Schulträger eine eigene Regelung für eine Belohnung der Schule vornehmen mußte, hatte Hamburg den Vorteil, daß Stadt und Bundesland identisch sind. Die Energiesparzahlen aller beteiligten Schulen in Hamburg wurden zusammengerechnet und ergaben eine bemerkenswerte Dimension. Nicht zuletzt ist natürlich die Namensgebung „Fifty-Fifty" für die öffentliche Darstellung eine griffige Formel, die gut vermittelbar ist. Die Ergebnisse der Schulen in Schleswig-Holstein und Mecklenburg-Vorpommern sind im Vergleich mit den Hamburger Schulen nicht weniger imposant und sollten genauso gewürdigt werden.

Ein Nachteil des „Fifty-Fifty"–Modells ist allerdings, daß durch die Namensgebung die finanziellen Aspekte in den Vordergrund rücken und teilweise das Interesse an der Projektteilnahme nur dadurch motiviert ist, einen finanziellen Vorteil zu erzielen. Aus Sicht der Schulträger ist das nicht nur verständlich, sondern sogar unsere ursprüngliche Erwartung gewesen, wenn das allerdings auch für die Lehrkräfte zutrifft, so konterkariert das die Arbeit der Initiative. Die umweltpädagogischen Ziele sollten im Mittelpunkt des Unterrichts stehen und nicht die Möglichkeit, ökonomische Gewinne zu erzielen.

Für gute Leistung im Unterricht, z.b. Vokabellernen im Fremdsprachenunterricht oder einer Inhaltsangabe zu einem Gedicht, gibt es auch keine Belohnung in Geldform, warum sollte das also für handlungsorientierten Unterricht gelten? Weiterhin kommt hinzu, daß bei einer optimal eingestellten schulischen Energieversorgung jede neue Schülergeneration durch ein Energiesparprojekt an seiner Schule die Breite des Handlungsspektrums kennenlernen sollte. Verhaltensweisen müssen regelmäßig trainiert werden, wie es z.b. bei einer Feuerübung in der Schule auch der Fall ist, besonders dann, wenn das Gelernte weit über die Schule hinaus Bedeutung erhalten soll.

Eines unserer Ziele war es, zu erreichen, daß Energiesparprojekte in die Schulcurricula eingebaut werden und ein Element des Regelunterrichts werden. Dies konnte in einigen der Modellschulen auch erreicht werden. In anderen ist festzustellen, daß mit dem Wechsel der beteiligten Lehrkräfte das Vorhaben nur einen geringen Nachhall erfuhr.

Im vorliegenden Band haben wir Vertreter aus Ministerien und Verwaltung, von Schulen und aus der Energiewirtschaft aus unterschiedlichen Bundesländern gebeten, ihre Eindrücke, Erfahrungen und weitergehenden Erwartungen mit Energiesparprojekten zur Diskussion zu stellen. Die DGU hat aufgrund der großen Resonanz auf den Modellversuch in Norddeutschland inzwischen in Thüringen, Bayern und Sachsen-Anhalt landesweite Projekte begonnen und in einigen Bundesländern auch auf Wunsch die Betreuung aller Schulen einzelner Kommunen übernommen.

I. Politik und Verwaltung

Schule und Energiezukunft in Europa

- Ein Statement -

Herbert Medler

Eine gesicherte Energieversorgung war und ist kennzeichnend für wachsende Volkswirtschaften. Der Rohstoff „Energie" stand demzufolge lange lediglich als Produktionsfaktor im industriell-gewerblichen Bereich im Vordergrund.

Mit den Energiepreiskrisen der 70er Jahre wurde uns dann bewußt, wie abhängig wir von Energie- und Rohstofflieferanten und Energievorkommen weltweit sind. Und wir haben realisiert: Energie als fossiler Rohstoff steht nicht unbegrenzt zur Verfügung.

In diese Zeit fiel auch das Buch des Club of Rome über die Grenzen des Wachstums. In Folge setzte ein immer stärkeres Nachdenken über die Grundlagen unseres Wohlstandes ein. Energie spielte und spielt dabei eine wichtige Rolle. Allmählich, aber zunehmend intensiver erlebte diese Republik einen Bewußtseinswandel im Umgang mit Energie, der u.a. auch die Umweltpolitik nachhaltig beeinflußt hat.

Aus der heutigen Perspektive betrachtet, ist es vielleicht verwunderlich zu sehen, daß es erst eines Preisschocks und damit einer wirtschaftlichen Problemlage bedurfte, um diesen Bewußtseinswandel auszulösen. Nämlich die Suche nach den Ursachen für Luftverschmutzung und Klimaveränderungen, den Folgen eines Wachstums ohne Rücksicht auf nicht erneuerbare Produktionsfaktoren wie Boden-Luft-Wasser oder fossile Rohstoffe. Wir alle mußten feststellen: Europäer, Afrikaner, Asiaten und Amerikaner sitzen - betrachtet vom Energie- und Klimastandpunkt - in einem Boot und Fehlentwicklungen an einem Punkt der Erde wirken sich noch weit entfernt aus.

Mehr und mehr nahmen Forschung und Wissenschaft diese Herausforderung an und brachten neue Erkenntnisse über zum Teil komplizierte klimatechnische Zusammenhänge an die Öffentlichkeit.

Die Energiepolitik nahm vor ungefähr 20 Jahren erstmals den Umweltgedanken als Zielgröße auf - neben einer sicheren und preiswerten Energieversorgung und einem ausgewogenen Energieträgermix trat der Umweltgedanke als 4. Dimension der Zielbestimmung.

Die Entwicklung sparsamer Autos geriet zur Herausforderung an Techniker und Ingenieure. Häuser wurden auf ihre energiedämmenden Eigenschaften untersucht. Der Einsatz neuer Heiztechniken senkte den Verbrauch. Neue Mess- und Regeltechniken zur Optimiermg der Wärmeversorgung von Häusern wurden entwickelt. Eine ganze Reihe von gesetzlichen Maßnahmen unterstützen diesen Trend (Energieeinsparungsgesetz, Heizungsanlagenverordnung, Wärmeschutzverordnung, Stromeinspeisungsgesetz etc.).

Die Wirtschaft nahm diese Aufgabe auch unter betriebswirtschaftlichen Gesichtspunkten an: Energie als Kostenfaktor in der Produktion geriet in das Visier der Kaufleute. Und die Wirkungen sind heute nicht zu übersehen.

Noch zu Beginn der 70er Jahre bestritt die Industrie den höchsten Anteil am Endenergieverbrauch mit über 40%. Mitte der 90er Jahre liegt er bei rd. 27% und damit fast gleich auf mit den privaten Haushalten, die im Gegenteil ihren Anteil am Endenergieverbrauch von knapp 25% auf knapp 27% erhöht haben.

 Wir können heute feststellen: Der früher geradezu als Naturgesetz formulierte enge Zusammenhang zwischen Wachstum und Energieverbrauch hat sich weitgehend entkoppelt. Das Wachstum in Westdeutschland betrug in den letzten 15 Jahren etwa 35%, der Primärenergieverbrauch nahm dagegen um nur ca. 5% zu. Energieeffizienz ist das Schlüsselwort, mit dem die Ökonomen dieses Phänomen erklären.

Gleichwohl gibt es einige Faktoren, die einen gegenläufigen Trend auslösen. Es sind dies neben dem bestimmenden Faktor Wachstum bzw. Bruttowertschöpfung eine zunehmende Zahl von Single-Haushalten, die im Zeitvergleich von immer jüngeren Leuten gegründet werden und mit einer Vollausstattung von Haushaltsgeräten dem allgemein sinkenden spezifischen Energieverbrauch entgegen wirken.

Ein weiterer Bestimmungsfaktor ist der Wohnungs- und der PKW-Bestand. Hier ist insbesondere interessant, daß inzwischen fast die Hälfte der PKW-Fahrten nicht aus beruflichen oder gewerblichen Gründen veranlaßt sind. Die Freizeitgesellschaft fordert energiepolitisch ihren Tribut.

Wir haben in dieser Gesamtbetrachtung allerdings einen wesentlichen Faktor vergessen: und das ist das individuelle Verhaltensmuster jedes einzelnen Menschen. Wir müssen deshalb zwischen zwei energiepolitischen Handlungsebenen unterscheiden: Die eine - die ich die Metaebene nennen will - ist die Politikebene mit gesetzlichen Vorgaben, mit Entscheidungen zum Einsatz bestimmter Energieträger (Kohle, Öl, Gas, Kernenergie), mit finanziellen Förderprogrammen bei der Energieeinsparung, bei der Förderung von Einsparberatung und erneuerbaren Energien, mit Information und Aufklärung. Die zweite Ebene ist die Bewußtseins- und Verhaltensebene der Bürger: Sie bestimmt über beachtliche Einsparpotentiale im Energiebereich. Und das bedeutet: 10% des gegenwärtigen Energieverbrauchs sind durch verhaltensbedingte Änderungen einzusparen. Im Einladungsschreiben haben Sie, Herr Beyer, bereits darauf hingewiesen: seriöse Wissenschaftler nennen sogar eine Spannbreite zwischen 10% und 15%!

Jenseits aller staatlichen Vorgaben gibt es immer Freiräume für individuelles Verhalten, die in einer demokratischen Gesellschaft jeder selbstbestimmt ausfüllt - auch im Umgang mit Energie. Und das ist zugleich der Bereich, den wir mit Information und Aufklärung - auch als Bundeswirtschaftsministerium - zu gestalten versuchen. Und die Alternativen sind klar:

- Kaufe ich ein großes oder ein kleines Auto?
- Fahre ich mit dem Auto oder dem öffentlichen Nahverkehr zur Arbeit, zum Einkaufen?
- Bilde ich eine Fahrgemeinschaft?
- Welche energiesparende Heiztechnik baue ich in meinem Haus ein?
- Welche Heiztemperatur stelle ich in meiner Wohnung ein? usw.

Millionen von Bürger entscheiden tagtäglich - unbewußt - über den Verbrauch von Energie. Hier liegt der Schlüssel für ein riesiges Energieeinsparpotential. Voraussetzung ist das richtige Bewußtsein.

Und hier gilt wie in anderen Bereichen die gleiche Erkenntnis: **Was Hänschen nicht lernt, lernt Hans nimmer mehr (oder nur mühsam).** Deshalb ist es so wichtig, schon von Kindesbeinen an mit dem Energiesparen vertraut zu werden.

Ein - wie ich finde - gelungenes Beispiel aus einem anderen Bereich ist der Umgang mit dem Thema „Abfall". Getrennte Müllsammlung ist unseren Kindern erheblich vertrauter als der älteren Generation (Kinder nehmen in der Familie durch ihr Verhalten damit auch eine Vorbildfunktion ein.). Die gleiche Chance sehe ich auch für das Energiesparen.

Das Bundesministerium für Wirtschaft nimmt sich in seiner Öffentlichkeitsarbeit schon langjährig der jüngeren Zielgruppen an. So wurden altersgerechte Angebote für Kindergärten und ein Folienordner zum Energiesparen für den Einsatz im Unterricht an Grundschulen entwickelt; beide Produkte erfreuten sich in der anschließenden Bewertung durch die Pädagogen großer Beliebtheit. Mehr als 15 000 Foliensätze sind bisher in den Schulen eingesetzt worden.

Mit der Broschüre "Energiespartips für Kids" versuchen wir für die Schüler in Comicform zielgruppengerecht Hintergrundwissen zu Energieträgern und Problemen bei ihrem Einsatz zu vermitteln. Mehr als eine halbe Million Exemplare sind bisher abgegeben worden.

Mit einem PC-Spiel sind wir auf die Altersklasse der Jugendlichen ab 10 Jahre zugegangen - eine Zielgruppe, die erfahrungsgemäß nicht ganz leicht für das Thema "Energiesparen" zu begeistern ist. Wir können feststellen, daß die Bewertung des Spiels durch Fachpresse und repräsentative Stichproben im Ergebnis gute Noten gebracht hat.

Parallel hierzu haben wir in Kooperationen mit Jugendzeitschriften (Salto, Mickey Mouse, Stafette etc.) und TV-Sendern Energiesparen in unterhaltsamer Form für Kinder bereitet (Beispiel: Sesamstraße). Der Energiesparkalender des Bundesminsteriums für Wirtschaft geht auf einen Ideenwettbewerb zurück, den wir gemeinsam mit TV-Beilagen (Prisma, RTV und BWZ) ausgelobt haben. Über die große Resonanz haben wir uns sehr gefreut.

Erwähnen möchte ich auch die aktive Unterstützung des Bundesministeriums für Wirtschaft bei der Vergabe des Energiesonderpreises im Wettbewerb "Jugend forscht". Wir waren und sind immer wieder beeindruckt von der hohen wissenschaftlichen Qualität der Arbeiten, die der Jury von 16- bis 20-jährigen Schülerinnen und Schülern vorgelegt wurden. Hier wächst, so denke ich, auch ein interessantes wissenschaftliches Nachwuchspotential. In keinem Lehrplan sollte Energiesparen fehlen. Mein Eindruck ist: Schülerinnen und Schüler können sich für ein scheinbar sprödes Thema begeistern, wenn es didaktisch richtig - d.h. altersgemäß vermittelt wird.

Wichtig erscheint mir vor allem, über einen spielerischen Umgang und eine positiv besetzte Grundstimmung (Motto "Energiesparen ist leicht") eine Öffnung für das Thema zu erreichen. Von apokalyptischen Szenarien halte ich nichts. Darin bestärkt uns übrigens auch die Meinungsforschung.

Ich wünsche der Fachtagung "Schule und Enerergiezukunft in Europa" viele gute Ideen und einen anregenden Gedankenaustausch.

Energiesparen - eine umweltpolitische Zielstellung in Sachsen-Anhalt

Heidrun Heidecke

Amory Lovins: „Es ist billiger, Energie zu sparen als Energie herzustellen"

Die ökologische Neuorientierung der Energieversorgung ist eine Schlüsselfrage für die Zukunft der Menschheit. Vor dem Hintergrund der bereits eingetretenen und absehbaren Klimaveränderungen muß Energie umweltschonend bereitgestellt und effektiv eingesetzt werden.

In den vergangenen Jahren zeichneten sich Veränderungen im Herangehen an die Problematik ab. Durch politische Zielvorgaben, z.b. zur Verringerung der CO_2-Emissionen von 25% gegenüber 1987 bis zum Jahr 2005, die Erarbeitung von Umsetzungskonzepten u.a., sind Handlungsrahmen abgesteckt worden.

Das Land Sachsen-Anhalt sieht sich ebenfalls in der Verantwortung, eine Energiepolitik zu betreiben, die neben einer sicheren und preiswürdigen Energieversorgung auch zur Schonung der natürlichen Ressourcen beiträgt. Die Eckpunkte der Energiepolitik der Landesregierung sind im Juli 1994 festgelegt worden. (1)

Im Januar 1995 wurde die Energieagentur Sachsen-Anhalt gegründet. Gesellschafter der als GmbH gegründeten Agentur sind das Land Sachsen-Anhalt, zwei regionale und drei kommunale Energieversorgungsunternehmen. Ziel der Arbeit der Agentur ist die Schaffung struktureller, ökonomischer und organisatorischer Voraussetzungen zur Durchsetzung eines innovativen Energieeinsatzes. Hauptaufgabenfelder werden in den Bereichen Energieeinsparung, Kraft-Wärme-Kopplung und erneuerbare Energien gesehen. Das Angebot aus Beratung, Planung und Konzipierung richtet sich an Kommunen, Industrie- und Gewerbebetriebe, Wohnungsbaugesellschaften und Energieversorgungsunternehmen.

Am 10. Mai 1995 konstituierte sich der Landesenergiebeirat als Beratungsgremium des Ministeriums für Raumordnung, Landwirtschaft und Umwelt des Landes Sachsen-Anhalt (MRLU) für energiepolitische und energiewirtschaftliche Fragen. In den Beirat sind Vertreter der Wissenschaft, der Strom- und Gaswirtschaft, der Kohlewirtschaft, der Industrie- und Handelskammer, des Verbandes kommunaler Unternehmen, der Gewerkschaften, der Umweltverbände und der Energieagentur berufen. Das MRLU und das Ministerium für Wirtschaft und Technologie vertreten das Land Sachsen-Anhalt.

Am 30.7.1996 hat das Landeskabinett die „Energiepolitischen Leitsätze" des Landes Sachsen-Anhalt beschlossen. Das strategische Handeln der Landesregierung steht unter dem Leitgedanken der „integrierten Ressourcenplanung". (2)

Für die Energiepolitik sind folgende Prioritäten gesetzt:

- Risikoarmut
- Energieeinsparung
- Substitution herkömmlicher durch regenerative Energiequellen und
- Preiswürdigkeit.

Es sei an dieser Stelle angemerkt, daß die Landesregierung die Kernenergienutzung für nicht verantwortbar und für energiepolitisch kontraproduktiv ansieht und deshalb entsprechende Planungen und Investitionen ablehnt. (3)

Für eine nachhaltige und dauerhafte umweltverträgliche Energiewirtschaft ist es notwendig, den Energieverbrauch zu verringern und fossile Brennstoffe soweit wie möglich durch regenerative Energieträger zu ersetzen.

Besondere Aufmerksamkeit wird in Deutschland der Energieeinsparung zuteil. Für den Sektor Haushalt wird von einem Minderungspotential von bis zu 44% ausgegangen, d.h., daß prozentual wie auch absolut die größte Einsparung von den privaten Haushalten erwartet wird. (1)

Der Endenergieverbrauch im Land Sachsen-Anhalt betrug 1994 ca. 86 TWh. Davon entfallen 47,9% auf den Sektor Haushalt und Kleinverbraucher, 31,5% auf den Sektor Industrie und 20,6% auf den Verkehrssektor.(1)

Von der im Sektor Haushalt und Kleinverbraucher benötigten Endenergie von insgesamt 40 TWh wurden 1994 34% durch Erdgas und ca. 14% durch Fernwärme gedeckt. Ca. 37% werden durch die nicht leitungsgebundenen Energieträger Kohle (5.432 GWh) und Öl (7.929 GWh) sowie 6.248 GWh (15,4%) durch Strom abgedeckt. (1)

Zur Bestimmung der Trendprognose im Sektor Haushalt und Kleinverbraucher werden folgende Aspekte berücksichtigt:

- Wärmeschutzmaßnahmen an der bestehenden Gebäudesubstanz
- Modernisierung und altersbedingte Erneuerung von Heizungsanlagen
- Energiespareffekte durch Änderungen des Verbraucherverhaltens
- Veränderungen der Siedlungsstruktur
- Energieträgerumstellung von Kohle auf Fernwärme, Gas oder Heizöl

Auch zukünftig wird die Modernisierung von Heizungsanlagen, z.B. beim Austausch altersbedingter Anlagen, Hauptträger der Energieeinsparung sein. Die Energieeinsparungen werden allerdings durch die Zunahme der spezifischen Wohnfläche je Einwohner zum größten Teil kompensiert werden.

Es ist zu prognostizieren, daß auf Grund einer ungünstigen Kosten-Nutzen-Relation Hauseigentümer Wärmeschutzmaßnahmen an Gebäuden nur in beschränktem Umfange durchführen werden, wenn nicht durch geeignete Maßnahmen dem möglichen Trend entgegengewirkt wird.

Abb. 1. Einspareffekte durch Wärmeschutzmaßnahmen und durch Erneuerung von Heizungsanlagen bis zum Jahr 2010 in Sachsen-Anhalt (1):

Maßnahmen	Einsparrate*		Realisierungsumfang nach Energiepreisentwicklung		
	technisch möglich	durchschnittlich erwartet			
Isolierung			niedrig	normal	hoch
- Außenwand	7 - 35 %	- 20 %	0,07	0,1	0,2
- Fenster	10 - 25 %	- 15 %	0,2	0,4	0,6
- Dach					
- Ein- und Zweifamilienhaus	15 - 30 %	- 15 %	0,1	0,25	0,4
- Mehrfamilienhaus	5 - 15 %	- 10 %	0,08	0,15	0,3
- Kellerbereich	2 - 10 %	- 5 %	0,08	0,15	0,3

*bezogen auf den Wärmebedarf des gesamten Gebäudes

Prognoseannahmen zur Ermittlung von Einspareffekten durch Wärmeschutzmaßnahmen (Endjahr 2010)

Maßnahmen zur Modernisierung bzw. Ersatz	Einsparrate*		Realisierungsumfang nach Energiepreisentwicklung		
	technisch möglich	durchschnittlich erwartet			
			niedrig	normal	hoch
Kohle-Zentralheizung	- 30 %	- 25 %	1,0	1,0	1,0
Umstellung auf moderne Zentralheizung von					
- Gas-Einzelöfen	- 20 % bis - 25 %	0 %	0,5	0,4	0,3
- Kohle-Einzelöfen	- 10 % bis + 20 %	+ 10 %	0,7	0,6	0,5

*bezogen auf den Wärmebedarf des gesamten Gebäudes

Prognoseannahmen zur Ermittlung von Einspareffekten durch Erneuerung von Heizungsanlagen (Endjahr 2010)

Absehbar ist der Rückgang des Kohleverbrauchs durch den Einsatz von Heizöl bzw. Gas.

Die Entwicklung des Stromverbrauchs wird auch zukünftig noch durch eine zunehmende Anwendung elektrischer Geräte in den Haushalten und bei den Kleinverbrauchern und durch die Erhöhung der Anzahl von Haushalten bestimmt. Durchschnittlich ist von einer Zunahme von 1 bis 1,5% pro Jahr auszugehen. (1)

Die strategischen Schwerpunkte der Energiepolitik in Sachsen-Anhalt orientieren sich an folgenden klimapolitischen Prioritäten:

• Maßnahmen zur Reduktion der Energienachfrage
• Maßnahmen zur Effizienzverbesserung der Energiebereitstellung
• Maßnahmen mit Substitutionseffekten
• ordnungspolitische, rechtliche und finanzielle Maßnahmen zur Energieeinsparung und Umweltentlastung.

Die im Energiekonzept erarbeiteten Trend-Szenarien machen deutlich, daß die Potentiale der Energieeinsparung nicht ausgeschöpft werden. Das gilt insbesondere für den Bereich der Raumwärme.

Abb. 2
Beheizungsstruktur der Wohungen in Sachsen-Anhalt 1994 (4)

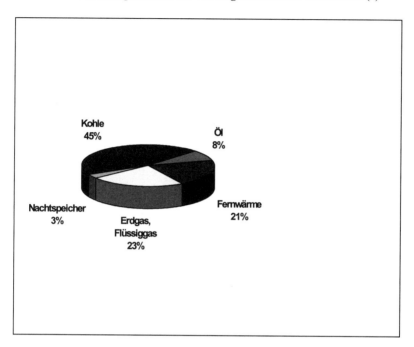

Die Energiespareffekte sind für diesen Sektor am größten. Erfolgverspre-
chende Energiesparstrategien sind zu entwickeln. Dazu bedarf es einer
Analyse des spezifischen Raumwärmebedarfes und der Nutzungsgrade der
typischen Heizungsstrukturen der Wohnungen.

Zahlreiche Hemmnisse sind bei der Nutzung der Plattenbauten für erfolg-
versprechende Einsparpotentiale zu überwinden (5):

- Kenntnis- und Informationsmangel
- Kapitalmangel
- ungeklärte Eigentumsfragen
- Eigentümer-Nutzer-Divergenzen
- Trennung zwischen Verwaltungs- und Investitionshaushalt.

Hier kommt einer kompetenten Energieberatung ein besonderer Stellenwert
zu. Allein durch Anregungen zu einem energiebewußten Nutzerverhalten
durch Schulung des Gebäudepersonals, z.B. der Hausmeister, und durch

weitere nicht-investive Maßnahmen kann ein beachtliches Einsparpotential erschlossen werden.

Im Rahmen des Klimaschutzprogrammes ist ein Modellvorhaben „Energie-einsparung und Umweltschutz an Schulen in Sachsen-Anhalt" vom MRLU initiiert worden. Folgende Schulen sind für die Durchführung des Modell-projektes in der Heizsaison 1996/1997 ausgewählt worden:

- Ökowegschule Kugelberg, Weißenfels
- Winckelmann-Gymnasium, Stendal
- Gymnasium Wolfen-Nord
- Wilhelm-von-Kügelgen-Sekundarschule, Holm.

Beim Modellprojekt geht es darum, die in Schulgebäuden vorhandenen Energiesparpotentiale durch nicht- oder gering-investive Maßnahmen zu erschließen.

Damit werden die Zielgruppen Schulleitung, Lehrer, Schüler und Haus-meister im eigenen Erlebnisfeld mit der Thematik „Energieeinsparung" vertraut gemacht. Die aktive Einbeziehung der Zielgruppen vermittelt allen Beteiligten Kenntnisse und Erfahrungen beim Aufbau eines Energiespar-managementsystems.

Das Projekt beinhaltet die Erstellung von Verbrauchsanalysen für die Schulgebäude und Sporthallen. Des weiteren werden Unterrichtsbausteine erarbeitet, die folgende inhaltliche Schwerpunkte aufbereiten:

- Zusammenhänge zwischen Energie- und Ressourcenverbrauch und Kli-maschädigung (Ressourcenschonung, Emissionsminderung, Energieträ-ger, Treibhauseffekt u.a.)
- Reduzierung des Energieverbrauches und ökonomische Dimensionen (Energiekosteneinsparung, Mitteleffizienz, Energiesparinvestitionen, Amortisationszeiten u.a.)
- System der Energieversorgung (Energieversorgungsunternehmen/Ener-giedienstleistungsunternehmen, Kommunalversorger, Energiepreise u.a.)

Es werden letztlich Fragen behandelt, die auch im Elternhaus oder z.B. beim Sportverein keine unbedeutende Rolle spielen. Damit soll ein Multi-plikatoreffekt zur Sensibilisierung für Inhalte einer nachhaltigen Entwick-lung erzielt werden. Langfristiges und übergeordnetes Ziel ist es aber, die Beteiligten zu einem dauerhaften energiesparenden Verhalten zu motivie-ren.

Mit diesem Projekt soll modellhaft für alle Schulen des Landes gezeigt werden, wie der öffentlichen Sektor zum Erreichen des Klimaschutzzieles beitragen kann.

Das Bemühen, durch Einsparungen an Energie oder durch Erschließen regenerativer Energiequellen auch Finanzprobleme zu lösen, wird selbstverständlicher. Immer mehr Akteure, insbesondere auf kommunaler Ebene, aber auch in den Unternehmen, befassen sich mit Fragen eines effektiven Energieeinsatzes bzw. des Energiesparens. Die Kooperationen verschiedener Partner wie Verwaltungen, Energieversorgungsunternehmen u.a. dokumentieren sich in nachahmenswerten Projekten.

Art, Dynamik und Volumen des Energieumwandlungsprozesses sind für Umwelt und Wirtschaft von großer Bedeutung: „Je günstiger oder je weniger günstig dieser Prozeß der Umwandlung organisiert wird, um so höher oder um so geringer sind die wirtschaftlichen und sozialen Kosten...". (5)

Zur Erschließung von Marktnischen bedienen sich Energieversorgungsunternehmen zunehmend des Instrumentes der Investoren- und Betreibermodelle. Zugleich sind Investoren- und Betreibermodelle geeignete Instrumente, die Einsatzmöglichkeiten regenerativer Energieträger zu ermöglichen. Insbesondere sind die Modelle, die oft als *Contracting* bezeichnet werden, für die öffentliche Hand unter den angespannten Haushaltsbedingungen interessant.

1996 ist z.B. ein kohlebefeuertes Heizwerk der Hallischen Baumaschinen AG stillgelegt worden, das zur Versorgung von Liegenschaften des Landes Sachsen-Anhalts, nämlich der Jugendvollzugsanstalt Halle/Saale, Dienststellen des Landessozialamtes und des Regierungspräsidiums, diente. Es mußte eine Lösung gefunden werden. (6)

Normalerweise ist folgender Weg zu beschreiten:

1. Das Staatshochbauamt vergibt einen Planungsauftrag,
2. die Haushaltsunterlage Bau wird erarbeitet,
3. der Landtag bewilligt entsprechende Finanzmittel im Haushaltsplan,
4. die Bauaufträge werden ausgelöst,
5. die Anlage wird gebaut, und
6. im Rahmen der Landesverwaltung wird die Anlage betrieben.

In seiner ersten Legislaturperiode hat der Landtag von Sachsen-Anhalt beschlossen, daß die Landesverwaltung statt der Vergabe von Planungs- und Bauleistungen Ausschreibungen mit dem Ziel der Vergabe an Dritte durchführen soll. Für die Parlamentarier stellte sich nämlich die Frage, ob der Bau und das Betreiben von Heizungsanlagen eine hoheitliche Aufgabe ist oder ob die Aufgabe durch Dritte, externe Fachleute genauso gut oder besser wahrgenommen werden kann.

Für die Lösung des Problems in Halle/Saale ist auf ein Investoren- und Betreibermodell zurückgegriffen worden. Auch an diesem Beispiel wird deutlich, daß Investoren- und Betreibermodelle günstigere Kostenrelationen für die öffentlichen Haushalte bieten können.

Abbildung 3
Investoren- und Betreiber-Modell - Wärmeversorgung von Landesliegen-
schaften (Jugendvollzugsanstalt, Bezirksregierung, Polizeipräsidium etc.)
in Halle/Saale im Stadtteil „Frohe Zukunft" (7)

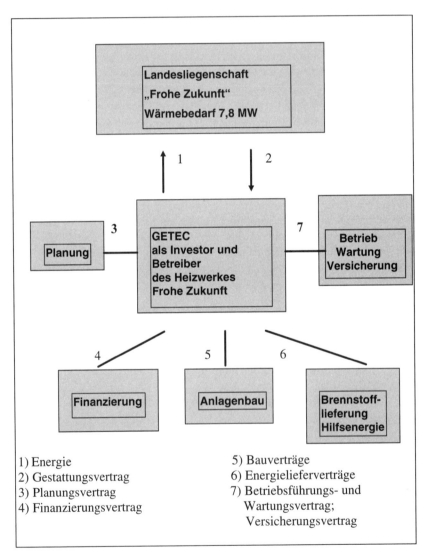

1) Energie
2) Gestattungsvertrag
3) Planungsvertrag
4) Finanzierungsvertrag

5) Bauverträge
6) Energielieferverträge
7) Betriebsführungs- und
   Wartungsvertrag;
   Versicherungsvertrag

Das Unternehmen, das den Zuschlag erhalten hat, begründet das mit (8)

- besserem Know-how
- besseren Einkaufskonditionen
- größeren Erfahrungswerten beim Betrieb
- Kostenvorteilen bei der Verwaltung der Anlage.

Neben der Entlastung der öffentlichen Haushalte verbindet sich mit dem *Contracting* ein weiteres Ziel: Reduzierung des Energieverbrauches.

Das Land Sachsen-Anhalt hat ein Pilotprojekt mit der energetischen Sanierung der Polizeidirektion Sachsen-Anhalt durchgeführt. Diese Liegenschaft ist an das Fernwärmesystem angeschlossen worden. Gleichzeitig ist die Heizungsanlage sekundärseitig saniert und die gesamte Stromverteilung erneuert worden.

Im Ergebnis der Sanierung ist zu konstatieren (9):

- Bewirtschaftungskosten können auf ca. 0,5 Mio. DM gesenkt werden
- Primärenergiebedarf sinkt von 19 TJ/a auf 13,3 TJ/a
- Emissionen der Heizungsanlage gehen jährlich um ca. 1100 t CO_2 zurück.

Abb. 4
Contracting Polizeidirektion Magdeburg (10)

Die notwendigen Investitionen von ca. 5,5 Mio. DM werden durch die Städtischen Werke Magdeburg (SWM) aufgebracht und aus der Differenz der bisherigen Bewirtschaftungskosten zu den neuen refinanziert.

Für die Kommunen ist dieses Modell derzeit leider nicht unproblematisch anwendbar. Es bedarf einer Umschichtung der Mittel, die zur Refinanzierung der Investitionen vorgesehen sind. Das kann für die einzelnen Projekte oft nur über einen Nachtragshaushalt realisiert werden.

Um dieses Modell auch auf kommunaler Ebene unkomplizierter wirksam werden zu lassen, prüft die Kommunalaufsicht des Innenministeriums, wie das Problem rechtstechnisch gelöst werden kann.

Die Bereitschaft der Politik und der Verwaltung nimmt aber zu, die neuen Wege einer Zusammenarbeit mit privaten Investoren zu gehen. Diese Kooperationen sind nicht nur aus finanzpolitischen Gründen sinnvoll, sondern sind erfolgversprechend zur Energieeinsparung und zur Entlastung der Umwelt.

Literatur

(1) Entwurf des Energiekonzeptes Sachsen-Anhalt (zu beachten: Noch unveröffentlichter Entwurf. Geringfügige Veränderungen können sich noch ergeben.)

(2) vgl. Energiebericht Sachsen-Anhalt 1994/ 1995, S. 13

(3) vgl. Energiebericht, S. 13

(4) Johannes Kempmann: Rationelle Energieanwendung auf kommunaler Ebene in: Berichte der Fördergemeinschaft Ökologische Stoffverwertung e.V. Halle(Saale) 2/96, S. 82

(5) vgl. ebenda

(6) Dr. Karl Gerhold: Investoren- und Betreibermodelle als Instrumente der Durchsetzung alternativer Energieträger in: Berichte der Fördergemeinschaft Ökologische Stoffverwertung e.V. Halle(Saale) 2/ 96, S. 72

(7) ebenda, S. 74

(8) vgl. ebenda, S. 75

(9) Kempmann, S. 88 ff.

(10) Kempmann, S. 87

(11) vgl. Gerhold, S. 73 ff.

Erfahrungen in Niedersachsen mit unterschiedlichen Energiesparprojekten

Renate Jürgens-Pieper

In immer stärkeren Umfang haben sich niedersächsische Schulen in den vergangenen Jahren dem Thema Energiesparen zugewandt und dabei nicht nur bemerkenswerte Aktivitäten entfaltet, sondern auch beachtliche Erfolge erzielt: Energiesparen im schulischen Kontext als Beitrag zum Klimaschutz bzw. zur Bewußtseinsbildung, mit dem Ziel, Einstellungen und Verhaltensweisen zu verändern, ist eingebettet in die inhaltliche und strukturelle Ausrichtung des niedersächsischen Konzeptes zur schulischen Umweltbildung. Einige Ausführungen über den Aufbau und die Entwicklung der Umwelterziehung/-bildung in Niedersachsen stelle ich deshalb den weiteren Ausführungen voran.

Durch die 1993 erfolgte Ergänzung des § 2 NSchG (Bildungsauftrag) um die Aussagen „(die Schülerinnen und Schüler sollen fähig werden,) ökonomische und ökologische Zusammenhänge zu erfassen, für die Erhaltung der Umwelt Verantwortung zu tragen...“[1] und durch die Aufnahme dieser Aufgabenstellung in zahlreiche Rahmenrichtlinien, die zwischenzeitlich überarbeitet wurden, erhielt „Umwelterziehung/-bildung“ für niedersächsische Schulen eine stärkere Verbindlichkeit.

Seit 1990 wurde die schulische Umweltbildung in Niedersachsen mit einer erheblichen Kraftanstrengung und hohem finanziellen Aufwand aufgewertet. Mit anfänglich insgesamt 1500 Anrechnungsstunden (entsprechend 60 Lehrerstellen) und beträchtlichem zusätzlichen finanziellen Engagement wurden verschiedene Maßnahmen durchgeführt bzw. etabliert: Einige Beispiele hierzu stelle ich nachfolgend kurz dar.

- Bei allen vier Bezirksregierungen wurden Umweltberatungslehrkräfte eingesetzt.

- Mehrere Modellversuche zur Umweltbildung wurden im Rahmen der Zusammenarbeit mit Bund und Land (Bund-Länder-Kommission, BLK) durchgeführt bzw. befinden sich noch in der Durchführung: z.B. Schulische Umweltbildung, Umweltschutz im Berufsschulunterricht für Baunebenberufe, Kooperation mit Umweltzentren (OECD), in Kooperation

---

[1] Niedersächsisches Schulgesetz (NSchG) in der Fassung vom 27. September 1993 (Nieders. GVBl. S. 383)

der Länder Hamburg, Schleswig-Holstein und Niedersachsen: „Energienutzung und Klimaveränderung".

• Umweltbildung wurde als Schwerpunkt der zentralen Lehrerfortbildung und fester Bestandteil der regionalen Lehrerfortbildung ausgewiesen.

• Ein Netz „Regionale Umweltzentren" (21 Zentren, z.T. im Lernorte-Verbund) sowie 5 Schullandheim-Umweltstationen wurden aufgebaut.

• Darüber hinaus wurde die Entwicklung zahlreicher Umwelt-Schulnetze gefördert bzw. betrieben, z.B. AquaNet, Umweltkontaktschulen, Windrad Göttinger Schulen, IGS Mühlenberg, Hannover: Schulenergiezentrum, Schillerschule, Hannover: Energie- und Verkehrszentrum und nicht zuletzt die „Umweltschule in Europa".

• Innerhalb des Projekts „Umweltfreundliche Schule", welches das Ministerium mit der Herausgabe von Veröffentlichungen, mit entsprechenden Lehrerfortbildungsangeboten und der Veranstaltung von Arbeitstagungen unterstützt, wurde vielerorts mit der Umgestaltung hin zum ökologisch orientierten Betrieb begonnen.

• Im Gefolge dieser Aktivitäten entstanden vielfältige Kooperationen mit Schulträgern. Als herausragendes Beispiel ist das Projekt „Energiesparen durch Nutzerverhalten" mit der Landeshauptstadt Hannover zu nennen. Beim Energiesparprojekt „Dreh' ab!" im Regierungsbezirk Lüneburg sind zahlreiche andere Partner involviert (Bezirksregierung, Nds. Energie-Agentur, Deutsche Umwelthilfe, Klimabündnis nieders. Schulen, Universität Lüneburg, regionale Energieversorgungsunternehmen).

Ohne finanzielle und materielle Förderung durch das Land Niedersachsen unter Einbeziehung von Stiftungen, z.B. Deutsche Bundesstiftung Umwelt, Nds. Umweltstiftung, wären derartige Projekte in dieser Breite und in diesem Umfang wohl nicht zu realisieren gewesen.

Auch die Kooperation mit und die Unterstützung von Aktivitäten durch Umweltverbände und -aktionen (z.B. WWF-Ozon-Kampagne, Mobil ohne Auto, Erlebter Frühling) haben diese - positive - Entwicklung maßgeblich unterstützt.

Die vorgenannten Beispiele zeigen, daß im Bereich schulischer Bildung, insbesondere den Klimaschutz betreffend, in den letzten Jahren einiges initiiert und vor allem verstetigt werden konnte.

Allerdings kompensiert die rasante Zunahme der verkehrsbedingten Umweltbelastungen vorhandene Energieeinsparerfolge weitgehend, wie die 1994 vom IFEU im Auftrage des Niedersächsischen Umweltministeriums angefertigte Studie[2] belegt. Die CO_2-Emissionen steigen in alarmierendem Umfang weiter an. Die sich nach der Rio-Konferenz und der Rio-Folgekonferenz (Klimagipfel 1995) in Berlin abzeichnenden Entwicklungen und die von den Unterzeichnerstaaten eingegangenen Selbstverpflichtungen, bezogen auf die in der Agenda 21 beschriebenen Maßnahmen zu einer nachhaltigen, sozialen Entwicklung, erfordern daher ein entschlossenes Handeln.

Schulen **allein** sind überfordert, wenn sie den riesigen Problemberg abtragen sollten. Um so mehr ist konzertiertes Handeln, auf der politischen Ebene und *gleichzeitig* auf der Bildungsebene, gefordert. In unserem Fall heißt das: Alle Bildungsbereiche müssen erfaßt werden: vorschulische, schulische, außerschulische Einrichtungen haben diesem Thema besondere Aufmerksamkeit zu widmen.

Die notwendigen Bildungsprozesse dürfen auch vor der Verwaltung, der Wirtschaft und der Politik nicht haltmachen. Die Notwendigkeit, sparsam mit Steuergeldern wirtschaften zu müssen, hat auch im Rahmen der Verwaltungsreform, die in Niedersachsen und andernorts an Dynamik gewinnt, schon Veränderungen bewirkt. Die Diskussion um die Übertragung größerer Verantwortung auf Schulen oder Ämter im Bereich der Finanzverwaltung und darüber hinaus geht neben vielen anderen Gründen auch auf diese Ursache zurück.

Ich sehe in dieser Entwicklung folgende Chancen:

- das Voranbringen der Budgetierung, insbesondere von Mitteln des Schulträgers, und damit einhergehend, die Stärkung der Eigenverantwortung,

- die erkennbare Steigerung der Akzeptanz zur Übernahme von Verantwortung, die sich in adäquatem Handeln niederschlägt,

- die Entwicklung von Wertvorstellungen, die sich an der Eine-Welt-Sicht orientieren sollten. Und schließlich

- einen bewußteren Umgang mit den eigenen Lebensgrundlagen und jenen der Mitmenschen.

Es kann aber nicht darum gehen zu belehren, sondern darum, daß die Menschen, insbesondere Jugendliche, Gelegenheit erhalten, aktiv handelnd zu erleben und zu erfahren, welche Folgen sich aus der einen oder anderen Maßnahme für sie und andere ergeben.

---

2 IFEU: Motorisierter Verkehr in Niedersachsen 1990 und 2010: Verkehrsentwicklung-Energieverbrauch-Schadstoffemissionen, Heidelberg 1994 (im Auftrage des Nieders. Umweltministeriums)

Zur Unterstützung der Bildungsarbeit in den Schulen und damit auch in den Kommunen als hauptsächlichen Trägern dieser Einrichtungen sind in den vergangenen Jahren - wie schon erwähnt - vom Kultusministerium zahlreiche Veröffentlichungen (Handreichungen, Empfehlungen) u.a. zum Themenfeld „Umweltfreundliche Schule" herausgegeben worden.

In der 1993 erschienenen, vollständig überarbeiteten 2. Auflage der „Empfehlungen zur Umweltbildung in allgemeinbildenden Schulen"[3] ist als Kernstück das Angebot eines inhaltlichen Orientierungsrahmens als Hilfe zur Entwicklung schuleigener Umweltbildungskonzepte enthalten. 13 Themenbereiche werden darin vorgestellt, die sich mit umweltrelevanten Herausforderungen und Problemen befassen. Vom heutigen Standpunkt aus betrachtet sind die darin enthaltenen Probleme und Aufgabenstellungen als vorrangig für die Zukunftssicherung anzusehen. Die meisten enthalten klimarelevante Fragestellungen.

Die erwähnten Empfehlungen, vielfältige Lehrerfortbildungsveranstaltungen, ein breit gefächertes Unterstützungssystem für umweltpädagogische Aktivitäten, Initiativen von Einzelpersonen oder Gruppen usw. haben in vielen Schulen und darüber hinaus über die sich vollziehende Öffnung der Schulen z.T. erhebliche, nicht allein auf den Klimaschutz bezogene Wirkungen erzielt.

Wie eingangs erwähnt, beschäftigen sich viele Schulen seit Jahren mit Fragen des Klimaschutzes und der Energieeinsparung. Zumeist setzen darauf bezogene Maßnahmen in diesen Schulen beim Nutzerverhalten an. Die Berechtigung dieser Vorgehensweise belegen verschiedene Untersuchungen, die Einsparungen von bis zu 15% des Gesamtenergieverbrauchs allein durch den engagierten Einsatz von Lehrkräften, Schülerinnen, Schülern, Eltern, Hausmeistern und des sonstigen nichtunterrichtenden Personals über sog. nutzerbedingte, d.h. nichtinvestive Maßnahmen als realistisch ansehen.

In Niedersachsen werden - vorsichtig geschätzt - jährlich Energiekosten in Höhe von 300 Mio. DM und CO_2-Emissionen im Umfang von 1,2 Mio. t ausschließlich durch den Betrieb von Schulen verursacht. Folglich könnten allein durch Änderungen des Verhaltens vor Ort in den Schulen ca. 180.000 t CO_2-Emissionen vermieden und Kosten von 45 Mio. DM pro Jahr eingespart werden.

Noch günstiger gestaltet sich das Ergebnis, wenn investive und nichtinvestive Maßnahmen gekoppelt werden: hier lassen sich sogar 30 - 50% Ener-

---

3 Niedersächsisches Kultusministerium, Referat Presse- und Öffentlichkeitsarbeit (Hrsg.): Empfehlungen zur Umweltbildung in allgemeinbildenden Schulen, Teil I und II, Hannover 1993

giesparpotentiale an niedersächsischen Schulen *wirtschaftlich* realisieren. In Zahlen ausgedrückt sind das zwischen 360.000 und 600.000 t CO_2 bzw. zwischen 90 bis 150 Mio. DM.

Es ist also über das Interesse, wirksame Maßnahmen zum Klimaschutz zu ergreifen, hinaus auch ein wirtschaftliches Interesse bei den Schulträgern, das sind vorwiegend Landkreise, Städte und Gemeinden, aber auch private Träger, zu vermuten.

Ein sinnvolles Zusammenwirken zwischen den Schulträgern als Sachkostenträger und den staatlichen Kultusbehörden einschließlich Schulaufsicht, die für die inhaltliche Gestaltung und Qualitätssicherung von Schule Verantwortung tragen, ist unverzichtbar.

Ein Problem dabei ist, daß die Motivation der Akteure oftmals erst geweckt werden muß. Nicht überall kann von einem Bewußtseinsstand ausgegangen werden, der die Notwendigkeit von Klimaschutzmaßnahmen grundlegend akzeptiert. Diese Aussage besitzt nach meiner Einschätzung sowohl für die schulische Ebene als auch für die Ebene der (Schul-)Verwaltung Gültigkeit.

Als wirksames Mittel hat sich in diesem Zusammenhang auf der schulischen Ebene eine Erfolgsbeteiligung erwiesen. Auch weniger aus dem Klimaschutzgedanken heraus Motivierte sehen einen Sinn in der Energieeinsparung, wenn ein Teil der eingesparten Kosten zur Verbesserung der pädagogischen Arbeit (Ausstattung, Materialien) wieder in die Schule zurückfließt.

Bei verschiedenen Schulträgern sind dafür bereits die Möglichkeiten vorhanden. Sie haben dafür in ihren Haushalten die Voraussetzungen geschaffen; die einen durch ein Belohnungssystem, andere wiederum durch eine mehr oder weniger weitreichende Budgetierung. Im letzteren Fall wird ein größerer Teil der Kostenverantwortung den Schulen auferlegt. Diese haben es dann durch entsprechenden Umgang mit den zur Verfügung gestellten Ressourcen in der Hand, Freiräume für die Bildungsarbeit, für die Entwicklung eines Schulprogramms oder schuleigenen Profils zu erwirtschaften.

Am Beispiel der Landeshauptstadt Hannover läßt sich die Erfolgsbeteiligung von Schulen am Energieeinsparergebnis treffend verdeutlichen. Im Zusammenwirken der zuständigen Ämter (Amt für Umweltschutz, Schulamt, Hochbauamt, Kämmerei) sowie der staatlichen Schulaufsicht wurde ein Modell entwickelt, nach dem die Schulen 30% der ersparten Energiekosten zur freien Verfügung zurückerstattet bekommen. Weitere 40% fließen in einen Topf, aus dem Kleininvestitionen (z.B. Zeitschaltuhren, Dichtmittel, Thermostatventile o. ä.) finanziert werden. Die restlichen 30% kann die Kämmerei als echte Einsparung im Haushalt verbuchen. 70% fließen somit zu einem Teil direkt, zum anderen Teil indirekt wieder in die

Schulen für ihre pädagogische Arbeit bzw. für weitere Energiesparmaßnahmen zurück.

Die am Projekt mitwirkenden Schulen erwirtschaften mit ihren Einsparbei-
trägen auch für andere Schulen Mittel für besonders vordringliche Investitionen, die nach einer Prioritätenliste des Hochbauamtes in Abstimmung
mit dem Projektbeirat eingesetzt werden können. Nach meiner Auffassung
ist dies ein besonders hervorhebenswerter und nachahmenswerter Akt der
Solidarität unter den Schulen.

Die Energiesparschulen erhalten vielfältige Unterstützung. Die Stadt ko-
operiert mit einem regionalen Umweltbildungszentrum, dem Energie- und
Umweltzentrum Eldagsen. Das Energie- und Umweltzentrum hat ein Seminarprogramm mit dem Titel „Gruppe Schulinternes Energiemanagement
(GSE)" entwickelt.

Das Schulungsprogramm umfaßt Grundinformationen über die Konstruktion und Ausführung der Schulgebäude, eingesetzte Energieträger und Meß-
einrichtungen zum Energieverbrauch, Verfahren zur Ermittlung der Energiekennzahl der Schulen, Energieverluste und -gewinne sowie Strategien
zur Veränderung des Nutzerverhaltens der Schulgemeinschaft. Der Katalog
bleibt notwendigerweise unvollständig. Jedoch wird hieraus deutlich, daß
die Nutzer über sog. Energierundgänge erst einmal an die Bedingungen und
Besonderheiten ihrer Schule hinsichtlich der Energieversorgung und des
-verbrauchs herangeführt werden müssen.

Projektbegleitend wurde bei den zuständigen Ämtern und dem Energie-
und Umweltzentrum eine Energie-Hotline eingerichtet, bei der jederzeit
Unterstützung zu inhaltlichen und praktischen Problemen erhältlich ist. Eine Energie-Postille ermöglicht Erfahrungsaustausch zwischen den Beteiligten und hält die Ansprechpartnerinnen und Ansprechpartner der Schulen
über den Stand des Projekts auf dem Laufenden.

Innerhalb des Projekts wird großer Wert darauf gelegt, das Energiesparen
unterrichtlich zu begleiten. Dazu können mehrere Fächer und Fachbereiche
beitragen. Die Schule wird auf diese Weise selbst zum Gegenstand des
Lernens. Das ist für die pädagogische Arbeit fast schon als Idealfall zu be-
zeichnen.

Die Schülerinnen und Schüler erfahren in der Auseinandersetzung mit der
energetischen Situation **ihrer** Schule grundlegende Zusammenhänge, z.B.
über die Nutzung fossiler und regenerativer Energieträger oder der Kernenergie, auf den Feldern Wirtschaft und Politik, einschließlich Entwick-
lungspolitik und nicht zuletzt hinsichtlich der Klimarelevanz laufender oder
unterlassener Maßnahmen.

In dieser Darstellung ist zum Ausdruck gekommen, daß das Thema Energie in hohem Maße bildungsrelevant und vielleicht wie kein anderes geeignet ist, damit in Zusammenhang stehende - jeden Menschen betreffende - Sachverhalte begreifbar zu machen. Hinzu kommt, daß Handlungsalternativen nicht nur theoretisch und abstrakt diskutiert, sondern konkret erfahr- und erlebbar werden.

Auf ähnliche Weise wie in dem eben geschilderten Beispiel wird in einem der niedersächsischen Regierungsbezirke, in Lüneburg, vorgegangen. Allerdings besteht hierbei die Schwierigkeit, daß nicht nur ein Schulträger, sondern mehrere Landkreise und eine Vielzahl von Kommunen angesprochen und einbezogen werden müssen. In einer beispielhaften Kooperation staatlicher und nichtstaatlicher Stellen wird mit dem „Dreh' ab!"-Projekt[4] versucht, den Gedanken, durch Nutzerverhalten Energie einzusparen und wirksam Klimaschutz zu betreiben, großflächig umzusetzen. Auf die Partner in diesem Projekt wurde bereits an früherer Stelle dieses Beitrages eingegangen.

Dem Ziel, wirksame Energiesparmaßnahmen zu befördern, dient auch eine weitere Maßnahme, die die SPD-Fraktion zur kommunalen Entlastung und Modernisierung von Schulen initiiert hat. Dazu wird gegenwärtig im Kultusministerium an einem Förderprogramm „Energieeinsparung an Schulen in kommunaler Trägerschaft" gearbeitet.

Mit diesem Programm, das mit insgesamt ca. 27 Mio. DM in 2 Jahren ausgestattet ist, will das Land Niedersachsen in den Jahren 1997 und 1998 Anreize für die Kommunen schaffen, durch investive und nichtinvestive Maßnahmen das wirtschaftliche Einsparpotential auszuschöpfen und möglicherweise auch noch darüber hinaus zu gehen.

Mit den geförderten Projekten soll der Nachweis geführt werden, daß die Energieeinsparung in Schulen bzw. überhaupt in öffentlichen Gebäuden wirtschaftlich ist und einen wirksamen Beitrag zur CO_2-Reduzierung leistet. Darüber hinaus soll durch die energetische Sanierung öffentlicher Gebäude die Übertragbarkeit der Ergebnisse für die Bürgerinnen und Bürger nachvollziehbar und vorbildlich dargestellt werden.

Gemeinsam mit der Niedersächsischen Energie-Agentur ist von uns folgendes Konzept erarbeitet worden:

Zur Förderung kommen investive und nichtinvestive Maßnahmen sowie die Kopplung derartiger Vorhaben. Das Programm sieht in Abhängigkeit von der Höhe der Energiekennzahl der jeweiligen Schule eine zu erzielende

---

4 Das DREH' AB-Team (Hrsg.): ÖFTER MAL ABDREHEN! - KLIMASCHUTZ DURCH ENERGIESPAREN. Hannover 1995. Erhältlich über: Nieders. Energie-Agentur, Rühmkorffstr. 1, 30161 Hannover

Mindestenergieeinsparung in den Bereichen Wärme (von 25 bzw. 35%) und Strom (von 20 bzw. 30%) vor. Für den investiven Programmteil ist eine auf die beheizbare Bruttogrundfläche der Schule bezogene Festbetragszuwendung vorgesehen. Für den nichtinvestiven Programmteil soll die Festbetragszuwendung an die Gesamtschülerzahl der jeweiligen Projektschule gekoppelt sein.

Ferner ist vorgesehen, die Schulträger bei nichtinvestiven bzw. gekoppelten Maßnahmen zu verpflichten, den teilnehmenden Schulen eine Erfolgsbeteiligung zu gewähren.

Schulträger, die nur investive Fördermittel in Anspruch nehmen, sollen darüber hinaus die betroffenen Schulen mit den notwendigen Angaben über Energieverbrauch, vorgesehene Maßnahmen und ihre Wirkung usw. versorgen, damit diese Daten unterrichtlich aufgearbeitet werden können.

Über eine Information im Schulverwaltungsblatt (ein herausnehmbarer Beihefter) ist den Schulen die Möglichkeit, an dem Programm teilzunehmen, zwischenzeitlich bekannt, so daß sie gewisse Vorarbeiten, zu denen möglicherweise auch erst noch die Überzeugungsarbeit beim Schulträger gehört, leisten können.

Alle geförderten Projekte sollen nach derzeitigem Planungsstand in eine programmbegleitende Evaluation einbezogen werden. Deren Ergebnisse sollen dokumentiert und einer breiten Öffentlichkeit zugänglich gemacht werden.

Anhand der dargestellten konkreten Beispiele ist deutlich geworden, mit welchen Mitteln und Wegen Energieeinsparung und Klimaschutz als Bildungsaufgabe in den Schulen in Kooperation mit den Schulträgern umgesetzt werden kann und soll. Ausgeklammert wurden in diesem Beitrag andere wesentliche Bereiche wie z.B. Verkehr und Land- sowie Forstwirtschaft. Diese Felder werden im Rahmen schulischer Umweltbildung natürlich auch bearbeitet. Darauf intensiver einzugehen, würde jedoch den Rahmen dieser Darstellung sprengen.

An früherer Stelle meiner Ausführungen habe ich bereits darauf hingewiesen, daß Einsparerfolge in den Bereichen Wärme und Strom durch verkehrsbedingte Umweltbelastungen weitgehend aufgehoben werden. Dieser Befund kann und darf jedoch keine Veranlassung sein, nun alle Bemühungen einzustellen. Er muß vielmehr Ansporn sein, unsere Anstrengungen zu vervielfachen - im gesamten Energiebereich. Die Schule kann hierbei eine herausragende Funktion übernehmen. In ihr lernen und arbeiten heute auch die Entscheidungsträger von morgen. Wo sollten wir also ansetzen, wenn nicht hier?

Energiesparen - Interessen und Möglichkeiten von Gemeinden als Schulträger

Werner Schmid

1. Einleitung

Energie ist ein Schlüssel für unsere wirtschaftliche Entwicklung und unseren Lebensstandard. Durch den Energieverbrauch, insbesondere die Verbrennung fossiler Energieträger, belasten wir unsere Umwelt. Energieeinsparung und rationelle Energienutzung werden deshalb einen immer größeren Stellenwert für die Energieversorgung der Zukunft bekommen.

Im Bereich Klimaschutz konzentrieren sich die nationalen und supranationalen Bemühungen auf die Verringerung des CO_2-Ausstoßes. Auch wenn viele bereits bezweifeln, ob das ehrgeizige Ziel der Bundesregierung, den energiebedingten Kohlendioxidausstoß bis zum Jahr 2005 um mindestens 25% gegenüber 1990 zu reduzieren, erreicht werden kann, ist klar, daß ein aktives, engagiertes Mitwirken der Städte und Gemeinden unentbehrlich ist.

In Bayern sind die Gemeinden nach Art. 83 der Bayerischen Verfassung (BV) verpflichtet, die Bevölkerung mit Licht, Gas und elektrischer Kraft zu versorgen, sei es durch eigene Einrichtungen oder - was die Regel darstellt - durch Übertragung der Aufgabe auf ein Energieversorgungsunternehmen (EVU). In ihren verschiedenen Funktionen als Energieverbraucher in eigenen Einrichtungen, als Planungsträger, als Energieversorger, -verteiler und -lieferanten sowie im Rahmen ihrer Öffentlichkeitsarbeit haben die Gemeinden vielfältige Möglichkeiten, sich energie- und damit umweltbewußt zu verhalten.

Am unmittelbarsten haben Gemeinden Einfluß auf den Energieeinsatz in ihren eigenen Einrichtungen, wie Verwaltungsgebäuden, Kindergärten, Altenheimen, Mehrzweckhallen und Schulen, soweit sie hierfür Sachaufwandsträger sind. Das Thema Energiesparen an Schulen ist deshalb für die Gemeinden keine akademische Übung, sondern berührt sie in ihren finanziellen Interessen, in ihren energiewirtschaftlichen Aufgaben und im Kontext mit dem kommunalen Umweltschutz. Nach dem Leitsatz „non scholae, sed vitae discimus" ist es auch im Interesse der Gemeinden, wenn in ihren Schulen ausgebildete Kinder und Jugendlichen den verantwortungsbewußten Umgang mit Energie lernen.

2. Energiesparen als Kostenfaktor

Energieverbrauch und Energiekosten in kommunalen Einrichtungen liegen in einer erstaunlichen Größenordnung. Kommunale Einrichtungen verbrauchen nach einer Erhebung zwischen 5 und 15% der Wärme und zwischen 10 und 11% des gesamten Stroms einer Gemeinde (Heide, Eberhard, 1986). Die durchschnittlichen Energiekosten betragen etwa 5% des Verwaltungshaushalts einer Gemeinde mittlerer Größe.

Hat eine Gemeinde eine oder mehrere Schulen in ihrer Trägerschaft (Haupt- und Grundschulen, Realschulen, Gymnasien), kann der Wärme- und Stromverbrauch dieser Schulen einen erheblichen Anteil am Gesamtverbrauch der gemeindlichen Einrichtungen ausmachen. Im Rahmen einer Energieuntersuchung der Stadt Coburg hatten die 13 Schulen am Gesamtverbrauch an Brennstoff bzw. Fernwärme der insgesamt 31 öffentlichen Gebäude einen Anteil von 43%.[1] Es ist deshalb naheliegend, wenn Gemeinden bei Maßnahmen der Energieeinsparung sich besonders auf Schulen in ihrer Trägerschaft konzentrieren.

Das Energieeinsparungspotential an Schulen ist natürlich von verschiedenen Faktoren, wie Alter der Gebäude, Standard der Wärmedämmung, Zustand der Heizungsanlagen, technischer Ausstattungsstandard, Nutzung und Nutzerverhalten abhängig. Nach Schätzungen des Umweltbundesamts können in öffentlichen Gebäuden ohne größere Investitionen durchschnittlich etwa 20 % Energie gespart werden. Gerade an Schulen kann der durch bloße Verhaltensänderungen erzielbare Anteil im Einzelfall noch wesentlich höher sein. An der Volksschule Hirschau, Regierungsbezirk Oberpfalz, konnten beispielsweise durch Initiative eines Lehrers der Stromverbrauch um 60% und der Ölverbrauch um 40% gesenkt werden.[2] Angesichts der Finanzknappheit der Kommunen müßte deshalb jeder Kämmerer ein vitales Interesse daran haben, die Energiekosten der Schulen näher unter die Lupe zu nehmen.

Daß dies häufig nicht geschieht, hat meist zwei Ursachen:

– Vielfach werden die für eine Beurteilung notwendigen einschlägigen Daten, wie z.B. Gebäudeflächen, Jahresverbrauch an Wärme und Strom, nicht oder nicht regelmäßig erfaßt.

– Ein häufiges Manko ist, daß es an sog. Energieverantwortlichen für die öffentlichen Einrichtungen insgesamt bzw. des Einzelobjekts fehlt. Erstaunlich oft werden so Heiz- und Stromkosten in beträchtlicher Höhe hingenommen, da sich niemand für eine Überprüfung zuständig fühlt.

---

1 Leitfaden „Die umweltbewußte Gemeinde", 1996, Herausgeber Bayerisches Staatsministerium für Landesentwicklung und Umweltfragen, Bd. II, V 4-3
2 Leitfaden „Die umweltbewußte Gemeinde", Bd. II, 3-6

3. Vorgehensweise

Der in der Praxis gängigste Weg für Energiesparmaßnahmen an Schulen ist die Erstellung eines Energiekonzepts und eines Gutachtens durch einen Energiefachmann. Die Schule kann dabei Teil eines Gesamtkonzepts oder alleiniger Untersuchungsgegenstand sein. Untersuchungsumfang und Detaillierungsgrad unterscheiden sich oft beträchtlich. Ein ganzheitliches Energiekonzept sollte nicht nur investive Maßnahmen, wie z. B. Verbesserung der Wärmedämmung oder Modernisierung der Heizungsanlage zum Gegenstand haben, sondern auch den nichtinvestiven Bereich, wie das Nutzerverhalten, berücksichtigen. [3]

Eine - wenn auch weniger umfassende Alternative zu Energiegutachten - ist die Einsparung von Energiekosten durch die gezielte Beeinflussung des Nutzerverhaltens. Eine Rolle spielen dabei die Wartung und die Bedienung der Energietechnik und der Einfluß der Gebäudenutzer. Bei Schulen sind die Hauptakteure demgemäß die Hausmeister sowie die Schüler und das Lehrpersonal. Den größten Einfluß hat der Schulträger naturgemäß auf die Hausmeister bzw. das technische Betriebspersonal. Entscheidend ist hier, diese Personen dazu zu motivieren, die Technik optimal zu nutzen und auf ein vorbildliches Nutzerverhalten hinzuwirken. Die Bestimmung dieser Personen zu Energieverantwortlichen ist ein wichtiger Motivationsschritt. Unterstützt werden kann dies durch die Vergabe von Auszeichnungen oder besonderen Prämien für das Einsparen von Energiekosten. Unabdingbar ist eine regelmäßige Fortbildung und Schulung der Hausmeister bzw. des Betriebspersonals. In Bayern gibt es dafür Angebote der Bayerischen Verwaltungsschule und des Zentrums für Rationelle Energieanwendung und Umwelt (ZEU) in Regensburg.

Wichtig ist auch, in einer Schule die Verbräuche an Heizenergie und Strom und Änderungen in der Regel- und Heiztechnik regelmäßig aufzuzeichnen. Im Gegensatz zur Aufzeichnungspflicht von Daten bei gemeindlichen Wasserversorgungs- und Abwasserentsorgungsanlagen nach der Eigenüberwachungsverordnung (EÜV) vom 20.9.1995 ist dies im Bereich der Energie- und Gebäudetechnik bisher nicht Pflicht. Nur durch einen Vergleich der erfaßten Daten kann auch der Erfolg von Energiesparmaßnahmen effektiv kontrolliert werden.

4. Motivationsanreize

Während Gemeinden und Schulverbände durch Dienstanweisungen Einfluß auf ihr Personal nehmen können, ist es schwieriger, auf das Verhalten von

---

[3] Leitfaden „Die umweltbewußte Gemeinde", Bd. II, V 1-7

Schülern und Lehrpersonal einzuwirken. Es muß deshalb auf indirektem Weg versucht werden, das Nutzerverhalten zu beeinflussen, z. B. über den Hausmeister. Dies kann beispielsweise durch ein enges Zusammenwirken mit dem jeweiligen Schulleiter geschehen. Besonders wichtig ist dies vor allem dann, wenn eine Einzelraumregelung installiert ist (sog. Heizen nach Stundenplan). Damit die meist digital gesteuerte Technik auch wirklich funktioniert, müssen Lehrer und Schüler über Sinn und Funktionsweise der Technik informiert werden. Sonst kann ein unüberlegtes Verhalten, wie z. B. unkontrolliertes Lüften, dazu führen, daß der Erfolg der Maßnahmen beeinträchtigt wird.

Ein noch besserer Einsparungseffekt läßt sich erzielen, wenn Lehrer und Schüler in den Energiesparprozeß einbezogen werden. Dies entspricht dem Prinzip des „learning by doing". Zwar haben Gemeinden oder Schulverband keinen unmittelbaren Einfluß auf die Gestaltung des Lehrplans und des Unterrichts. Über den Schulleiter könnte jedoch ein Wettbewerb für erfolgreiche Energiesparmaßnahmen initiiert werden. Mehrere Schulen können auch untereinander einen Wettbewerb veranstalten. [4]

Über einen solchen Wettbewerb kann bei den Beteiligten auch ein Bewußtsein für das Energiepotential verschiedener Energieträger und deren Umweltauswirkungen sowie für die Kosten des Energieverbrauchs geschaffen werden. Gerade ein Vergleich der Relation der menschlichen Arbeitskraft mit dem Energiepotential fossiler Energieträger kann einer „gedankenlosen" Energieverwendung entgegenwirken. Ist beispielsweise bekannt, daß ein Facharbeiter für eine Arbeitsstunde das Äquivalent von 50 Litern Heizöl und damit das 5000fache seiner Eigenleistung bekommt, wird der Wert eines Liter Heizöls oder eines Kubikmeter Gases ganz anders eingeschätzt.

Interesse für Energiefragen und damit auch für Energiesparmaßnahmen kann bei Lehrern und Schülern auch durch die Demonstration fortschrittlicher Technik geweckt werden. Über Förderprogramme bayerischer Energieversorger wurden in einer Reihe bayerischer Schulen in den letzten Jahren Photovoltaikanlagen installiert. Zum Teil waren Lehrer und Schüler auch selbst an Planung und Installation beteiligt. Die Stromerzeugung durch Sonnenenergie und der Ertrag solcher Anlagen kann mit Hilfe von Leistungszählern und Displays in anschaulicher Weise vermittelt werden.

In Bayern ist 1996 ein interessantes Projekt der Deutschen Gesellschaft für Umwelterziehung e.V. angelaufen. Hierbei soll an ausgewählten staatlichen und kommunalen Schulen über drei Jahre unterrichtsbezogen das Thema Energiesparen behandelt werden, wie es bereits in Hamburg, Mecklenburg-Vorpommern und Schleswig-Holstein praktiziert wurde. Die Schüler messen dabei in den Unterrichtsräumen Temperatur, Wärmeverteilung, Strom-

---

[4] Leitfaden „Die umweltbewußte Gemeinde", Bd. II, V 3-5

verbrauch und Beleuchtungsintensität. Damit soll Handlungswissen im Umgang mit Energie und Energiedienstleistungen erarbeitet und vermittelt und in Methoden der Energieverbrauchsüberwachung eingeführt werden. Die Ergebnisse sollen Schüler und Lehrer animieren, ihr Energieverhalten zu ändern und damit Kosten einzusparen. Im Rahmen der bereits abgeschlossenen Projekte in anderen Bundesländern gab es auch finanzielle Anreize für die Schulen bzw. für die Schüler. In Hamburg wurden beispielsweise 50% der eingesparten Energiekosten der jeweiligen Schule wieder zur Verfügung gestellt. Grundsätzlich wäre dies auch für die beteiligten bayerischen Schulen möglich, wenn der jeweilige Schulaufwandssträger einen entsprechenden Beschluß faßt. Eine autonome Mittelverwendung aus einem eigenen Budget der Schule ist erst bei einer anderen Haushaltsstruktur denkbar, wie sie derzeit im Zusammenhang mit dem Neuen Steuerungsmodell diskutiert wird.

5. Vorbildfunktion der Gemeinden

Gemeinden können am besten für energiebewußtes Verhalten werben, wenn sie in eigenen Einrichtungen wirksam Energie sparen, Techniken zur rationellen Energienutzung einsetzen und damit als Vorbild wirken. Begleiten sollten sie dies durch eine offensive Öffentlichkeitsarbeit. Dies gilt im besonderen Maße für den Schulbereich. Die Einbeziehung von Schülern, Lehrern und Hausmeistern in Energiesparmaßnahmen sollte auch entsprechend werbewirksam dargestellt werden. Sowohl die Initiative als auch die späteren Erfolge solcher Maßnahmen sollten regelmäßig durch geeignete Veröffentlichungen, wie z. B. in gemeindlichen Mitteilungsblättern oder in regionalen Zeitungen, bekanntgemacht werden.

6. Energiesparen an Schulen als Beitrag zu einer kommunalen Agenda

Derzeit stellen viele Gemeinden in Bayern Überlegungen an, eine kommunale Agenda zu erstellen, wie es als Ziel auf der Konferenz der Vereinten Nationen für Umwelt und Entwicklung im Juni 1992 in Rio de Janeiro formuliert wurde. Im für die Gemeinden entscheidenden Kapitel 28 wurde exemplarisch auch die Beteiligung von Jugendlichen an Entscheidungs-, Planungs- und Umsetzungsprozessen genannt. Die Mitwirkung von Schülern an einem Energiesparprogramm für eine Schule könnte deshalb auch Bestandteil einer kommunalen Agenda sein, bei der das Engagement der Bürger eine entscheidende Rolle spielt.

7. Arbeitshilfen

Bayerischen Gemeinden, die sich mit dem Thema Energiesparen in öffentlichen Einrichtungen, insbesondere an Schulen, befassen wollen, steht eine
hervorragende Arbeitshilfe zur Verfügung. Der vom Bayerischen Staatsministerium für Landesentwicklung und Umweltfragen herausgegebene und
in enger Zusammenarbeit mit dem Bayerischen Gemeindetag erarbeitete
Leitfaden „Die umweltbewußte Gemeinde" enthält eine Reihe von Maßnahmenbeschreibungen und Gemeindebeispielen, auf die die Gemeinden
zurückgreifen können. Zu nennen sind u.a. die Maßnahmenbeschreibungen
in Bd II des Leitfadens „Erstellung eines Energiekonzepts" - V 1-1, „Nut-
zerempfehlungen zur Senkung des Energieverbrauchs in gemeindlichen
Einrichtungen" - V 3-1, „Ermittlung von Handlungsbedarf bei der Heiz-
energieversorgung einer Schule" - V 4-3 und „Heizen nach Stundenplan" -
V 5-1.

8. Fazit

Das Thema Energiesparen an Schulen ist ein gutes Beispiel dafür, wie mit
Umweltschutzmaßnahmen Geld gespart werden kann. Gemeindliche
Kämmerer sollten deshalb diesem Thema ihre Aufmerksamkeit widmen.
Die Beteiligung von Lehrern, Schülern und Hausmeistern an Energiesparmaßnahmen geht aber weit über das Finanzielle hinaus. Gesichtspunkte der
Umwelterziehung und der Umweltverantwortung und die Möglichkeit der
Einbeziehung von Schülern und Lehrern in ein Energiesparprogramm verwirklichen einen ganzheitlichen Ansatz, wie er für eine kommunale Agenda typisch ist. Im kommunalen Handlungsfeld Energie- und Klimaschutz
ist ein schulbezogenes Energiesparprogramm als Beitrag zu einer nachhaltigen Entwicklung der Gemeinde zu sehen. Das 1996 angelaufene Modellprojekt „Energiesparen an Schulen" der Deutschen Gesellschaft für Umwelterziehung e.V. kann hier wichtige Fingerzeige für ein erfolgreiches
methodisches Vorgehen geben.

Nicht-investives Energiesparprogramm an den Schulen Hannovers

Astrid Hoffmann, Karl-Heinz Hempler, Birgit Lüth

1. Einleitung

Im Herbst 1994 startete das Umweltamt der Stadt Hannover mit 14 Pilotschulen ein Energiesparprojekt, das auf Verhaltensänderungen der Nutzerinnen und Nutzer abzielt. Diese Pilotschulen haben durch Änderungen, die sich auf das Nutzerverhalten und auf den organisatorischen Bereich beziehen, in einem halben Jahr Energiekosten in der Größenordnung von 95.000 DM eingespart. Nach den Sommerferien 1995 begann die erste Hauptphase mit weiteren 45 hannoverschen Schulen. Die eingesparten Energiekosten dieser ersten Hauptphase werden z. Zt. noch ermittelt. Nach den Sommerferien 1996 wurde mit der zweiten Hauptphase das Projekt mit wiederum weiteren 25 Schulen fortgeführt. In jeder Phase sind alle Schularten vertreten.

2. Wie kam es zu diesem Projekt?

Der Rat der Landeshauptstadt Hannover hat mit seinen energiepolitischen Zielsetzungen 1992 beschlossen, daß die Landeshauptstadt anstrebt, bis zum Jahr 2005 die CO_2-Emissionen im Stadtgebiet um 25 % zu reduzieren. Die Verwaltung hat daraufhin ein kommunales Klimaschutzprogramm erarbeitet, in dem aufgezeigt wird, welche Maßnahmen in den Bereichen Energie, Verkehr, Abfall und Landwirtschaft erfolgen müßten, um das Einsparziel zu erreichen. Zur Forcierung der Umsetzung dieses Programms wurde Anfang 1994 im Amt für Umweltschutz die mit fünf Personen besetzte Leitstelle für Energie und Klimaschutz geschaffen. Die Leitstelle ist u.a. für die Umsetzung des Klimaschutzprogramms zuständig.

3. Ziele

Mit dem Schulprojekt werden mehrere Ziele verfolgt:

1. Einsparen von Energiekosten in öffentlichen Gebäuden.
2. Reduktion von CO_2-Emissionen der öffentlichen Gebäude.

3. Erfassung aller notwendigen Energiedaten.

4. Einbeziehung des Themas „Energie" in den Schulalltag.

5. Sensibilisierung der „Energieverbraucher von morgen" für einen verantwortungsvollen Umgang mit Energie.

4. Projektbeirat

Zu Beginn wurde ein Projektbeirat eingerichtet, um auf der Verwaltungsseite ein Koordinations- und Abstimmungsgremium für das Projekt zu schaffen. Im Beirat wurden die klare Zuordnung der Aufgaben erarbeitet sowie der zeitliche Rahmen festgelegt. Der Projektbeirat setzt sich aus Mitgliedern der Verwaltung, die gemeinsam für das Projekt verantwortlich sind, und Externen zusammen. Verwaltungsinterne Mitglieder sind das Amt für Umweltschutz, das Hochbauamt, das Schulamt sowie die Kämmerei. Zu den externen Mitgliedern zählen das Schulaufsichtsamt, die Bezirksregierung und das Kultusministerium sowie nach Bedarf auch Vertreterinnen und Vertreter weiterer Ämter, Behörden und Einrichtungen, die zu bestimmten Fragestellungen herangezogen wurden. In mehreren Sitzungen wurden Probleme diskutiert und gemeinsam Lösungen erarbeitet.

5. Konzept

Das Konzept wurde vom Energie- und Umweltzentrum am Deister e.V. entwickelt (siehe auch Anlage 1). In jeder Projektschule wird eine Initialgruppe eingerichtet, die aus zwei Schülerinnen bzw. Schülern[1], zwei Lehrkräften sowie dem Hausmeister besteht (genannt GSE „Gruppe Schulinternes Energiemanagement"). Diese Gruppe wird ein Jahr lang in drei Seminarsequenzen geschult, wobei jeweils etwa fünf Gruppen der gleichen Schulart zu einer Schulungsgruppe zusammengefaßt werden. Schwerpunkt der Seminare ist im technischen Bereich die Vermittlung von Know-how und von Umsetzungsstrategien. Im pädagogischen/psychologischen Bereich liegt der Schwerpunkt darin, daß sich die GSE-Gruppe als Team gemeinsam für den Energieverbrauch in der Schule verantwortlich fühlt.

In der nach den Sommerferien stattfindenden ersten Seminarsequenz werden die Rahmenbedingungen der GSE-Arbeit dargestellt und ein Energierundgang am Beispiel einer Schule durchgeführt. In der dann folgenden ersten Anwendungsphase analysiert die GSE in ihrer eigenen Schule anhand eines „Energielogbuchs" die Energiesituation. In der zweiten Seminarsequenz werden dann gemeinsam Ideen entwickelt, mit deren Umset-

---

[1] nicht bei Grundschulen

zung in der folgenden zweiten Anwendungsphase, die in die Heizperiode fällt, begonnen wird. In der abschließenden dritten Seminarsequenz werden die Maßnahmen, Ergebnisse aber auch die bestehenden Hemmnisse besprochen. Die Schulungen werden vom Energie- und Umweltzentrum e.V. durchgeführt.

6. Bausteine des Projektes

Das Projekt setzt sich aus ergänzenden Bausteinen zusammen. Sie dienen in erster Linie der Informationsvermittlung, der Bereitstellung von Material und besonders der Motivation. Zu den Bausteinen zählen:

- Anreizsystem
- Schulungen auf Seminaren
- Anleitung zur Analyse der eigenen Schule
- Einzelbetreuung auf Nachfrage
- Unterrichtsmaterial
- Meßgeräteverleih
- Finanzielle Mittel für handwerkliche Maßnahmen
- Informationsaustausch über die Energiepostille.

7. Das Anreizsystem

Im Mittelpunkt steht dabei das Anreizsystem. Die Projektschulen erhalten 30% der eingesparten Gelder zur freien Verfügung. Weitere 40% kommen den Schulen für kleinere investive Energiesparmaßnahmen zugute. Daraus können die Schulen auch handwerkliche Maßnahmen finanzieren, um z.B. Fenster abzudichten. Diese Maßnahmen vermehren wiederum das Geld, das den Schulen als Prämie gegeben wird. Die verbleibenden 30% entlasten den städtischen Haushalt.

Dieses Anreizsystem ist das Ergebnis einer intensiven Diskussion innerhalb des Projektbeirates und mit den Schulen der Pilotphase. Aus pädagogischen Gründen ist es leistungsorientiert ausgerichtet, d.h. es werden die Schulen am stärksten belohnt, die am meisten Energie gespart haben. Allen Beteiligten ist aber auch klar, daß es kein absolut gerechtes Berechnungssystem für ein derartiges Anreizsystem gibt, das mit vertretbarem Aufwand eingeführt werden kann. Die Gründe dafür sind, daß über das Nutzerverhalten der Schule hinaus etliche andere Faktoren den Energieverbrauch beeinflussen. Dazu zählen z.B. der energetische Zustand des Gebäudes, bauliche Maßnahmen und das Verhalten von Drittnutzern. Das Berechnungsverfahren ist daher ein Kompromiß zwischen notwendiger Genauigkeit und geringstmöglichem Berechnungs- bzw. Schätzaufwand.

7.1 Berechnung der eingesparten Energiekosten

Als Datengrundlage sind die Jahreswerte für den Wärme- und den Stromverbrauch erforderlich. Der Wärmeverbrauch wird gradtagszahlbereinigt nach VDI 2067 (Witterungsbereinigung). Für die Ermittlung der Einsparung wird als sog. Startwert ein Mittelwert aus den letzten drei Jahren errechnet. Die eingesparte Energie in kWh ist die Differenz aus dem jährlichen Energieverbrauch und dem Startwert. Die Energieeinsparung wird mit aktuellen Preisen in einen Geldwert umgerechnet.

7.2 Startwertkorrektur aufgrund investiver Maßnahmen

Die Ermittlung bzw. Korrektur der Startwerte erfolgt unter Berücksichtigung der in dem jeweiligem Betrachtungszeitraum durchgeführten energetisch relevanten Sanierungsmaßnahmen. Die hierdurch erzielten Einsparungen werden für die technischen Gewerke und für größere Maßnahmen an der Gebäudehülle mit Hilfe einschlägiger Berechnungsverfahren ermittelt. Für die im Rahmen der baulichen Unterhaltung durchgeführten Maßnahmen an der Gebäudehülle wird ein vereinfachtes Verfahren angewendet, bei dem mit vertretbarem Aufwand aus der Verbesserung der Wärmedämmung und der Jahresgradtagszahl die Einsparung errechnet wird. Die Berechnung wird für Flächen, die eine bestimmte Mindestgröße erreichen, durchgeführt. Das Berechnungsverfahren ist als formalisiertes Verfahren in den Abwicklungsprozeß von Maßnahmen der baulichen Unterhaltung eingeführt.

8. Vereinbarung

Zwischen dem Amt für Umweltschutz und der beteiligten GSE-Schule wird eine Vereinbarung getroffen, in welcher die Startwerte für Wärme und Strom festgehalten werden. Die GSE-Schule verpflichtet sich ihrerseits, die Gebäudenutzer zu einem sparsamen Umgang mit Energie anzuleiten sowie die durchgeführten Energiesparmaßnahmen zu protokollieren.

9. Meßgeräte

Als Meßgeräte stehen den Projektschulen Leistungsmeßgeräte, Sekunden- und Min-Max-Thermometer, Tages- und Wochenzeitschaltuhren, Luxmesser sowie 1 Thermohydrograph leihweise zur Verfügung.

10. Umsetzung und Ergebnisse der Pilotphase

Die 14 Pilotschulen haben in dem Zeitraum von Dezember 1994 bis Mai 1995 Stromkosten in Höhe von 43.600 DM (4%) und Wärmekosten in Höhe von 50.600 DM (7%) eingespart. Die Bandbreite der durchgeführten Maßnahmen ist groß. Die Reduktion des Wärmeverbrauchs erfolgte z.b. durch energiebewußtes Lüften, Absenken der Raumtemperatur in den Fluren, Nachtabsenkung, Abstellen von Heizkörpern und Koordination von Abendterminen. Strom konnte gespart werden durch Ausschalten unnötiger Beleuchtung, dem Einbau von Zeitschaltuhren und durch Ausmustern von energieverschwendenden Geräten. Viele GSE-Schulen organisieren z.b. pro Klasse zwei sog. Energiemanager, die für energiebewußtes Lüften und energiebewußtes Nutzen der Beleuchtung verantwortlich sind.

Als handwerkliche Maßnahmen wurden von der GSE z.B. Fensterfugen mit Dichtungsmasse abgedichtet, einfachverglaste Oberlichter mit Fensterfolie beklebt und Heizkörpernischen mit Isolierplatten versehen.

Diese praktischen Umsetzungen von Energiesparmaßnahmen werden begleitet durch die Einbeziehung der Themen Energie und Klimaschutz in den Unterricht oder bei Projekttagen.

11. Mängellisten

Die GSE erstellt sogenannte Mängellisten, in denen kleinere investive Energiesparmaßnahmen aufgeführt sind, die nicht von der GSE durchgeführt werden dürfen bzw. nicht durchgeführt werden können und im Aufgabenbereich des Hochbauamtes liegen. Diese Listen sind dann Grundlage für Maßnahmen des Hochbauamtes im Rahmen der Verwendung der 40% der eingesparten Energiekosten. Hiervon wurden z.B. der Kauf und Einbau von Thermostatventilen finanziert.

12. Hemmnisse

Neben zahlreichen Anfangsschwierigkeiten, die zum Großteil gelöst sind, bestehen weitere Hemmnisse, von denen die wichtigsten an dieser Stelle genannt werden sollen:

1. Die von Lehrkräften der GSE gewünschten Entlastungsstunden werden vom niedersächsischen Kultusministerium nicht bewilligt.
2. Der Energieverbrauch von Schulen wird auch durch Drittnutzer (z.B.Turnvereine) beeinflußt, auf die aber nur begrenzt Einfluß genommen werden kann.

3. Die Schaffung einer breiten Basis innerhalb der Lehrer- und Schülerschaft ist ein langfristiger Prozeß. Das kann zu Frustrationserlebnissen
bei der GSE führen, die sich eine schnelle Umsetzung wünschen.

13. Energiepostille

Das Amt für Umweltschutz bringt etwa dreimal im Jahr die „Energie-
postille aktuell - Schulinternes Energiemanagement in Hannover" heraus.
Die Postille dient dem Erfahrungsaustausch der Projektschulen untereinander und bietet allen Beteiligten aus Schule und Verwaltung die Möglichkeit, Anregungen, Erfahrungen, Probleme und Hinweise den Interessierten bzw. Verantwortlichen mitzuteilen.

14. Einbindung anderer Institutionen

Um eine längerfristige Wirkung zu erzielen, ist eine verstärkte Einbindung
von lokal ansässigen Institutionen und Bildungsträgern erforderlich, die
Fortbildungen und Aktivitäten zu diesem Thema für Schülerinnen und
Schüler, Lehrkräfte und Erwachsene allgemein anbieten. Zu diesen Bil-
dungsträgern zählen z.b. das Schulbiologiezentrum, das Niedersächsische
Landesinstitut für Fortbildung und Weiterbildung im Schulwesen und Me-
dienpädagogik (NLI), die Volkshochschule (VHS) sowie die Stadtwerke
Hannover AG.

15. Öffentlichkeitsarbeit

Wichtig für die Motivation der Schulen und Schaffung einer breiten Akzeptanz ist eine rege Öffentlichkeitsarbeit. Die lokale Presse hat bereits häufi-
ger über das Projekt bzw. über die Arbeit einzelner Projektschulen berich-
tet.

16. Abschlußbetrachtung

Die Umsetzung eines derartigen Projektes erfordert die Schaffung einer
Reihe von Rahmenbedingungen sowohl auf seiten der Verwaltung als auch
auf seiten der Schule.

Die Verwaltung muß entsprechende Ratsbeschlüsse fassen und organisatorische Strukturen schaffen, so daß die Daten und Informationen aufbereitet
und weitergeleitet werden. Für die Schulen kann das Projekt nur erfolgreich
sein, wenn es gelingt, möglichst viele Nutzerinnen und Nutzer einzubezie-

hen. Hier kann es sich durchaus um einen längerfristigen Prozeß handeln. Eine wichtige Voraussetzung ist letztendlich auch eine vertrauensvolle Zusammenarbeit zwischen Schule und Verwaltung.

17. Literatur:

Hoffmann, A. & C. Kallen 1996: Energieeinsparung in Schulen - Änderung des Nutzerverhaltens - ein Pilotprojekt in Hannover. in: Der Städtetag, Heft 2.

Landeshauptstadt Hannover und Stadtwerke Hannover AG (Hrsg.) 1996: Kommunales Klimaschutzprogramm für die Landeshauptstadt Hannover. Schriftenreihe kommunaler Umweltschutz, Heft 13.

Landeshauptstadt Hannover (Hrsg.) 1996: Energiesparen in hannoverschen Schulen durch geändertes Nutzerverhalten. Abschlußbericht der Pilotphase Juni 94 bis Mai 95., erarb. vom Energie- und Umweltzentrum am Deister e.V. und dem Amt für Umweltschutz.

Landeshauptstadt Hannover (Hrsg.) 1995: Enegieeinsparung in Schulen durch Änderung des Nutzerverhalten. Evaluation eines Projektes im Rahmen des Energiesparprogramms der Landeshauptstadt Hannover; erarb. Prof. Dr. G. Michelsen & M. Schulte, Institut für Umweltwissenschaften der Universität Lüneburg.

Stadtwerke Hannover AG (Hrsg.) 1993: Energie - Wasser - Umwelt. Unterrichtsmaterialien für den Sekundarbereich 1.

Konzept

Seminar-folge	1. Seminar-sequenz	1. Anwendungs-phase	2. Seminar-sequenz	2. Anwendungs-phase	3. Seminar-sequenz
Zeitfolge	1 Tag	8-10 Wochen	2,5 Tage	ca. 5 Monate	1 Tag
Orte	exemplarische GSE-Schule	GSE-Schulen	Energie- und Umweltzentrum	GSE-Schulen	GSE-Schule
Inhalte	- Rahmenbedingungen der GSE-Arbeit - Aufgaben einer GSE - Energierundgang	- Erfassung der Energiesituation an der Schule	- Bewertung der bisherigen Arbeit - Ideenentwicklung	- Umsetzung der Ideen - Hineintragen der Energiesparideen in das Kollegium und die Klassen	-Abschlußbesprechung der Daten, Maßnahmen und Hemmnisse

Projektbeteiligte und ihre Aufgaben

- **Amt für Umweltschutz (Federführung)**
  - Gesamtkoordination.
  - Berechnung der eingesparten Energiekosten.
  - Verwaltungstechnische und inhaltliche Abwicklung der handwerklichen Maßnahmen in Absprache mit dem Hochbauamt (DM 1,--/ SchülerIn).
  - Betreuung der GSE-Schulen.

- **Hochbauamt**
  - Bereitstellung der erforderlichen Energiedaten.
  - Ermittlung des durch nennenswerte investive Maßnahmen eingesparten Energieverbrauchs.
  - Durchführung investiver Energiesparmaßnahmen, finanziert von 40% der eingesparten Energiekosten in Absprache mit dem Umweltamt.

- **Schulamt**
  - Auszahlung der eingesparten 30% Energiekosten an die GSE-Schulen.
  - Freistellung der Hausmeister für die Seminare.

- **Kämmerei**
  - Haushaltstechnische Abwicklung wie z.B. der Einrichtung von zwei neuen Haushaltsstellen (für 30%-Prämie und für 40%-Mittel).

- **Schulaufsichtsamt und Bezirksregierung**
  - Freistellung der Lehrkräfte für die Seminare.

- **Niedersächsisches Kultusministerium**
  - Inhaltliche Unterstützung.

- **Energie- und Umweltzentrum**
  - Durchführung der Seminare.

- **GSE-Schulen**
  - Entwicklung und Umsetzung der Energiesparmaßnahmen in der Schule.

Projekt „Dreh' ab!"

Klimaschutz durch Energieeinsparung an Schulen im Regierungsbezirk Lüneburg

Eberhard Adam

Das Thema "Energiesparen an Schulen" ist in der Vergangenheit fast ausschließlich auf den investiven Bereich reduziert worden. Zunehmend gerät aber auch der nicht-investive Bereich, d. h. das Nutzerverhalten in den Vordergrund der Diskussion. Aus der Sicht der Schulträger stellt sich die Situation häufig wie folgt dar: "Was nützt uns die modernste Heizungsanlage, wenn die Fenster permanent geöffnet sind?" Die investiven Maßnahmen stoßen hier ganz offensichtlich an ihrer Grenzen. Sie "verpuffen" im wahrsten Sinne des Wortes. Das Geld wird buchstäblich "aus dem Fenster geworfen"! Aus der Sicht der Schulen wird die o. a. Argumentation häufig wie folgt kommentiert: "Wir haben eine neue Heizungsanlage bekommen, allerdings wurden an den Heizkörpern keine Thermostate zur Regulierung der Raumtemperatur installiert. Die Regulierung erfolgt durch das Öffnen der Fenster!"

Die beiden Situationen stehen exemplarisch für das zunehmende Problembewußtsein zum Thema Energieverbrauch. Sie stehen aber auch für die zunehmende Erkenntnis, daß nur durch ein gemeinsames Denken und Handeln die o. g. Probleme gelöst werden können.

Untersuchungen belegen, daß durch ein verändertes Nutzerverhalten durchschnittlich 20 bis 30 % der Energiekosten eingespart werden könnten. Ein Beispiel in absoluten Zahlen: Auf die ca. 750 Schulen im Regierungsbezirk Lüneburg entfallen pro Jahr schätzungsweise Energiekosten in Höhe von 75 000 000,-- DM. Dies entspricht in etwa einer CO_2-Emission von ca. 270 000 t/a. Ein Einsparpotential von 30 % vorausgesetzt, könnten im Regierungsbezirk Lüneburg durch ein verändertes Nutzerverhalten pro Jahr 22 000 000,-- DM an Energiekosten bzw. 80 000 t CO_2-Emissionen eingespart werden.

Die derzeitigen Rahmenbedingungen zur Erschließung dieser Einsparpotentiale sind positiv zu werten:

Zu nennen wären hier zunächst die erweiterten bildungspolitischen Vorgaben im Sinne des § 2 des Nieders. Schulgesetzes: Erweiterung des Bildungsauftrages, um die Ziele des "Ökologischen Lernens" und des "Umweltgerechten Verhaltens" sowie die entsprechende Sensibilisierung und Qualifizierung der Jugendlichen für Umweltprobleme und deren Bewältigung. Entsprechende Mittel der Umsetzung dieser Zielsetzung wurden vom Nieders. Kultusministerium in Form von Projektfinanzierungen und Anrechnungsstunden bereitgestellt.

Die Dikussionen um die globalen Klimaveränderungen im Rahmen der Konferenzen von Rio 1992 und Berlin 1995 sowie die Forderung einer nachhaltigen Entwicklung im Rahmen der AGENDA 21 haben zur Bewußtseinsbildung beigetragen, die CO_2-Emissionen drastisch zu reduzieren.

Aufgrund der angespannten Haushaltssituation der Kommunen bzw. der Schulträger wird zunehmend erkannt, daß die Energieeinsparung an Schulen nicht nur ein Betrag zum Klimaschutz ist, sondern auch ein wichtiger Beitrag zur Entlastung der kommunalen Haushalte darstellt.

Vor dem Hintergrund dieser Rahmenbedingungen wurde mit Beginn des Schuljahres 1995/1996 allen allgemein- und berufsbildenden Schulen im Regierungsbezirk Lüneburg die Teilnahme an dem Projekt "Dreh' ab! - Klimaschutz durch Energieeinsparung an Schulen im Regierungsbezirk Lüneburg" ermöglicht.

Unter der Zielsetzung "innovative Schulentwicklung" soll das Projekt einen Beitrag leisten

– zum Klimaschutz durch Senkung des Energieverbrauchs über die Änderung des Nutzerverhaltens,

– zur Verbesserung des Schulbudgets durch eine teilweise Rückvergütung der eingesparten Energiekosten,

– zur Entlastung der kommunalen und privaten Haushalte und

– zur "Öffnung der Schulen" durch die Zusammenarbeit mit vielen kompetenten Kooperationspartnern dieses Projektes.

Auf Initiative der Bezirksregierung Lüneburg wirken folgende Kooperationspartner an dem Vorhaben mit:

– Energieversorgungsunternehmen des Regierungsbezirks

– Niedersächsische Energie-Agentur

– Energie- und Umweltzentrum Eldagsen

– Klimabündnis niedersächsischer Schulen

– Deutsche Umwelthilfe

– Universität Lüneburg.

Nach Abschluß der Kooperationsgespräche wurde die Niedersächsische Energie-Agentur mit der Projektleitung beauftragt. Das Projekt wird von der Niedersächsischen Umweltstiftung unterstützt.

Im Rahmen des Projektes stehen Programme für investive und nicht-investive Maßnahmen zur Verfügung. Als Anreiz, sich an dem Projekt zu beteiligen, bietet die Projektgruppe den Akteuren eine umfangreiche und kostenlose Serviceleistung an (Ausnahme: Schulung der "schulinternen Energiemanagement-Gruppen"). Alle Schulen und Schulträger habe einen entsprechenden Projekt-Reader erhalten. Die Service-Leistungen des "Dreh' ab!-Teams" im einzelnen:

– Beratung der Schulen in allen Fragen rund um das Thema "Klimaschutz durch Energiesparen"

– Hilfestellung und Bereitstellung von Info-Material für den "Energie-Rundgang-Check"

– Bereitstellung von Meßgeräten

– Unterstützung der Zusammenarbeit zwischen Schulen und Schulträgern

– Bereitstellung einer Mustervereinbarung zum Bonussystem

– Info-Austausch mit anderen Schulen (Kontaktnetz)

– Schulung der schulinternen Energiemanagement-Gruppen

– Lehrerfortbildungsveranstaltungen

– Fortbildung und Schulung der Hausmeister

– Grob- und Schwachstellenanalyse von Schulgebäuden

– Entwicklung von detaillierten Einsparkonzepten mit Wirtschaftlichkeits-analyse

– Erarbeitung von Finanzierungsmodellen im investiven Bereich (Contracting)

– Hilfestellung bei der Suche nach Sponsoren

– "Energie-Info-Tage" an der Universität Lüneburg

– "Energie-Party" mit Tombola für alle Schulen, die sich an dem Projekt beteiligen.

Die positive Resonanz auf dieses Projekt ist sehr erfreulich. Derzeit haben über 130 Schulen ihr Interesse an diesem Projekt bekundet. In vielen Kommunen finden auf Initiative der Projektgruppe "Energiegespräche" statt. In einigen Fällen führte die Diskussion zum ersten Mal die verschiedenen Beteiligten am "Energiesystem Schule" an einen Tisch zusammen: Schülerinnen und Schüler, Lehrkräfte und Schulleitung, Hochbauamt, Schulamt und Hausmeister. Einige Schulen haben bereits beachtliche Energieeinsparerfolge erzielt. Das o.a. Projekt findet erfreulicherweise auch Beachtung in anderen Bundesländern.

Die Projektgruppe erörtert derzeit die Möglichkeit, das "Lüneburger Modell" auch auf die anderen Regierungsbezirke zu übertragen. Die Regierungsbezirke Hannover, Braunschweig und Weser-Ems könnten so von den Erfahrungen und dem Know-how des "Lüneburger Modells" profitieren. Auch die Ausweitung des o. a. Projektes auf EU-Ebene ist im Gespräch. Ziel ist es, die europäische Zusammenarbeit interessierter Schulen aus dem Regierungsbezirk Lüneburg, England, Frankreich, Holland und Italien im Rahme von EU-Förderprogrammen zu ermöglichen.

Ziel aller Handlungsstrategien muß es sein, das Thema "Klimaschutz durch Energiesparen" genauso nachhaltig in schulische und kommunale Umweltkonzeptionen einzubinden, wie dies bereits weitestgehend bei dem Themenkomplex "Abfalltrennung, -verwertung und -entsorgung" der Fall ist. Das kann nach Auffassung der Projektgruppe nur gelingen, wenn permanent

– das Thema "Klimaschutz durch Energiesparen" öffentlich diskutiert wird,

– die positiven Beispiele an Schulen in den Medien öffentlich gemacht werden, um zum Nachahmen anzuregen,

– eine "Politik der kleinen Schritte" verfolgt wird und

– alle Akteure nachhaltig motiviert werden.

In Gesprächen mit Schulträgern ist auf die Notwendigkeit hingewiesen worden, daß ein erheblicher Investitionsbedarf im investiven Bereich (Wärmedämmung/Heizungsanlage) besteht. In diesem Zusammenhang plant das Land Niedersachsen ein entsprechendes Förderprogramm "Niedersächsische EnergieSparSchulen In Aktion (NESSI). Das Investitionsfördervolumen wird für 1997 und 1998 je 14 000 000,-- DM betragen.

Klimaschutz-Projekt in Schulen

Konzepte fürs Energiesparen

as **Lüneburg.** „Bei den vielen Informationen über den Treibhauseffekt wird unseren Schülern angst und bange. Es muß deshalb unser Auftrag sein, etwas für den Klimaschutz zu tun," sagte Rüdiger Hedde, Leiter der Hauptschule Stadtmitte auf einer Gesamtkonferenz, zu der Schüler, Eltern, Lehrer, Vertreter des Schul- und des Bauamtes eingeladen waren. Vorgestellt wurde das Klimaschutz-Projekt für Schulen der Bezirksregierung Lüneburg, das in Zusammenarbeit mit Energie- und Umweltpartnern läuft.

Eberhard Adam, Umweltberater der Bezirksregierung: „Energiesparen ist ein Beitrag zum Klimaschutz." Das Projekt wende sich an Schüler, Lehrer und Hausmeister, „wenn jeder bewußt mit Heizung, Licht und Wasser umgeht, ist schnell viel Energie gespart". Und er machte eine Kostenrechnung auf: „750 Schulen im Regierungsbezirk Lüneburg produzieren im Jahr zirka 250 000 Tonnen Kohlendioxid (CO_2), Energiekosten von 80 Millionen Mark fallen an." Wenn 20 Prozent Energie eingespart werden würden, bedeute das 50 000 Tonnen weniger CO_2 und gleichzeitig würden 16 Millionen Mark eingespart. Energiesparen entlaste somit auch die Kommunen.

Außerdem stellte er energiesparenden Schülern und Lehrern in Aussicht, daß 30 Prozent des eingesparten Geldes zur freien Verfügung an die Schulen zurückfließen könne. Allerdings müsse der Schulträger, also die Stadt Lüneburg, der Verteilung zustimmen.

Die Hastra bietet den Schulen einen Energie-Rundgang an. Niedersächsische Energie-Agentur und das Energie- und Umweltzentrum Eldagsen laden Schüler, Lehrer und Hausmeister zu einem Seminar ein, auf dem gezeigt wird, wie durch ein verändertes Nutzerverhalten Strom und Wasser gespart werden können.

An der Hauptschule Stadtmitte soll nun, so Leiter Rüdiger Hedde, ein Umwelt-Ausschuß gebildet werden. „Der wird ein Konzept entwickeln, wie und wo in unserer Schule Energie eingespart werden kann." Die Ideen sollen dann mit Hilfe des Klimaschutz-Projektes umgesetzt werden.

Angebot
- Beratung der Schulen in Energiefragen
- Energie-Check
- Fortbildung für Hausmeister, Lehrer, Schüler
- Infoaustausch mit anderen Schulen
- Energie-Info-Tage an der Lüneburger Uni

Ansprechpartner: Eberhard Adam, Bezirksregierung, ☎ 15 27 84.

Landeszeitung Lüneburg, 2.12.1995

Bezirksregierung Lüneburg startet Pilotprojekt

Kostenlose Beratung für Schulen

nie **Lüneburg.** Was das Projekt der Bezirksregierung „Dreh ab!" will, das sagt schon sein Name: „Klimaschutz durch Energiesparen an Schulen im Regierungsbezirk Lüneburg." Mit Beginn des Schuljahres 1995/96 steht den Schulen zum ersten Mal eine Koordinierungsstelle mit Rat und Tat zur Seite.

Eberhard Adam, Umweltberater an Schulen der Bezirksregierung, rief 1995 die Aktion ins Leben, um den Trend zum Energiesparen an Schulen zu bestärken. Das Pilotprojekt bietet denen, die einsteigen möchten, vor allem kompetente Beratung – kostenlos. Infos zum Thema geben Mitarbeiter der Bezirksregierung auf der Umweltmesse.

„Das Schönste daran ist, daß alle Seiten etwas davon haben", wirbt Adam für seine Arbeit. Grundgedanke ist der Klimaschutz, denn die 750 Schulen des Regierungsbezirkes blasen im Jahr gut 250 000 Tonnen Kohlenstoffdioxid in die Luft. „Nebenbei" kostet das gut 80 Millionen Mark. Alleine durch Verhaltensänderung könnten 20 Prozent von beidem eingespart werden: 50 000 Tonnen Kohlenstoffdioxid und 16 Millionen Mark.

Also profitiert nicht nur die Umwelt, sondern auch der Haushalt der Kommunen. Ein Anreiz für die Schulen ist nämlich, daß sie einen Teil der von ihnen eingesparten Kosten zweckgebunden zurückerhalten sollen – „ein sich gegenseitig bestärkender Prozeß, wenn alle mitmachen", findet Adam. Er schlägt vor, je 30 Prozent des gesparten Geldes den Kommunen und den Schulen zukommen zu lassen und 40 Prozent in einem Fonds für die Finanzierung umweltfreundlicher Projekte zu sammeln. Aber: „Wieviel die Schulen zurückerhalten, hängt vom Verhandlungsgeschick ab", weiß Adam. „Eine Schule in Stade erhält von Träger hundert Prozent zurück." Alle Schulen des Bezirkes wurden zu Schuljahresbeginn informiert, 130 haben bereits Interesse bekundet.

Grundgedanke: Klimaschutz

Eberhard Adam, Umweltberater an Schulen der Bezirksregierung, rief im vergangenen Jahr das Projet „Dreh ab !" ins Leben.   Foto: nie

„Wir wollen endlich einen runden Tisch, an dem sich Vertreter der Kommunen mit Schülern, Eltern, Lehrern, Hausmeistern, Umweltverbänden und Energieerzeugern an einen Tisch setzen", nennt Adam als Ziel. Dafür ist er fast rund um die Uhr im Einsatz, reist zu verschiedenen Schulen, stellt das Projekt vor, gibt Anregungen, wie man das Thema in die Unterrichtsfächer einbauen kann.

Auch in anderen Regierungsbezirken Niedersachsens hat das Lüneburger Modell „Dreh ab!" schon Aufsehen erregt. Eine landesweite Kooperation der beteiligten Verbände ist das nächste Ziel.

Lüneburger Landeszeitung vom 19. September 1996

„Öfter mal abdrehen"

Eine Initiative für die Schulen des Regierungsbezirks Lüneburg für Klimaschutz und Energieeinsparung

Klaus Meyer

1. „Öfter mal abdrehen" in Kürze

Die vielfältigen Ansätze innerhalb und außerhalb Niedersachsens, das Thema Energieeinsparung an der Schule als Möglichkeit praktischen Handelns zu begreifen, veranlaßte den Umweltbeauftragten der Bezirksregierung Lüneburg, die vorhandenen Erfahrungen mit Hilfe kompetenter Kooperationspartner zu bündeln. Es gelang, unter Leitung der Niedersächsischen Energie-Agentur, eine breit gefächerte Kompetenz in einer Projektgruppe für eine kontinuierliche Projektarbeit zu vereinen. Mit dem Projekt „Öfter mal abdrehen" wurden vorhandene Erfahrungen mit schulischen Energieprojekten aufbereitet, im Regierungsbezirk Lüneburg öffentlichkeitswirksam präsentiert sowie Schulen und Schulträger zur Teilnahme an einem Pilotprojekt mit vorerst 30 Schulen aufgefordert. Ziel war, den

Schulen wie Schulträgern ein Instrumentarium verfügbar zu machen, das es Ihnen ermöglicht, die Energieeinsparpotentiale (i.d.R. ca. 50%) unter den gegebenen Bedingungen zu erschließen.

Neben der Ermöglichung der investiven Maßnahmen durch neuartige Finanzierungsmodelle (Einsparcontracting) stehen insbesondere die nichtinvestiven, also verhaltensbedingten Maßnahmen, im Vordergrund des Projekts.

Mit Hilfe der Erfahrungen und Ergebnisse der 30 aktiven Schulen soll in einer anschließenden Projektphase mit einem Multiplikations- und Vernetzungsmodell einer Vielzahl Schulen ermöglicht werden, weitgehend selbständig ähnliche Projekte vor Ort zu initiieren, durchzuführen und die notwendigen externen Leistungen in eigener Regie zu organisieren.

Neben der Eigenleistung der im Projekt vertretenen Unternehmen und Institutionen wurde ein Anteil der Projektkosten von der Niedersächsischen Umweltstiftung im Rahmen der Projektförderung übernommen.

2. Vom Wissen zum Handeln, der bildungspolitische Anspruch

In den Schulen des Landes Niedersachsen gibt es zahlreiche Initiativen, dem "Klimabündnis Niedersächsischer Schulen" beizutreten und einen Beitrag zur Umsetzung der AGENDA 21 zu leisten.

Insbesondere die „Öffnung der Schulen" durch die Zusammenarbeit mit kompetenten Kooperationspartnern aus der Praxis ermöglicht in solchen Projekten eine realitätsnahe Bildungskomponente.

Das Niedersächsische Schulgesetz thematisiert die Erweiterung des Bildungsauftrages, um die Ziele des „ökologischen Lernens" und des „umweltgerechten Verhaltens" sowie die entsprechende Sensibilisierung und Qualifizierung der Jugendlichen für Umweltprobleme und deren Bewältigung zu ermöglichen. Entsprechende Mittel für die Umsetzung dieser Zielsetzungen wurden vom Niedersächsischen Kultusministerium in Form von Projektfinanzierungen und Anrechnungsstunden bereitgestellt.

Entscheidend für eine nachhaltige Sicherung der Begeisterung schulischer Initiativen ist die Festlegung konkreter Ziele, Identifizierung von Handlungsfeldern und das Erlebnis eines Erfolgs des engagierten Einsatzes für die Akteure. Ein unter diesen Aspekten besonders geeignetes Handlungsfeld der AGENDA 21 ist dabei sicherlich der „Schutz der Erdatmosphäre", konkretisiert in der Minderung des CO_2-Ausstoßes durch die Einsparung von Energie.

3. Die Potentiale

Verbrauchsoptimierung ist ein dankbares Arbeitsfeld: Energieeinsparpotentiale in Höhe von 30 bis 50% lassen sich in den Schulen des Landes unter wirtschaftlichen Bedingungen realisieren. Zu dieser Einschätzung kommt die Niedersächsische Energie-Agentur aufgrund ihrer Untersuchungen, untermauert durch eine Reihe praktischer Erfahrungen in durchgeführten Projekten.

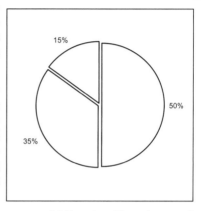

Dabei lassen sich ca. 35% mit (wirtschaftlich vertretbaren) Investitionen im Bereich Anlagentechnik und Gebäudephysik erschließen, während durchschnittlich 15% der Energiekosten allein durch den klugen Umgang mit Energie im Alltag eingespart werden können.

Für eine Minderung der CO_2-Emissionen um 25% - eine Vorgabe, an die sich die Bundesregierung im Rahmen der internationalen Klimakonvention gebunden hat - im Bereich Schule ist also eine Kombination aus investiven und nichtinvestiven Maßnahmen die rationellste Lösung.

Die Potentiale im Regierungsbezirk Lüneburg

Im Gebiet des Regierungsbezirks Lüneburg werden ca. 750 Schulen von verschiedenen Schulträgern (Gemeinden, Kreise u.a.) betrieben. Nach überschlägiger, zurückhaltender Schätzung verursachen diese Schulen Energiekosten (Strom, Erdgas, Heizöl etc.) in Höhe von ca. 75 Mio. DM jährlich und eine jährliche CO_2-Emission von ca. 270.000 t.

4. Konkrete Projektgrundlage: Interesse und Handlungsbedarf

Bei der Realisierung der Energieeinsparpotentiale als Beitrag der Kommunen des Landes zum Klimaschutz kommt den Schulen also eine herausragende Bedeutung zu:

• Es ist die aktuelle bildungspolitische Aufgabe, Menschen heranzubilden, die die notwendige Sensibilität für die Problemstellungen der heutigen Zeit entfalten und Ihre Möglichkeiten für konkrete Mitgestaltung erfassen.

- Der Betrieb der Schulen bedingt grundsätzlich Umweltbelastungen durch notwendigen Energieeinsatz (Heizung, Strom).

- Der technische Unterhalt der Schulen belastet den Kommunalhaushalt des Schulträgers durch Energie- und Sanierungskosten erheblich.

- Die Kommune als Schulträger hat direkte Entscheidungsmöglichkeiten bzgl. der Gestaltung von Einsparmaßnahmen.

Viele niedersächsische Kommunen sind Mitglieder im Klimabündnis europäischer Städte. Eine rationelle Energiebewirtschaftung der öffentlichen Liegenschaften ist aber sehr unterschiedlich ausgeprägt, was auf die schwierige Prioritätensetzung im kommunalen Alltag mit seinen unbedingten - z.t. sehr kurzfristig relevanten - Pflichtaufgaben zurückzuführen ist.

Investive Maßnahmen

Trotz unzweifelhaft zu erwartender Wirtschaftlichkeit (d.h. Einsparung größer als Kapitaldienst) vieler kommunaler Einsparmaßnahmen werden bei der Erschließung dieser Potentiale in der Praxis erhebliche Hemmnisse wirksam, insbesondere, wenn aus dem kommunalen Haushalt Investitionsmittel für Einsparinvestitionen bereitgestellt werden müssen.

Die Finanzierung notwendiger Erneuerungen durch externe Kapitalgeber, wie z.B. Energieversorgungsunternehmen, ist eine zwar wenig bekannte, aber doch marktgängige Möglichkeit zur Erschließung der investiven Einsparpotentiale (Wärmedirektlieferung), zumindest, soweit es die Anlagentechnik betrifft. Die Niedersächsische Energie-Agentur hat diese Leistungen insofern erweitert, als nach der Realisierung eines Pilotprojekts nun auch Teile der Gebäudephysik wie Fenster und Wärmedämmung in ein solches Lösungsmodell einbezogen werden können (Einsparcontracting).

Vor dem Hintergrund einer abgängigen Kesselanlage und der in weiten Teilen des Gebäudes undichten Einfachverglasung entwickelte die Niedersächsische Energie-Agentur ein Contractingmodell im Auftrag der Stadtwerke Norden für die Übernahme der Wärmeversorgung eines stadteigenen Schulzentrums. Konzept: Durch eine zusätzliche Kerndämmung des Mauerwerks, einer Dachisolierung und die Sanierung aller Fenster mit Wärmeschutzverglasung ließ sich der Nutzenergieverbrauch um rund ein Drittel verringern. Durch die Maßnahmen konnte zudem die Kesselanlage kleiner dimensioniert und die damit freiwerdenden Investitionsmittel zur Refinanzierung der Maßnahmen verwendet werden. Der Nutzen für die Stadt Norden bei dem Contracting durch die Stadtwerke liegt gegenüber einer Eigenfinanzierung eines Kesselersatzes in einer Senkung der Jahreskosten von 183.000 DM auf 175.000 DM und der Verbesserung der Gebäude- und Anlagenqualität: Und das ohne Belastung des Vermögenshaushaltes.

Einzelne Energieversorgungsunternehmen der Region dokumentieren durch solche Leistungen den Schritt zum Energiedienstleistungsunternehmen als Partner für die Kommunen. Die Vermittlung entsprechender Information und Beurteilungskompetenz ist hier ein wesentlicher Schritt zur Rationalisierung der Energiebewirtschaftung.

Nichtinvestive Maßnahmen

Die zweite Option ist mit der Erschließung der nichtinvestiven Einsparpotentiale gegeben. An einigen Schulen in Niedersachsen wurden auch bereits sehr konkrete Erfahrungen mit Energieeinsparaktionen gesammelt, denen ein sparsamer Umgang mit Energie zugrunde liegt.

Durch Ihren Beitritt zum "Klimabündnis Niedersächsischer Schulen" dokumentieren auch zahlreiche Schulen, daß sie Klimaschutz durch Einsparung von Energie für eine wichtige Aufgabe im Schulalltag halten. An einigen Schulen wurden bereits erste konkrete Erfolge bei der Realisierung nichtinvestiver Einsparpotentiale erzielt. Es ist also beim Schulträger wie bei den Nutzern der Schule eine große Bereitschaft vorhanden, die Einsparpotentiale umzusetzen.

Wesentliche Erfahrungen und Lösungsmöglichkeiten wurden dazu im Programm „Gruppe schulinternes Energiemanagement" (GSE) des Energie- und Umweltzentrums am Deister erarbeitet. Vom Energie- und Umweltzentrum wurde ein Seminarprogramm mit Workshopcharakter konzipiert, an dem Vertreter/innen aller Nutzergruppen beteiligt sind.

Seit 1995 beteiligen sich allein in Niedersachsen über 100 Schulen an diesem Programm. Bis Anfang 1997 sind damit rund eine dreiviertel Million DM an Energiekosten eingespart worden. Die nichtinvestiven Einsparungen erreichen an einzelnen Schulen über 25% der Gesamtenergiekosten.

Um diese Ziele zu erreichen, wird in den betreffenden Schulen eine sogenannte „Gruppe schulinternes Energiemanagement" (GSE) eingerichtet. Sie setzt sich aus dem Hausmeister/-techniker, aus Schüler/innen und Lehrkräften zusammen und beschäftigt sich mit Fragen des technischen und verhaltensabhängigen Energiesparens.

Im Wechsel von Theorie und Praxisanteilen werden in Workshops und Seminarsequenzen die relevanten Aspekte des Energieeinsatzes behandelt.

Den Schulen werden entsprechende Materialien wie Unterrichtsreader, Energielogbuch und Meßgeräte zur Verfügung gestellt, die ihnen eine eigenständige Arbeit ermöglichen.

Die Schulen setzten im Laufe der Pilotphase folgende Maßnahmen eigenständig um:

- Schulinterne Öffentlichkeitsarbeit
- Regelerstellung für energiesparendes Verhalten
- Organisatorische Verbesserungen bei Heizung, Strom, Wasser
- Durchführung kleinerer Investitionen.

Die so von den Nutzern erwirtschafteten Mittel werden folgendermaßen aufgeteilt:

- 30% bekommt die Schule zur freien Verfügung der schulischen Projektgruppe
- 40% werden für energetische Verbesserungsmaßnahmen an (beliebigen) Schulen des Schulträgers eingesetzt
- 30% entlasten den Kommunalhaushalt des Schulträgers allgemein.

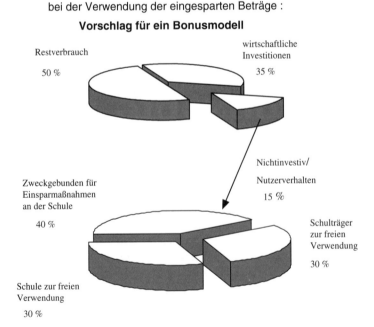

Motivation durch Mitverantwortung
bei der Verwendung der eingesparten Beträge :
Vorschlag für ein Bonusmodell

Restverbrauch
50 %

wirtschaftliche
Investitionen
35 %

Zweckgebunden für
Einsparmaßnahmen
an der Schule
40 %

Nichtinvestiv/
Nutzerverhalten
15 %

Schulträger
zur freien
Verwendung
30 %

Schule zur freien
Verwendung
30 %

Antrieb und Kernstück des Einsparprogrammes ist die finanzielle Beteiligung der Akteure an den Einsparerfolgen, wozu das Modell jeweils an die rechtlichen und organisatorischen Gegebenheiten vor Ort anzupassen ist.

5. Die Initiative der Bezirksregierung: Gründung des Dreh-ab-Teams

Die vorgenannten Potentiale und vorhandenen Erfahrungen bei Schulträgern und Schülern veranlaßten den Umweltberater an Schulen der Bezirksregierung Lüneburg dazu, eine Projektgruppe zu etablieren, mit dem Ziel, die vorhandenen Ansätze aufzugreifen und für alle Schulen des Regierungsbezirks nutzbar zu machen.

Basierend auf den Erfahrungen ähnlicher Projekte wurde für die Projektdurchführung von Anfang an die Einbindung eines sehr breiten Fachspektrums angestrebt. So sollten Teammitglieder technisches, pädagogisches, wissenschaftliches, organisatorisches, finanzielles und kommunalrechtliches und energiewirtschaftliches Know-how einbringen. Entsprechend unterschiedlich setzen sich die Partner des Projekts zusammen:

- Bezirksregierung Lüneburg (Projektinitiative)
- Niedersächsische Energie-Agentur GmbH, Nds. EA (Projektleitung)
- Deutsche Umwelthilfe, DUH
- Klimaschutzbündnis Niedersächsischer Schulen, KlinSch
- Umweltzentrum am Deister, EUZ
- Universität Lüneburg
- HASTRA AG, HASTRA
- Überlandwerk Nord-Hannover AG, ÜNH
- Vereinigung Deutscher Elektrizitätswerke e.V., VDEW.

Zeitweise nahm ein Vertreter des Niedersächsischen Kultusministeriums aktiv an den Projektbesprechungen und der Projektkonzeption teil.

Die teils sehr unterschiedlichen Inhalte und Methoden konnten erfolgreich aufeinander abgestimmt werden, so daß eine arbeitsfähige und effektive Projektgruppe mit gebündeltem Know-how und großem Synergieeffekt für die Umsetzung des Projekts zur Verfügung steht.

Für jeden Projektpartner wurde dabei ein spezieller Aufgabenbereich im Projekt definiert und mit dem erforderlichen Zeitbudget für die erste Projektphase ausgestattet.

Das Projektgebiet für „Dreh-ab" wurde vorerst auf das Gebiet des Regierungsbezirks Lüneburg beschränkt.

6. Die Zielvorstellungen des Dreh-ab-Teams

Mit dem Projekt soll die Erschließung der Energieeinsparpotentiale an den Schulen des Regierungsbezirks erreicht werden.

Dabei stehen Programme für investive und nichtinvestive Maßnahmen zur Verfügung. Besonders über die nichtinvestiven Möglichkeiten, d.h. über den Umgang der Energie seitens der Nutzer, soll eine Motivation zur Beschäftigung mit dem Thema im konkreten Schulbetrieb erreicht werden. Eine erste Projektphase (Initialphase) sollte dazu dienen, die Möglichkeiten, die den Teilnehmern offenstehen, bekannt zu machen und für eine Teilnahme am Projekt zu werben.

Die Ziele der 1. Projektphase (Initialphase) wurden vor Projektbeginn folgendermaßen definiert:

- Eruierung und inhaltliche Weiterentwicklung bestehender Ansätze zur Erschließung der schulischen Energieeinsparpotentiale bei Schule und Schulträger.
- Öffentliche Information und Ansprache aller Schulen, Durchführung einer (wettbewerbsähnlichen) Aktion, um eine Anzahl von ca. 30 Schulen für die Teilnahme am Pilotprojekt zu gewinnen.
- Betreuung der ersten 30 Projektschulen bei ihren Einsparbemühungen.
- Auswertung der Energiedatengrundlagen und Ermittlung des Einsparpotentials für diese (30) Schulen.
- Skizzierung eines Modells, welches geeignet ist, nachhaltig einen erheblichen Teil des Einsparpotentials der (750) Schulen des Regierungsbezirks zu erschließen (Multiplikations- und Vernetzungsmodell, Projektphase „Nachhaltigkeit").
- Skizzierung eines möglicherweise notwendigen Finanzierungsmodells für die Projektphase „Nachhhaltigkeit".

7. Projektphasen und Projektverlauf

Der Ablauf des Projekts „Öfter mal abdrehen" gliedert sich in 3 Phasen:

(1)   Initialisierungsphase (Ende '95/'96)

(2)   Pilotphase ('96/'97)

(3)   Multiplikationsphase (ab '97)

„Öfter mal abdrehen"

für den Regierungbezirk Lüneburg

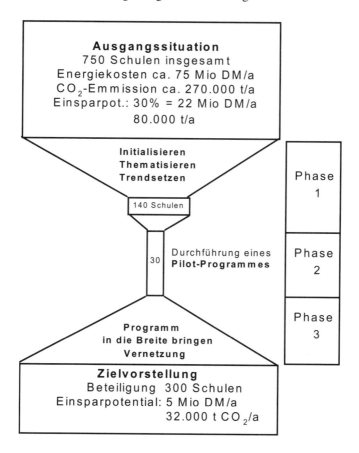

(1) Initialisierungsphase (Ende '95/'96)

Vorbereitung

In dieser Phase wurde das Dreh-ab-Team/Projektkoordination konstituiert. In den ersten Arbeitssitzungen wurden die unterschiedlichen Interessen- und Kompetenzschwerpunkte der Teammitglieder definiert. Anschließend wurde die gemeinsame Zieldefinition skizziert. Im weiteren wurden die Erfahrungen, auch externer Akteure, im Bereich schulischer Energieeinsparung zusammengetragen und soweit wie möglich ausgewertet.

Schließlich wurde eine Projektskizze mit Aufgabenverteilung und zugehörigen (Zeit-/Kosten-)Budgets erstellt und die Finanzierungsfragen diskutiert. Es stellte sich heraus, daß ein sinnvoller Projektumfang allein aus den Eigenleistungen der Teammitglieder nicht darzustellen sein würde. Für die finanzielle Deckungslücke wurde deshalb ein Antrag an die Nds. Umweltstiftung auf Fördermittel formuliert, die auch bewilligt wurden.

Die Akteure vor Ort

Die - nach wirtschaftlichen Grundsätzen durchaus mögliche - Erschließung der schulischen Energie- und Kosteneinsparpotentiale stellt sich aufgrund der tragenden Rollen der (mental) sehr verschiedenen Beteiligten wie den Verwaltungsstellen des Schulträgers, der Schülerschaft, der Schulleitung, der Lehrerschaft, den Hausmeistern etc. und augenscheinlich differierender Interessen in der Praxis stets als sehr komplexe Aufgabe dar.

Grundsätzlich werden im Projekt die Ansprechpartner deshalb unterschieden zwischen Schulträger einerseits und Schulbetrieb andererseits, die es zur Erzielung einer nachhaltigen Wirkung in ökologischer wie ökonomischer Hinsicht zusammenzuführen galt.

Durchführung

Um das Thema Energieeinsparung im Projektgebiet in die Diskussion zu bringen, wurden zahlreiche Gesprächskreise, Dienstbesprechungen, Ausschußsitzungen etc. im Regierungsbezirk Lüneburg mit dem Thema befaßt, indem jeweils eine Auswahl an Projektpartnern vor Ort in Form von Vorträgen informierte und für Diskussionen und Erläuterungen zur Verfügung standen.

Bereits damit konnte vor Ort teilweise erheblich zur Versachlichung des Themas Energie und Schule beigetragen werden.

Um eine sinnvolle Anzahl von Teilnehmern am Projekt zu gewinnen, war die Erstellung von gezielten Arbeitsunterlagen notwendig. Dieses Material sollte weniger der Information über die einzelnen Möglichkeiten des Energiesparens dienen (dazu ist gutes Material bereits „am Markt" verfügbar oder wird z.Zt. anderweitig erstellt), als vielmehr die Motivation für die Teilnahme an einem aktuellen Projekt mit „Kampagnencharakter" steigern.

Um den notwendigen, aktuellen „Kampagnencharakter" des Projektes bei allen potentiellen Beteiligten zu vermitteln, wurde eine aktive Präsentationsstrategie bereits in der Anfangsphase betrieben. Dazu wurden regelmäßig gezielte Pressemitteilungen über Aktivitäten von Dreh-ab-Team und Akteuren vor Ort lanciert (zielgruppenspezifische Publikationen, regionale Tagespresse).

Ein wesentlicher Arbeitsschritt galt also der Erstellung einer (schriftlichen) Grundlage für die potentiellen Teilnehmer, um die Komplexität eines solchen Projekts mit vielen Akteuren erfaßbar zu machen.

Um die Akzeptanz zu optimieren und die Intention des Projekts zu vermitteln, wurde auf die Erstellung eines Corporate Identity (CI) großer Wert gelegt. Im Ergebnis wurde der Projektname „Öfter mal abdrehen" und eine dazu passende Figur geschaffen, der Dreh-ab-Bär. Dieser führt die TeilnehmerInnen durch das Projekt.

Ein 32-seitiger Reader stellt das Programm vor, wobei jeder Akteursgruppe ein eigenes, spezifisches und chronologisch handlungsorientiertes Kapitel gewidmet ist. Jeder soll dabei ablesen können, in welchem Stadium sich das Gesamtprojekt und die anderen Akteure gerade befinden und welche Rolle er/sie selbst gerade spielt.

Mit Hilfe der Bezirksregierung Lüneburg und des Niedersächsischen Kultusministeriums wurden alle Schulen (Schulleitung, Schülervertretungen, Schulträger) schriftlich angesprochen und ihnen ein Plakat zum Aushang, Faltblätter zur Aktion mit Rückantwortkarte sowie der Reader übersandt.

Potentielle Akteure aus 140 Schulen meldeten nach der Aussendung ihr grundsätzliches Interesse an einer Projektteilnahme ihrer Schule an.

Alle interessierten Schulen und Schulträger wurden eingeladen, sich auf einem Dreh-ab-Infotag in der Universität Lüneburg über die Teilnahmemöglichkeiten zu informieren. Dazu wurde besonders dem Know-how-Austausch der Schulen untereinander Raum gegeben. In Workshops wurden konkrete Hilfestellungen für die Erschließung der Energieeinsparpotentiale gegeben (Energierundgang, Datenauswertung etc.). Gesteigerter Wert wurde aber auch auf den Spaß der Akteure am Projekt gelegt (Experimente, Solarmobilfahren etc.).

Die o. g. 140 Rückmeldungen gaben sehr unterschiedliche Bedingungen an den Schulen wieder. Vom Engagement einzelner Schüler bis hin zu integrierten Projektgruppen mit aktiver Verwaltungsbeteiligung reichte die Skala der Gegebenheiten vor Ort.

Für die Pilotphase wurden nun in Gesprächen vorerst solche Schulen ausgewählt, die eine gewisse Grundlage für die konkrete Arbeit erkennen ließen. Das heißt, es sollte eine gewisse Bereitschaft aller Beteiligten (Schule und Schulträger) signalisiert werden, das Projekt an der Schule durchzuführen.

Das hohe Engagement Einzelner (z.B. Lehrer, Schüler) mußte - aus Kapazitätsgründen - vorerst unberücksichtigt bleiben, wenn z.B. eine Verwaltung keinerlei Bereitschaft zur Mitarbeit zeigte.

Es wurden schließlich 30 Schulen ermittelt, die sich an der Pilotphase beteiligen wollten und konnten.

(2) Pilotphase ('96/'97)

In dieser Phase werden die (30) Schulen insbesondere bei der Erschließung ihrer nichtinvestiven, d.h. nutzerbedingten Einsparpotentiale unterstützt.

Der Beginn der Pilotphase, d.h. der konkreten Arbeit vor Ort, wurde für die Schulen mit der Überreichung einer Urkunde („Dreh-ab-Schule) eingeleitet.

Jeder Schule ist ein „Betreuer" aus dem Dreh-ab-Team als persönlicher Ansprechpartner zur Seite gestellt. Dessen Aufgabe besteht im wesentlichen in der Moderation und Motivation der Akteure vor Ort.

Für die Betreuung der Teilnehmer oder Interessenten wurde eine „Infohotline" (Telefon) konzipiert, um den anfragenden Personen eine Anlaufstelle zu präsentieren. Diese wird vom Projektpartner KLINSCH und DUH besetzt und vermittelt die Anfragen zielorientiert an die fachlich geeigneten Projektpartner weiter.

Den Schulen und Schulträgern, die sich in der Initialphase am Projekt beteiligen, wird ein breites Instrumentarium an Unterstützung angeboten, von der fachlichen Betreuung der Schülergruppen über Hausmeisterworkshops bis zu Finanzierungsmodellen für sinnvolle Einsparinvestitionen:

Die Leistungen des Dreh-ab-Teams für die Teilnehmer der Pilotphase (30 Schulen)

Für die Teilnehmer kostenlose Projektleistungen:

- Beratung der Schulen in allen Fragen rund um das Thema „Klimaschutz und Energiesparen"
- Hilfestellung und Bereitstellung von Arbeitsmaterialien für den Schul-Energie-Check (Energierundgang, Energie-Umfrage, Verzeichnis Arbeits- und Unterrichtsmaterial)
- Bereitstellung bzw. Organisation von Meßgeräten
- Abstimmung der Zusammenarbeit zwischen Schulen und Schulträgern
- Bereitstellung und Erläuterung einer Mustervereinbarung zum Bonussystem
- Info-Austausch mit anderen Schulen (Kontaktnetz)
- Organisation von Lehrerfortbildungsveranstaltungen
- Fortbildung und Kompetenzschulung der Hausmeister
- Unterstützung bei der Grob- und Schwachstellenanalyse von Schulgebäuden
- Hilfestellung bei der Findung von Sponsoren
- „Energie-Info-Tage" an der Universität Lüneburg
- Gemeinsame „Energie-Party" als Projektabschluß für alle Schulen, die sich am Projekt beteiligt haben.

z.T. kostenpflichtige Projektleistungen:

- Seminare zur Schulung der „Schulinternen Energiemanagement-Gruppen"
- Entwicklung von detaillierten Einsparkonzepten mit Wirtschaftlichkeitsanalyse und Umsetzung
- Sicherung der Finanzierung von Investitionen mit dem Kapital „Dritter" (Einsparcontracting)

Durch die Teilnahme an Dreh-ab steht den Schulen also ein breites Kompetenzspektrum auf „kürzestem Wege" zur Verfügung.

Nach eingehenden Beratungen mit Hilfe des Dreh-ab-Teams können die Schulen i.d.R. gemeinsam mit dem Schulträger entscheiden, wie ein Einsparprogramm an der Schule realisiert werden kann.

Dazu können vom Dreh-ab-Team ergänzend auch zielführende Leistungen kommerzieller Dienstleister (kostenpflichtig oder als Service, z.B. von örtlichen EVU) organisiert werden. Zudem sollen (kostenlose) Leistungen und Beiträge gesichert werden, die durch Dritte erbracht werden können, z.B. Sponsoring durch örtliche Hersteller und Betriebe, Institutionen und Fachleute. Die Betreuer helfen bei der Kontaktaufnahme und Verhandlungen.

Antrieb und Kernstück des Einsparprogrammes ist die finanzielle Beteiligung der Akteure an den Einsparerfolgen, wozu ein Modell an die rechtlichen und organisatorischen Gegebenheiten vor Ort anzupassen ist. Die Erläuterung, Abstimmung und Diskussion dieser Modelle zwischen Schule und Schulträger nimmt bei der Betreuung der Schulen erheblichen Raum ein.

Die *Dreh-ab-Schulen* erhalten nach Abschluß der Pilotphase im Sommer 1997 mit einer *Dreh-ab-Fete*, die attraktive Möglichkeit, sich ihre Erfahrungen und Ergebnisse gegenseitig zu vermitteln und den Erfolg gemeinsam zu feiern.

Die Aktivitäten ersten 30 Schulen werden schließlich der Start für eine breite Durchdringung der Schulen des Regierungsbezirks Lüneburg mit entsprechendem Know-how sein und einen Trend für den Klimaschutz in den Schulen weiter festigen.

(3) Multiplikationsphase (ab '97)

Die in den ca. 30 Schulen während der Pilotphase erarbeiteten und erprobten Methoden und (Finanzierungs-) Modelle werden in dieser 3. Phase in die Breite getragen.

Das Instrumentarium soll bis zu diesem Zeitpunkt so optimiert und rationalisiert sein, daß mit einem Minimum an externem (Projektleitungs-) Aufwand eine Erschließung des Einsparpotentials weitgehend von den Akteuren vor Ort selbst organisiert werden kann.

Eine Vernetzung der Schulen für den Transfer des Know-hows untereinander wird die wesentliche Aufgabe einer Projektleitung sein.

Es wird vorläufig damit gerechnet, daß im Regierungsbezirk Lüneburg ca. 300 Schulen (Faktor 10) für diese Vernetzungsphase gewonnen werden können.

Die Grundfinanzierung einer solchen Vernetzungsphase ist noch nicht gesichert, das Dreh-ab-Team erarbeitet z. Zt. eine Projektskizze, um Geschäftspartner und Sponsoren in ein solches Projekt einzubinden.

8. Die Finanzierung der Projektleistung

Ein Projekt wie „Öfter mal abdrehen" ist ohne professionelle Kooperationspartner kaum zu realisieren. Der größte Teil der Mitglieder des Dreh-ab-Teams bewegt sich im (wirtschaftlichen) Marktbedingungen unterworfenem Bereich. Ein gewisses Eigen(-entwicklungs-)interesse der Unternehmen ist dabei die wesentliche Motivation für die engagierte Projektdurchführung. Trotzdem sind nicht alle notwendigen Projektleistungen (Sach- und Personalaufwand) aus Eigenmitteln der Unternehmen und Institutionen zu finanzieren gewesen.

Für das Projekt wurde deshalb schließlich ein Zuschuß bei der Nds. Umweltstiftung (angesiedelt beim Nds. Umweltministerium) beantragt, der auch bewilligt wurde. Das Projekt wurde dabei in zwei zeitlich folgende Projektabschnitte aufgeteilt. Nach erfolgreichem ersten Abschnitt konnten alle Projektbeteiligten - einschließlich der Nds. Umweltstiftung - beurteilen, ob die Weiterführung erfolgversprechend und damit (finanziell) zu verantworten sein würde. Die Finanzplanung sah also folgendermaßen aus:

Projektabschnitt 1:	Aufwand:	93.761,- DM
Projektabschnitt 2:	Aufwand:	232.630,- DM.

Gesamtaufwand (Initialisierungsphase und Pilotphase)

Summe:	326.391,- DM
davon Eigenleistungen des Dreh ab-Teams:	168.801,- DM (52%)
Förderanteil der Nds. Umweltstiftung:	157.590,- DM (48%)

Es wurde erreicht, die Energieversorgungsunternehmen am Ort der jeweiligen Teilnehmer an „Öfter mal abdrehen" mit Leistungen in das Projekt einzubinden. Mit Verfügbarkeit dieser Leistungen, die als Eigenleistungen der Energieversorgungsunternehmen erbracht werden, wird das wirksame Projektvolumen erheblich erhöht, wenn auch an dieser Stelle keine konkreten Summen zugeordnet werden können.

Ebenso werden aufgrund des - gegenüber der Schätzung zu Projektbeginn - erhöhten Aufwandes des Dreh-ab-Teams die Eigenleistungen in der Realität ca. 20 bis 30% höher als geplant sein.

9. Die Ergebnisse und Erfahrungen

Neben der Etablierung und Unterstützung von konkret arbeitenden Projektgruppen an mind. 30 Schulen (Hauptergebnis des Projekts) besteht ein wesentlicher Effekt (und Erfolg) des Projekts „Öfter mal abdrehen" darin, in zahlreichen Fällen erstmalig die verschiedenen Beteiligten am „Energiesystem Schule" an einen Tisch zusammengeführt zu haben: LehrerInnen, Schulleitung, Hochbauamt, Schulamt, Hausmeister, SchülerInnen.

Dies trug wesentlich zu einem Fortschritt bei der Zusammenarbeit zwischen Schule und Schulträger zur abgestimmten Erschließung der Einsparpotentiale (auch originärer Art) bei.

Der Aufwand, d. h. die notwendige Personalkapazität (Dreh-ab-Team) für eine erfolgreiche Durchführung des Projektes wurde aber - trotz der konkreten Erfahrungen aus anderen Schulprojekten - von allen Beteiligten vor Projektbeginn zu niedrig eingeschätzt. Das hat folgende Gründe:

• Das Informationsmaterial erreichte in vielen Fällen nicht persönlich die potentiellen Interessenten bzw. Akteure in Verwaltung und Schulbetrieb. Zeitaufwendige persönliche Ansprache war notwendig.

• Der durch „Öfter mal abdrehen" organisierte Diskussionsprozeß im Regierungsbezirk konnte nicht so kurzfristig wie angestrebt in konkrete Beschlüsse und Maßnahmen bei Schulträgern und Schulen (z.B. Einführung des Bonusmodells) umgesetzt werden. Es gab erheblichen Abstimmungsbedarf.

• Die Vielzahl von unterschiedlichen Schulträgern ermöglicht den Rückgriff auf die vorhandenen Erfahrungen mit einzelnen Schulträgern - wenn auch einer großen Anzahl von Schulen - nur sehr bedingt. Es zeigte sich, daß jeder Schulträger sehr spezifische Problemlösungen benötigt. Die Probleme liegen nicht selten im kommunikativen Bereich (innerhalb der Verwaltungen, zwischen Politik/Verwaltung oder Verwaltung/Schulbetrieb).

• Jede teilnehmende Schule hat sehr spezifische, technische und organisatorische Problemstellungen (Verträge mit Energieversorgungsunternehmen, Vereinbarungen zwischen Schule und Verwaltung, Fremdnutzung, Abrechnungsmodi etc.), die eine Lösung für den Einzelfall sehr aufwendig machen.

• Die effektive Betreuung der Schulen vor Ort bindet erheblich personelle Kapazitäten, insbesondere, wenn die Projektinitiative vor Ort bereits auf dem Einsatz von ohnehin sehr engagierten - damit auch anderweitig belasteten - Lehrkräften beruht. Bisher gänzlich unbeteiligte Lehrkräfte zu einer Teilnahme zu bewegen, setzt sehr detaillierte Vorgaben (auch pädagogischer Art) von Seiten des Dreh-ab-Teams für den konkreten Einsatzfall in der speziellen Schul- und Unterrichtssituation voraus.

Speziell für Grundschulen wurde vom Dreh ab-Team zusammen mit Lehrkräften ein Workshop durchgeführt, um konkrete Hilfestellungen zu erarbeiten.

Ein weiteres, wesentliches Problem konnte im Projekt bisher nicht gelöst werden: die Motivation der VerwaltungsmitarbeiterInnen am Projekt. Es gibt im Projekt sehr engagierte Mitarbeiter der Verwaltung, die aus „eigenem Antrieb" sehr intensiv mitarbeiten. Um darüber hinaus Mitarbeiter anzusprechen, die ohnehin mit den kurzfristigen, täglichen „Pflichtaufgaben" oft mehr als ausgelastet sind, fehlt jegliche direkt wirkende Motivation aus dem Projekt heraus. Außer teilweise erheblichem Mehraufwand ist für den einzelnen Mitarbeiter persönlich oft kaum ein Effekt zu verzeichnen.

Das Projekt wird von der Universität Lüneburg (Prof. Dr. Michelsen) wissenschaftlich begleitet, ausgewertet und weiterentwickelt. Durch diese wissenschaftliche Begleitung der Projektentwicklung konnten viele Schwachstellen, die in der Arbeit früherer Schulprojekte aufgedeckt wurden, bereits in der Konzeption von „Öfter mal abdrehen" vermieden werden. Eine Evaluation wird potentiellen Akteuren nach Abschluß der Pilotphase zur Verfügung stehen .

10. Erstes Fazit des Dreh-ab-Teams

Die Resonanz auf das Projekt übertraf die Erwartungen der Projektinitiatoren und zeigt, wie groß die Bereitschaft bei den Akteuren ist, aktiv an der Erschließung der Energieeinsparpotentiale mitzuwirken. Es verdeutlicht aber auch, wie groß der Unterstützungsbedarf bei den Akteuren für Lösungsansätze im konkreten Schulalltag ist. Wie groß die Einsparpotentiale sind und daß die Einsparmodelle im Einzelfall (bei besonders engagierten Akteuren) funktionieren, haben etliche Projekte einzelner Schulträger schon gezeigt.

Die Aufbereitung und Kommunikation der unterschiedlichen Projekterfahrungen, die Diskussionsführung zwischen Schule und Schulträger sowie die Schaffung eines breit einsetzbaren Instrumentariums zur Unterstützung - Ziel des Projekts - hat sich als überfällig erwiesen.

Das besonders breit angelegte Kompetenzspektrum der Projektgruppe (Dreh-ab-Team) hat sich dabei bestens bewährt und dürfte in dieser Zusammensetzung noch ein Novum in diesem Bereich darstellen.

Trotz der so ermöglichten rationellen Arbeitsweise sollte der Aufwand für die Unterstützung der Akteure vor Ort nicht unterschätzt werden.

Mit den Erfahrungen aus „Öfter mal abdrehen" konnte das Nds. Kultusministerium, zusammen mit der Niedersächsischen Energie-Agentur, ein Förderprogramm entwickeln, um neben den investiven insbesondere auch die nichtinvestiven Maßnahmen an Schulen zu unterstützen. Im Landesförderprogramm „NESSI" stehen nun insgesamt 27 Mio. DM für die Schulen des Landes zur Verfügung.

11. Öfter mal abdrehen, Zukunftsperspektiven

Wie oben beschrieben, stößt das Projekt „Öfter mal abdrehen" auf breites Interesse bei den Adressaten (Schulträger, Schulbetrieb). Obwohl das Projekt „Öfter mal abdrehen" von Anfang an auf den Regierungsbezirk Lüneburg fixiert wurde, erreichten das Projektteam bisher einige 100 Anfragen von Einzelpersonen, Unternehmen, Energieagenturen und Institutionen aus dem gesamten Bundesgebiet sowie einzelne Anfragen aus dem Ausland.

Das Dreh-ab-Team erörtert derzeit die Möglichkeit, das Lüneburger Modell auch auf die andere Regierungsbezirke zu übertragen. Die Regierungsbezirke Hannover, Braunschweig und Weser-Ems könnten so von den Erfahrungen und dem Know-how des Projektes profitieren.

Auch die Ausweitung von „Öfter mal abdrehen" auf Europa-Ebene wird z.Zt. eruiert. Ziel ist es, die europäische Zusammenarbeit interessierter Schulen aus dem Regierungsbezirk Lüneburg, England, Frankreich, Holland und Italien im Rahmen von EU-Förderprogrammen zu ermöglichen.

Auch die Weltausstellung EXPO 2000 in Hannover bietet eine Plattform für die Präsentation erfolgreichen Engagements im Klimaschutz und den lebendigen, internationalen Austausch zwischen SchülerInnen und anderen Akteuren. Eine Projektskizze ist z.Zt. in der Diskussion des Dreh-ab-Teams.

Zahlreiche weitere Ansätze der Zusammenarbeit mit anderen Projekten, Unternehmen und Institutionen haben sich während der ersten zwei Projektphasen von „Öfter mal abdrehen" abgezeichnet. Es gilt nun, die notwendigen Arbeiten auch finanziell mit starken und kompetenten Partnern abzusichern.

II. Schulen

Schulklima

Vom Motivieren einer Schulgemeinschaft

von Roland Susel

1. Ausgangslage

An die Diskussion um die Atomkraftwerke, Wiederaufarbeitungsanlagen und Endlagerstätten kann nicht angeschlossen werden. Ein Problembewußtsein, das Verhaltensänderungen bewirkt, scheint nicht daraus hervorgegangen zu sein. Die Notwendigkeit der Energiewende ist jedoch in aller Munde; die drohenden Gefahren einer globalen Klimaveränderung sind zwar abstrakt, aber glaubhaft vorgetragen. Käme nicht die Ebbe in den Haushaltskassen, in den privaten wie in den öffentlichen, hinzu, die Begehrlichkeiten der jeweiligen Kassenwarte wären nicht in diesem Umfang republikweit geweckt, jeglicher Sparwille nicht hilfreich unterstützt worden. Nach dem Erdgipfel von Rio de Janeiro steht die Frage im Vordergrund, wie sich gesellschaftliche Wandlungsprozesse praktisch vollziehen. Nicht technische Lösungen stehen im Vordergrund, auf die Änderung des Nutzerverhaltens zielen die Bemühungen (vgl. 8; 10, S. 93f). Im Bereich Schule lassen sich dabei gleich mehrere Gesichtspunkte abdecken: Neben der Kosteneinsparung können eine ganze Reihe umweltpädagogischer Ziele umgesetzt werden (vgl. 12, S. 7ff). Das hat gesellschaftlichen Konsens. Der große energiepolitische Befreiungsschlag wird ersetzt durch unzählige Multiplikatoren (Mitglieder der Schulgemeinschaften). Schule übernimmt politische Verantwortung!

Vor diesem Hintergrund liegt ein Schwerpunkt der umweltpädagogischen Arbeit im Bereich der Naturwissenschaften unserer Schule in der handlungsorientierten Erziehung am Objekt, das uns am nächsten ist: Unsere Schule, die 'Gesamtschule Winterhude' in Hamburg. Hier tut sich in der Tat ein unbeackertes, weites Feld auf. Dieses Feld sei die „ökologische Schule". Mit der Bestellung dieses Feldes hatten wir ziemlich erfolgreich begonnen: Mit der Projektierung einer Regenwassernutzungsanlage konnten wir Wettbewerbspreise erringen. Die Schulgemeinschaft war aufmerksam geworden, die Presse stellte die Öffentlichkeit her.

Mit dem Energiespar-Projekt „fifty/fifty" konnte diese Arbeit weitergeführt werden. Ein Sinnzusammenhang konnte hergestellt werden. Besser noch: Es gab etwas zu verdienen! Bares Geld! Ein Motivationsschub, der m.E.

das Verantwortungsbewußtsein für die Zielsetzung des Projektes zu über-
lagern drohte (vgl. dazu 10., S.7ff). Für die Schulgemeinschaft Grund ge-
nug einhellig und aufgeschlossen dem „Guten *und* Nützlichen" zuzustim-
men. Unsere Schule eine „Energiesparschule", das schafft Identifizie-
rungsmöglichkeiten für alle Beteiligten! Von den Gefahren einer globalen
Klimaveränderung hat jeder schon einmal gehört - nun kann man etwas dagegen tun! Für den Bereich der Naturwissenschaften waren das beste Start-
bedingungen für eine Exkursion ins Feld des „Energiesparens".

2. Das Projekt „fifty/fifty"

Mit diesem Modellversuch will die Freie und Hansestadt Hamburg (FHH)
ein Anreizsystem schaffen, um ein energiesparendes Nutzerverhalten zu erreichen. Die eingesparten Gelder fließen zur Hälfte dem Selbstbewirtschaf-
tungsfonds für Unterrichtsmittel zur freien Verfügung der Schule zu und
zur anderen Hälfte dem Haushalt der FHH. Grundlage der Berechnungen
sind die Verbrauche der Schule während der vergangenen drei Jahre. Diese
Bemessungsgrenze ist gleichbleibend, wird jedoch bei technischen Veränderungen korrigiert (vgl. 14) . Die Deutsche Gesellschaft für Umwelterziehung e.V. (DGU) hatte die Koordinierung des Projektes mit den 13 teilnehmenden Schulen übernommen und einen Beirat gewinnen können, in
dem für das Projekt gesellschaftlich relevante Gruppen vertreten waren
(vgl. 5). Gefördert wurde das Projekt von Hamburger Behörden und von
Energieversorgungsunternehmen (EVU) mit insgesamt DM 300.000.-.
Zielsetzung des Projektes war, einen Beitrag zu leisten zur Einsparung von
Energie und zur Änderung des Verhaltens im Umgang mit Energie. Eine
Reihe von Umweltpädagogischen Intentionen sollte damit verbunden werden:

- Handlungsorientierte Umwelterziehung mit dem Lernziel: Bewußter
  Umgang mit Energie;

- Fachliche und pragmatische Lernziele: Verständnis für Energie, Erstellen und Verstehen von Diagrammen;

- Fächerübergreifende Lernziele: Umwelterziehung z.B. in den Fächern
  Geschichte, Religion, Kunsterziehung;

- Problemorientierte Umwelterziehung: Mit Wissen, Erfahrung und Engagement sind Veränderungen zu erreichen;

- Einbeziehung aller in der Schule tätigen Personen, der Eltern und der Öffentlichkeit.

Die Teilnahme von Hausmeister, Schulleitung, interessierten Schülerinnen
und Schülern und interessierten Lehrerinnen und Lehrern waren personelle

Voraussetzung. Die Durchführung sollte in den Plan der Schule eingebaut werden (Regel-, Wahlpflicht-, Projektunterricht).

Mit diesen Bedingungen unterschied sich dieses Projekt von sehr vielen Vorhaben in der Bundesrepublik Deutschland, die vor allem technische Änderung zur Energieeinsparung vorschlagen oder durchgeführt haben (vgl. 19). Die technischen Möglichkeiten sind weithin bekannt, scheitern z.T. an hohen Investitionskosten oder an Unwirtschaftlichkeitsberechnungen. Andere Ansätze bevorzugen die qualitative und quantitative Betrachtung des Problems ohne konkrete Anwendung (vgl. 25). Die Mehrzahl der Projekte verfolgt jedoch die gleiche Zielrichtung wie das Hamburger Projekt „fifty/fifty" (vgl. 21 und m.E. 22, S. 4.16ff).

3. Der Beginn des Projektes

Es war recht einfach, einen Wahlpflichtkurs „Naturwissenschaften" (NW) im Jahrgang 8, der gleichzeitig Tutorengruppe des Projektleiters war, für das Projekt zu begeistern. Die Begeisterung aber auf die Schulgemeinschaft zu übertragen, das schien eine schwierige Hürde. Schließlich sollte und konnte ohne Wissen und Zustimmung aller Gremien solch ein die gesamte Schule betreffendes Projekt nicht durchgeführt werden. Die Gedanken kreisten zunächst um die richtige Strategie, mit Hilfe derer das Projekt zum „Selbstgänger" gemacht werden sollte. Die Schüler bestanden, voller Zuversicht, auf einer sofortigen Anmeldung der Schule am Projekt. „Wir fangen einfach an! Wenn wir warten bis alle 'Ja' sagen, ist die nächste Heizperiode schon um!" Dem nachdenklichen Projektleiter half diese erfrischend unkomplizierte Vorgehensweise über viele Bedenken hinweg. Es wurden folgende Schritte vereinbart:

- Wir behalten die Projektarbeit zunächst für uns;
- Wir sammeln Fakten: D.h., wir messen Raumtemperaturen und Beleuchtungsstärken, wir sammeln Informationen und Daten, beschränken uns dabei auf wenige Bereiche;
- Wir werten diese Daten aus und präsentieren die 'Mißstände'.

Daß es 'Mißstände' gab, war offensichtlich. Selbst den fachlich nicht vorbelasteten Schülern fiel auf, daß in den meisten Räumen die Heizung über 'Fenster auf' und 'Fenster zu' geregelt wurde, die Lichtschalter nur für die 'Ein'-Funktion benutzt wurden usw. Die Messungen der Schüler bestätigten eindringlich den Handlungsbedarf. Schon nach wenigen Arbeitstagen fanden sich die Schüler in ihren Vermutungen und Vorgehensweisen bestätigt. Angst und bange wurde ihnen vor dem Arbeitsaufwand, der sich plötzlich als notwendig herausstellte. Schnell wurde deutlich, daß ein großer Teil der Arbeit nur neben dem normalen Stundenplan zu bewerkstelligen sein und mithin viel freiwilligen Einsatz erfordern würde. Allein das Aneignen des technischen Wissens konnte nur gruppenteilig erfolgen. Die Einbeziehung anderer Kurse und Klassen, der gesamten Lehrerschaft und vor allem die des Hausmeisters ergab sich zwingend. Die Arbeit konzentrierte sich nun auf die Verankerung des Projektes in der Schulgemeinschaft. Die Projektgruppe gab für sich die Parole aus: „ALLE MACHEN MIT!". Dies hochgesteckte Ziel implizierte noch keine konkrete Quantifizierung des zu erwartenden Einsparerfolges. Vielmehr sollte zunächst das Projekt auf einer möglichst breiten Basis aufgebaut werden.

4. Die Schulgemeinschaft wird eingeweiht

Sehr schnell machten sich gewachsene Strukturen und schulklimatische Rahmenbedingungen als besonders unterstützend bemerkbar. In einer kleineren, überschaubaren Schule mit ca. 500 Schülerinnen und Schülern sicherlich leichter aufzubauen als in großen Schulzentren. Durch häufige und notwendige Fragestellungen an den Hausmeister wurde dieser in die Arbeit einbezogen und so fast unmerklich zum - wichtigsten - Mitglied der Projektgruppe. Seine Bereitschaft, sich an diesem Projekt zu beteiligen, hat sich ungeheuer beruhigend in der Weise auf die Schüler ausgewirkt, daß sie in der Bewältigung ihrer Aufgabe einen kompetenten und einflußreichen Partner an ihrer Seite sahen. Auf die Fachkompetenz und die Kenntnis der räumlichen und technischen Bedingungen konnte jederzeit gezählt werden. Äußerst motivierend für die Schüler wirkte sich die Fähigkeit des Hausmeisters aus, deren Vorschläge positiv aufzunehmen und nach Möglichkeit zügig in die Tat umzusetzen.

Die Schulleitung übertrug alle mit dem Projekt zusammenhängenden Verantwortlichkeiten dem Projektleiter und sagte aktive Unterstützung zu. Eine Entscheidung, die vor dem Hintergrund einer jahrelangen, vertrauensvollen und bewährten Zusammenarbeit zu sehen ist.

Nachdem das Auswertungsmaterial präsentierfähig gemacht war, versprach sich die Projektgruppe eine Signalfunktion für alle anderen Zielgruppen von der Zustimmung der Lehrerkonferenz. Die Diskussion auf der Lehrerkonferenz offenbarte einen Bewußtseinsstand in energiepolitischen Fragestellungen, der den gesamten Bereich der menschlichen Gefühlswelt überspannte. Das vorgelegte Material war überzeugend. Der Erfolg des Projektes konnte ja nicht in Frage gestellt werden, es war nur offen, wie sich der Erfolg quantitativ würde bemessen lassen. Die Teilnahme der Schule am Projekt wurde einstimmig begrüßt. Es blieb die Skepsis, ob man von nun an nicht doch würde frieren müssen.

Bevor der Schülerrat sich mit dem Projekt befassen sollte, wurde von den Schülern die Notwendigkeit der Zusammenarbeit mit mindestens einem weiteren Kurs diskutiert. Aus dem Jahrgang 9 konnte ein weiterer NW-Kurs mit Kursleiter für die in Kürze anstehenden Datenerhebungen gewonnen werden. So gestärkt ließ sich das Projekt leichter vor Schülerpublikum vertreten. Allerdings gewannen dort monetäre Phantasien vor anderen inhaltlichen Zielsetzungen die Oberhand. Vielleicht deshalb wurde auch von Schülerseite das Projekt einstimmig unterstützt.

Ganz anders der Elternrat und die Schulkonferenz, die in ihrer Verantwortung den Schwerpunkt auf die umweltpädagogischen Ziele legten und dem Projekt ebenfalls einmütig zustimmten.

Mit diesem Vertrauensvorschuß bedacht, erfreute sich die Projektgruppe keineswegs der Ehrenhaftigkeit ihres Vorhabens, vielmehr verspürte sie eine riesige Erwartungshaltung der gesamten Schulgemeinschaft. Unter diesen Erwartungsdruck setzte sich die Projektgruppe aber wohl selbst. Jedenfalls beflügelte er die Arbeit bis weit über den vorgegebenen Stundenplan hinaus, führte allerdings dazu, daß anfangs zu wenig Aufgaben delegiert oder abgeben wurden.

5. Die Projektgruppe ist präsent

Nachdem nun der Schulgemeinschaft das Projekt hinreichend bekannt war, wurde die zu Beginn selbstverordnete Zurückhaltung aufgegeben. Die Arbeit sollte für jedermann sichtbar sein, die Projektgruppe persönlich bekannt und immer ansprechbar sein. 'Präsenz', 'Transparenz' und 'Information' waren die Leitmotive. Da die Datenerhebung (Messungen während des Unterrichts usw.) immer ein Störfaktor des normalen Schulbetriebes sein würde, mußte die Akzeptanz dieser 'Beeinträchtung' möglichst hoch sein. Konfliktsituationen wurden in Rollenspielen dargestellt, angemessene Verhaltensweisen eingeübt. Auf diese Vorbereitung ist zurückzuführen, daß kein einziger Konfliktfall im Verlauf des Projektes gemeldet wurde. Die dennoch auftretenden Frustrationen von einzelnen der besonders aktiven Schülerinnen und Schülern wurden in der Projektgruppe aufgefangen. Es erwies sich als besonders vorteilhaft, daß der NW-Kurs 8 gleichzeitig Klassengemeinschaft war und außerdem in Mathematik und in Physik vom Projektleiter unterrichtet wurde. So konnten nach Bedarf viele Stunden geblockt für das Projekt zur Verfügung gestellt werden. Die gruppenteilige Arbeitsweise ermöglichte eine weitgehende Flexibilität des Schülereinsatzes während des Regelunterrichts und in der Freizeit. Die Einsatzpläne wurden im vierzehntägigen Rhythmus erstellt.

Sehr bald waren die Meßgruppen in der Schule persönlich bekannt. Allein durch deren tägliches Erscheinen versprach man sich einen Mitnahmeeffekt. Schon morgens, vor Unterrichtsbeginn wurden Handzettel an die Schülerinnen und Schüler verteilt. Sie enthielten Kurzinformationen inhaltlicher Art oder Nachrichten über die laufende Projektarbeit, aber auch Aufrufe zu bestimmten energiesparenden Verhaltensweisen. Auch die Lehrerinnen und Lehrer wurden mit Flugblättern informiert.

Eine Projektwoche wurde genutzt, um Plakate und kleine Hinweisschilder für die Lichtschalter zu entwerfen und zu zeichnen. Wöchentliche Infotische wurden für den Rest der Heizperiode geplant und vorbereitet. Als besonders verlockend wurde ein Preisausschreiben ausgelobt, bei dem es eine Energiesparlampe im Wert von DM 20.- zu gewinnen gab, mit den Fragen:

1. Wieviel Strom verbraucht unsere Schule im Jahr in Mark und Pfennig?

2. Wie viele Tonnen CO_2 „jubelt" die Schule im Jahr zum Schornstein raus?

Auf ein riesiges 'Energieloch' machte der Hausmeister aufmerksam: Die Mitbenutzerproblematik. Räumlichkeiten der Schule werden regelmäßig und in großem Umfang von Vereinen usw. genutzt. Für eine abendliche Veranstaltung, z.B. im Musiksaal, mußte das gesamte Gebäude beheizt werden. Den Mitbenutzern wurde mitgeteilt, daß sie aus Energiespargründen ab dem nächsten Schuljahr mit anderen Räumlichkeiten, ggf. mit anderen Zeiten und Wochentagen rechnen müßten, damit Heizstränge optimal genutzt und andere ganz abgeschaltet werden könnten. Auch diesen Menschen war die Projektgruppe nun gegenwärtig, nicht nur durch die Plakatierung und Hinweisschilder in den Räumen des Schulgebäudes, sondern auch durch persönliche Betroffenheit.

Die Außenwirkung wurde unterstützt von der Stadtteil- und Hamburger Presse, die positiv und wohlwollend über diese Projektarbeit berichtete.

6. Die Fachkonferenzen tagen

Parallel zu diesen Aktivitäten begannen in den naturwissenschaftlichen Fachbereichen die Überlegungen, wie das Energiesparprojekt durch den Regelunterricht in Physik, Chemie und Biologie unterstützt werden könnte. Auch die Fachkonferenz Kunst konnte gewonnen werden. Am weitestgehenden hat sich der Fachbereich Physik mit der Thematik auseinandergesetzt und zwei je zehnstündige Unterrichtseinheiten ausgearbeitet:

- Jahrgang 8: Energieumwandlungen und
- Jahrgang 9: Energieversorgung.

Beide Unterrichtseinheiten orientieren sich am Beispiel der Schule, gelegentlich auch an privaten Haushalten der Schüler (vgl. 24, S.13ff). Schwerpunkt ist die konsequente Verfolgung der Auswirkungen unseres menschlichen Handelns. Die Devise 'nur was ich kenne, schütze ich', bestätigt sich allenthalben (vgl. 9, S.5). Und: 'Was ich schütze, verbrauche (= vernichte) ich nicht!' (vgl. 23, Beiträge v. Philosophie und Religionsunterricht zum Klimaschutz). Auf Horrorszenarien („Klimakatastrophe") wird bewußt verzichtet (vgl. 12, S.6). Handlungsorientierung wird gegeben, Visionen müssen besprochen werden.

Zwischenzeitlich gibt es eine Flut von ausgezeichneten Materialien, daher soll an dieser Stelle auf eine weitere inhaltliche Ausführung verzichtet werden. Vielmehr soll auf die Grenzen aufmerksam gemacht werden, die der Behandlung nicht nur dieses Themas immer wieder im Wege stehen. Es sind dies vornehmlich die Strukturen von Schule:

- Der Fächerkanon;

- Der 45-Minuten-Takt;

- Die Stundentafel;

- Der halbjährliche Beurteilungsrhythmus;

- Die mangelnde Flexibilität in der Organisation;

- Die Lehrerfortbildung.

Schule, die sich mit Schlüsselproblemen auseinandersetzt, kann unter diesen Bedingungen die eingangs formulierten Ziele nur unvollkommen erreichen. Die Fachkonferenzen sind auf der Suche nach Lösungsansätzen, sind aber bislang über individuelle Absprachen nicht hinausgekommen.

7. Das „Energieloch" vor Augen

Die ausführlichen und über Wochen angelegten Meßreihen offenbaren ein hohes Einsparpotential:

- Raumtemperaturen von z.T. über 25°C;

- Flurtemperaturen von annähernd 20°C;

- Keine Nachtabsenkung der Heizungsanlage;

- Keine Ferienabsenkung;

- Beleuchtungsstärken über der DIN;

- Warmwasserboiler in Dauerbetrieb.

Mit Unterstützung eines Informatikkurses wurden die gesammelten Daten ausgewertet und graphisch dargestellt. Damit war die 'Beweisaufnahme' abgeschlossen. Die Arbeit hatte sich als richtig und notwendig erwiesen.

Endlich war die Grundlage für eine Veränderung des status quo fertiggestellt. Der Projektgruppe war das gesamte Schulgebäude bis in den letzten
Winkel bestens vertraut, die Schwachstellen aufgedeckt. Als Zwischenbericht wurden die Ergebnisse an einer Infotafel veröffentlicht, um der Schulgemeinschaft die Notwendigkeit des Handelns beweiskräftig vor Augen zu
führen.

Erst jetzt - gegen Ende der Heizperiode - begannen die Schülerinnen und
Schüler der Projektgruppe die gesicherten Schutzkappen der Thermostat-
ventile zu öffnen und mit einem Spezialschlüssel die Heizkörper zu regeln.
Jede Regelung wurde permanent mit Meßgeräten überprüft bis die korrekte
Raumtemperatur eingestellt war. Erfreulicherweise kamen nun die ersten
Rückmeldungen von Schülerinnen und Schülern und von Lehrerinnen und
Lehrern: „Bei uns ist es zu kalt" bzw. „Bei uns ist es zu warm". Diese Tat-
sache und die Möglichkeit, nun selbständig verändernd (= verbessernd)
eingreifen zu können, gab in dieser Situation den Ausschlag, das Projekt
noch energischer voranzutreiben.

8. Lust und Frust

Die Stimmung in der Projektgruppe war äußerst wechselhaft. Die seltenen
Bestätigungen taten gut und machten Mut. Daß die Techniker der Hei-
zungsbaufirma und der Umweltbehörde die Messungen der Schülerinnen
und Schüler bis auf das Zehntel Grad Celsius bestätigten, erfuhr die Gruppe
nicht ohne Stolz. Denn der Nachweis war erbracht, daß die Heizungsanlage
nicht über eine taugliche Nachtabsenkung verfügte: Der aufgestellte Ther-
moschreiber ergab durchgehend gleichbleibende Temperaturen. Die Profis
mühten sich unter den kritischen Augen der Projektgruppe tagelang, eine
Nacht-, Wochenend- und Ferienabsenkung zu programmieren und einzustellen. Vergeblich! Der alte Schumacher-Bau speichert, einmal aufgeheizt,
über einen langen Zeitraum die Wärme. Die Heizungsanlage wurde daraufhin mit sehr viel kürzeren Betriebszeiten programmiert. Der tägliche
Blick aber auf die Strom-, Gas- und Wasserzähler stimmte nachdenklich.
Die erhofften, sehnsüchtig erwarteten Einsparungen konnten nicht abgelesen werden. Der Gasverbrauch überstieg die Werte der Vorjahre bei wei-
tem. Der lange, kalte Winter verbreitete Resignation, jedoch nur deshalb,
weil unbekannt war, daß die Umweltbehörde fairerweise nur temperaturbereinigte Werte den Bemessungsgrößen zu Grunde legt. Zudem mußte die
Gruppe hilflos mit ansehen, wie eine Baufirma, die einen neuen Pavillon
für die Schule errichten sollte, einen zölligen Wasserschlauch ohne Zwischenzähler an das Rohrnetz der Schule anschloß. Fast wütend machte den
Hausmeister und die Schülerinnen und Schüler, daß selbst noch nach
Schulschluß die Fenster offenstanden und manche Beleuchtungskörper ein-

geschaltet waren. Die Schuld wurde auf die Lehrerinnen und Lehrer geschoben, die nicht dafür sorgen würden, daß die Lichter aus und die Fenster geschlossen werden. Dieser Mißstand war nicht länger zu ertragen. So wurden mühsam aus den Plänen die Verantwortlichen herausgesucht, persönlich angesprochen und aufgefordert, in Zukunft ein Augenmerk auf dieses Versäumnis zu werfen. Der Erfolg hielt immer nur wenige Tage an. Es mußte also dringend eine Strategie entworfen werden, wie man die einvernehmlich anerkannten Zielsetzungen erreichen könnte. Dazu gehörte zunächst die Analyse der Ursachen der drückenden Enttäuschung der Gruppe: Die Gruppenmitglieder haben einen ungeheuren Informationsvorsprung und einen ganz sensiblen Bewußtseinsstand erreicht. Diese Eigenschaften kann man aber bei allen anderen Mitgliedern der Schulgemeinschaft keineswegs voraussetzen. Sie müssen verstehen lernen! Die Diskussion um die drohende Klimaveränderung ist abstrakt und außerdem nichts Gegenwärtiges, der Handlungsbedarf ist nicht unmittelbar sichtbar vorhanden: CO_2 kann man nicht sehen! Das Anliegen der Projektgruppe mußte sehr viel anschaulicher, einsichtiger gestaltet werden. Der Zusammenhang „Unsere Schule und der Treibhauseffekt" mußte viel deutlicher herausgearbeitet werden.

Die erste Meldung der Umweltbehörde über die Ergebnisse der Einsparerfolge waren ernüchternd, obwohl erwartet: Heizung nichts eingespart! Strom rund DM 2000.- eingespart. Die Prämie für die Schule: rund DM 1000.--! Keine blendende Voraussetzung für das nächste Schuljahr!

Die Geduld der jugendlichen Menschen wurde stark strapaziert. Nicht nur von ihren Mitschülern, sondern auch von einem zwar willigen, wohl aber wegen der Altersstruktur nicht genügend flexiblen Kollegium. Auch der Projektleiter, der dem bundesdeutschen Durchschnittsgeburtsjahrgang für Lehrer angehört, war durch die zusätzliche Arbeitsbelastung, die dieses Projekt mit sich brachte, einige Male am Ende seiner Kräfte angekommen. Aufmunternde Stimmen mußten doch immer wieder einmal aufgetaucht sein! Die Aussicht, im nächsten Schuljahr einmalig eine Entlastungsstunde für das Projekt zu bekommen, bewirkte eher, die Arbeit unter professionellen Gesichtspunkten zu sehen und damit aufzuhören. Nur für die Behörde ging diese Rechnung auf!

9. Der knallrote Luftballon

Die Projektgruppe und alle mit ihr befaßten Menschen waren mit ihren Ideen am Ende. Viel Arbeit war in die kreative Rahmengestaltung des Projektes gegangen, für eine Initialzündung fehlten die Anregungen. In dieser Situation war es besonders hilfreich, mit der DGU einen kompetenten und rührigen Koordinator an der Seite zu wissen. Viele Materialien und neueste

Literatur wurden den am Projekt teilnehmenden Schulen zur Verfügung gestellt. Beim Blättern kristallierte sich für eine Schülerin heraus, daß nur das sinnlich Wahrnehmbare auch bleibenden Eindruck hinterläßt: CO_2 mußte sichtbar gemacht werden! Tips von anderen Schulen halfen auf diesem Wege weiter (vgl. 28, S. 1.7ff).

„Helium statt CO_2", war der entscheidende Gedanke, der dem gesteckten Ziel „Alle machen mit" endlich näherführen sollte. Der augenblickliche Zustand „Alle stimmen zu, keiner tut was" durfte auf keinen Fall länger andauern.

Für die heizungsfreie Zeit war für Arbeit gesorgt: Es wurde ein Modell der Schule im Maßstab 1:100 gebaut, darüber schwebte ein mit Helium gefüllter, knallroter Luftballon, ebenfalls im Maßstab 1:100, der die CO_2-Emission der Schule darstellte. Der 'umweltneutrale' Betrieb wurde simuliert, indem die Schule inmitten eines maßstabgerechten Fichtenwaldes aufgestellt wurde. Die Darstellung mußte möglichst einsichtig gestaltet werden, nur deshalb wurde mit großzügig gerundeten Zahlen operiert. Um eine Vorstellung dieses Modells nahezubringen, müssen ein paar Zahlen genannt werden, die Grundlage für das Modell sind:

- CO_2-Emission der Schule: ca. 220.000 m^3
- Flächenbedarf für 'umweltneutralen' Betrieb: ca. 50 ha
  Bezug: 1 Fichte absorbiert ca. 20 kg CO_2 pro Jahr)
  Entspricht 50 mal der Fläche des Schulgeländes!
- Anzahl der Fichten: ca. 20.000
  (Bezug: Auf 1 ha stehen ca. 400 Fichten)
  Entspricht 400 Fichten pro Schüler!
- Anzahl der Schüler: ca. 500
- Anzahl der Lehrer und andere Mitarbeiter: ca. 100
- Größe des Schulgebäudes: ca. 1/10
  der Größe des Volumens der CO_2-Emission
- Größe des Schulgeländes: ca. 1 ha

Das Modell wurde auf einer Lehrerkonferenz kurz vor Beginn der nächsten Heizperiode präsentiert. Dafür wurde der Musiksaal vorbereitet. In der Mitte des Raumes auf dem Fußboden wurde das Modell aufgebaut, darum herum die Tische gruppiert, so daß jeder Teilnehmer der Konferenz das Modell in seiner Gesamtheit (immerhin 50 m^2) überblicken konnte. Der Eindruck war überwältigend. Die Größenvergleiche mit einem Blick überschauen zu können, rief nachdenkliche und zweifelnde Äußerungen hervor. Die Betroffenheit war erwünscht.

Nun zu den Dimensionen des Modells:

- Das Schulgebäude hatte die Maße   ca. 60 cm x 18 cm x 25 cm
- Die Fläche des Fichtenwaldes betrug   ca. 50 m^2 (!)
- Die Anzahl der Fichten betrug   ca. 200
- Anzahl der Schüler   5
- Anzahl der Lehrer und anderer Mitarbeiter   1
- Durchmesser des knallroten Luftballons   ca. 80 cm (!)

Die 6 Personen (Verhältnis 1:100) verloren sich inmitten des Fichtenwaldes, der eine unglaublich große Fläche im Verhältnis zum Schulgebäude einnahm. Der knallrote, mit Helium gefüllte Luftballon trug die Aufschrift: CO_2-Emission der Gesamtschule Winterhude. Der knallrote Luftballon symbolisierte das schlechte Gewissen der Schulgemeinschaft und schwebte bedrohlich über dem 'kleinen' Schulgebäude.

10. Das zweite Jahr

Die Projektgruppe formulierte für die kommende Heizperiode das Einsparziel: „10%" und propagierte es entsprechend mit Flugblättern, Plakaten, Infoständen, am Tag der offenen Tür usw. Jetzt wurde kaum noch gemessen, sondern nur noch kontrolliert und konsequent die Thermostatventile heruntergedreht oder Leuchtstofflampen herausgedreht. Die Heizungsanlage überraschte dauernd mit veränderten Raumtemperaturen. Die Ursachenforschung blieb ergebnislos. Die Folgen waren manchmal empfindlich kühle Räume und mancher überheizte Raum. Die Schüler waren dauernd mit ihren Spezialschlüsseln unterwegs. Für Unregelmäßigkeiten bat die Gruppe sofort schriftlich um Entschuldigung und warb um Verständnis. Nach ungefähr zwei Monaten schienen die Gruppe mit den Thermostateinstellungen zufrieden zu sein. Da jedoch erhob sich Unmut unter den Schülern. Auf einer Schülerratssitzung sollte der Antrag eingebracht werden, daß die Schule das Energiesparprojekt beendet. Die Initiatoren dieses Antrages haben ihn jedoch nie zur Abstimmung gestellt, hatten aber für Stimmung unter den Schülern gesorgt. Auch manche Kolleginnen liefen demonstrativ mit Schal und Mantel durchs Schulgebäude. Ob persönliche Animositäten für dieses Verhalten verantwortlich gemacht werden können, soll nicht beurteilt werden. Das subjektive Wärmeempfinden kann manchmal durch objektive Messungen in keiner Weise beeinflußt werden.

Tatsache blieb, daß sich Widerstand gegen die Durchführung des Projektes an der Schule regte. Die Projektgruppe aber immer zuversichtlicher wurde, ihr selbstgestecktes Ziel zu erreichen und sich auf dem richtigen Weg zu befinden. Aber die Stimmen der Unterstützung nahmen wieder zu. Die

Aufkleber auf den stromfressenden Geräten und die ausgegebenen energie-
sparenden Verhaltensweisen wurden immer öfter beachtet und befolgt.
Über die Schüler erfolgten Rückmeldungen aus den Elternhäusern, daß die
Schüler die Eltern mit ihren Energiesparvorschlägen nerven würden, daß
die Eltern auch schon mal eine Energiesparlampe eingedreht hätten usw.
Das Energiesparprojekt wurde langsam Normalität an der Schule.

11. Der kleine blaue Luftballon

Die mit Spannung erwarteten Ergebnisse der Umweltbehörde für den
zweiten Abrechnungszeitraum haben bei der Projektgruppe einen Freuden-
schrei ausgelöst. Das Ziel der „10%-Einsparung" war übertroffen worden!
Beim Stromverbrauch wurden 16% und bei der Heizung 13,5% eingespart.
Lediglich der Wasserverbrauch stieg um knapp 1% und die Stromleistung
um 0,5%. Die Einsparung betrug DM 14.000.-, die Prämie für die Schule
DM 7.000.-.

Dieses Ergebnis wurde für die gesamte Schulgemeinschaft anschaulich
dargestellt. Nun schwebte neben dem großen, knallroten, 80 cm durchmes-
senden Luftballon ein kleinerer, kräftigblauer, 30 cm durchmessender
Luftballon. Auf diesem stand: 60 Tonnen CO_2 weniger! Der Fichtenwald
wurde um die entsprechenden 7 ha reduziert, bzw. diese Fläche wurde
markiert. Dieses Einsparergebnis würde den Fichtenbedarf um rund 3000
Bäume reduzieren.

Dieses Modell zeigt viel eindringlicher den Handlungsbedarf und die erfolgreiche Arbeit, als es Fachunterricht, Bücher und andere Materialien
könnten. Die hohe Akzeptanz wird erreicht durch eine einfache Darstellung
abstrakter naturwissenschaftlicher Zusammenhänge. Dem Interessierten
steht die weiterführende Literatur offen, den anderen Menschen wird die
Notwendigkeit der Veränderung seiner energiekonsumierenden Verhaltensweisen deutlich. Die Skeptiker werden wohl über den Geldbeutel über-
zeugt werden müssen/können.

Natürlich sprudelten nun die Wunschvorstellungen der Mitglieder der
Schulgemeinschaft nur so hervor. Die Projektgruppe schmetterte jede Be-
gehrlichkeit ab mit dem Argument, daß eingesparte Gelder sehr viel besser
in energiesparende Maßnahmen investiert werden sollten, um weitere Einsparpotentiale zu nutzen. Dieser Vorschlag konnte ernsthaft nicht mehr in
Frage gestellt werden. Es wurde anerkannt, daß der Projektgruppe durch ihre größtenteils freiwillige Arbeitsleistung ein Vorschlagsrecht über die
Verwendung der Gelder zukommen mußte. Diese Diskussion war schnell
beendet. Die Aussicht, daß nächstes Jahr vielleicht wieder ein wenigstens
gleich großer, kräftigblauer Luftballon über dem Schulmodell schweben

könnte, verschob die heimlichen Hoffnungen bei Schülerschaft und Kollegium.

12. Ausblick

Das Projekt läuft weiter, obwohl die zweijährige Koordinierungsphase der DGU bedauerlicherweise beendet ist. Inzwischen arbeiten weitere Kollegen mit, viele Schüler beachten bereits etliche der energiesparenden Verhaltensweisen, in den Lehrplänen verschiedener Fächer hat der Hintergrund des Projektes Eingang gefunden. Das Bewußtsein ist geweckt, aber bei dem größeren Teil der Schulgemeinschaft noch längst nicht wach.

Das weite Feld der „Ökologischen Schule" ist nicht nur mehr gepflügt, die Saat ist gestreut. Eine weitere Gruppe, die „Solargruppe" hat die Arbeit aufgenommen und will zügig darangehen, eine 2kW-Photovoltaik-Anlage auf dem Dach des Schulgebäudes zu installieren. Dafür sollen Gelder des „fifty/fifty"-Projektes verwendet und in Zusammenarbeit mit dem Hamburger Klimaschutz Fonds e.V. (HKF) die Restfinanzierung aufgebracht werden. Damit sollen weitere Einsparungen erzielt werden.

Die Projektgruppe arbeitet nun in der dritten Heizperiode mit unvermindertem Einsatz. Die eingangs als schwierig zu nehmende Hürde bezeichnete Motivierung der Schulgemeinschaft hat sich als anstrengender Hürdenlauf erwiesen. Letztlich waren es zwei mit Helium gefüllte Luftballons, die das Interesse wecken und ein wenig Verständnis vermitteln konnten. Doch die Idee muß man erst einmal haben! Dazu bedarf es vieler frustrierender Erlebnisse, um seine Klientel dort abzuholen zu können, wo sie steht.

Es muß darauf verwiesen werden, daß neben hausgemachten Unzulänglichkeiten auch die Rahmenbedingungen durch Schulorganisation und Schulbehörde solche Projektarbeit nicht unterstützt. Erfreulich unbürokratisch und hilfsbereit zeigte sich jederzeit die Umweltbehörde. Ganz sicher läßt sich ein vergleichbares Projekt nicht ohne finanzielle Anreize, wie es das Hamburger „fifty/fifty"-Projekt vorsieht, ins Leben rufen. Ebenso muß erwähnt werden, daß bei einer flächendeckenden Einführung solcher Projekte in längst nicht allen Fällen die Bereitschaft anzutreffen ist, Mehrarbeit, wie oben beschrieben, zu leisten. Dieser zusätzliche Arbeitsaufwand ist jedoch bei unveränderten Rahmenbedingungen unbedingt notwendig. Hier gilt es Freiräume zu schaffen.

Ein weiterer Schwerpunkt an der Arbeit des Klimaschutzgedankens sollte die Förderung von Projekten sein, die sich mit alternativen Energiequellen beschäftigen wollen. Hier sind neben den staatlichen und politischen Stellen auch die Energieversorgungsunternehmen in die Verantwortung zu nehmen. Ein begrüßenswerter Ansatz ist der des HKF zur Förderung von Photovoltaikanlagen an Schulen.

Literatur

1. Bundesbauministerium (Hg.): Energiesparbuch für das Eigenheim. Bonn 1992.

2. Bundesministerium für Wirtschaft (Hg.): Energiespar-Tips für Kids. Bonn o.J.

3. Deutsche Gesellschaft für Umwelterziehung (Hg.): Modelle zur Umwelterziehung in der Bundesrepublik Deutschland. Kiel 1991.

4. Deutsche Gesellschaft für Umwelterziehung (Hg.): Schule als Zukunftsinvestition. Hamburg 1996.

5. Deutsche Gesellschaft für Umwelterziehung: Mitteilungen Nr. 1. Hamburg 1994.

6. Deutscher Gewerkschaftsbund (Hg.): Umweltlernen im Beruf. Düsseldorf 1994.

7. Deutscher Volkshochschulverband (Hg.): Energiesparmaßnahmen. Bonn 1992.

8. Enquete-Kommission „Schutz der Erdatmosphäre" des Deutschen Bundestages: Mehr Zukunft für die Erde. Bonn 1996.

9. Escher, J.: Energieverbrauch - Energiesparen an der Schule. Berlin o.J.

10. Fauser, P.: Kann die Schule zur Verantwortung erziehen? In: Friedrich Jahresheft X: „Verantwortung". Seelze 1992.

11. Freie und Hansestadt Hamburg, Amt für Schule (Hg.): ASKA - Eine Schule spart Energie. Hamburg 1994.

12. Freie und Hansestadt Hamburg, Amt für Schule (Hg.): Erde im Wandel - Schule im Wandel? Hamburg 1994.

13. Freie und Hansestadt Hamburg, Umweltbehörde (Hg.): „fifty/fifty". Hamburg 1996.

14. Freie und Hansestadt Hamburg, Umweltbehörde: Konzeptvorlage zum Projekt „fifty/fifty": Hamburg 1994.

15. Friedrich/Isensee/Strobl (Hg.): Praxis der Umweltbildung. Bde. I/II. Bielefeld 1994.

16. Gordon/Bigg: Nach dem Erdgipfel von Rio de Janeiro. Eine Zwischenbilanz. Wuppertal 1994.

17. Greenpeace/Schweiz: Für ein besseres Klima. Zürich 1994.

18. Hennicke, P.: Energie für das 21. Jahrhundert. In: Energiedepesche Nr. 4, 12/1995.

19. Hessisches Ministerium für Umwelt (Hg.): Modelluntersuchungen zur Stromeinsparung in kommunalen Gebäuden. Endbericht Gesamtschule Grünberg. Biebertal 1994.

20. Informationszentrale der Elektrizitätswirtschaft (Hg): StromBASISWISSEN, Nr. 100. Frankfurt/M o.J.

21. Landeshauptstadt Hannover, Amt für Umweltschutz (Hg.): Energiepostille aktuell Nr.1. Hannover 1996.

22. Landesinstitut für Erziehung und Unterricht Stuttgart (Hg.): Wege zur Niedrigenergieschule - ein Beitrag zum praktischen Umweltschutz. Stuttgart 1993.

23. Max-Planck-Institut für Meteorologie (Hg.): BLK-Modellversuch Energienutzung und Klima. Unterrichtsmaterialien. Hamburg 1994.

24. Max-Planck-Institut für Meteorologie (Hg.): Schutz der Erdatmosphäre durch globales Denken und lokales Handeln. Hamburg 1991.

25. Pädagogisches Landesinstitut Brandenburg (Hg.): Energieumwandlungen. Unterrichtskonzept für die Sek. II. Ludwigsfelde 1993.

26. Pädagogisches Zentrum des Landes Rheinland-Pfalz (Hg.): Wege aus der Klimakatastrophe. In: Umwelterziehung praktisch. Heft 28. Bad Kreuznach 1994.

27. Unabhängiges Institut für Umweltfragen (Hg.): Energie und Umwelt. Projekte an Schulen. Berlin 1993.

28. Veeser, H.: Wege zur Niedrigenergieschule. Stuttgart 1993.

ASKA - Eine Schule spart Energie

Bedingungsfaktoren eines Projekts

Jörg Eschner

1. Berufsanfang in Berlin an der "ASKA"

Nachdem ich mein Studium - Mathematik und Physik für das Lehramt - an der Universität Erlangen abgeschlossen hatte, bewarb ich mich aus persönlichen Gründen für das Referendariat nach Berlin und wurde im Oktober 1973 der Askanischen Oberschule, einem Gymnasium im nördlichen Tempelhof, zugewiesen. Das mächtige Gebäude der „ASKA", seine klösterlich geschlossene Anlage aus der Jahrhundertwende, erinnerte mich in vielerlei Hinsicht an die Schule der „Feuerzangenbowle".

In dieser Zeit wuchsen in Berlin - wie anderswo auch - die Oberschulen im Zuge von Bildungsreformen. Das brachte Änderungen im Inneren der Schulen, und so hielt denn der pädagogische Funktionalismus auch in der ehrwürdigen ASKA Einzug: Der Lehrberuf entwickelte sich für viele zu einem vom Arbeitsplatz entfremdeten Job. Unsere Schule wurde patriarchalisch als Unternehmen geführt, das reibungslos zu funktionieren hatte. Die Schulleitung sah eine ihrer wesentlichen Aufgaben darin, den Betrieb reibungslos am Laufen zu halten, indem sie Probleme des Schulbetriebs „wegpufferte" - etliche Initiativen versandeten. Dazu gehörten auch Beschwerden über den Beheizungszustand des Gebäudes.

Den Heizer der Schule hatte man durch Umrüstung der Heizkessel von Koks- auf Ölheizung vor wenigen Jahren wegrationalisiert. Wurde im Gebäude renoviert oder modernisiert, so waren Arbeitserleichterungen für den Hausmeister durch Automatisierung und Zentralisierung der Bedienungselemente der Haustechnik angesagt; das Einsparen von Energiekosten allerdings war in der Frontstadt Berlin kein wesentliches Thema.

Auf die Überheizung des Gebäudes reagierten Schüler und Lehrer durch Öffnen der Fenster, im übrigen kümmerte sich niemand um den Energieeinsatz im Schulgebäude und seine negativen Folgen, wie Kopfschmerzen oder Konzentrationsprobleme der Gebäudenutzer. Was mich später intensiv beschäftigen sollte, erschien noch nicht als Problem.

Ich blieb an der ASKA: ab Mitte 1975 zunächst als Assessor des Lehramts, später als Studienrat; ab 1985 als Oberstudienrat in der Funktion eines Fachleiters Physik, zuständig für die Schülerübungsgeräte.

2. Erste zufällige Anregungen und Weichenstellungen

Frisch im Amt, nahm ich im Oktober 1975 an einer Lehrerfortbildung „Einführung in die Gruppenarbeit" teil. Im Zuge der damals boomenden Psychoszene war so etwas neu und spannend, die Ausbildung hatte dazu wenig angeboten: Wie verteilt man - wie verteilt sich - Arbeit; welche Rollen gibt es in Gruppen; für welche Prozesse braucht die Gruppe Zeit, um arbeitsfähig zu werden? Wohin kann Gruppendynamik führen, und wie wird man die gerufenen Geister wieder los? Offen blieb die Frage: Was läßt sich von dem Erlebten in den Physikunterricht integrieren?

In meinen beiden Examensarbeiten im ersten und zweiten Staatsexamen hatte ich mich noch mit mathematischen Themen beschäftigt. Mit Beginn meiner Lehrtätigkeit änderte sich mein Arbeitsschwerpunkt: Bedarfsbedingt übernahm ich in Folge mehrere Physikleistungskurse und begab mich in diesem Zusammenhang erstmals intensiver auf das spannende Gebiet der Thermodynamik und der Wärmekraftmaschinen - faszinierende Stiefkinder der Rahmenplangestalter. Damals gab es für Schüler die Möglichkeit, durch Facharbeiten Leistungen in die Gesamtqualifikation einzubringen. In Erinnerung ist mir noch die Arbeit einer Schülerin über „The Fluidyne Heat Engine". Von einer Ausstellung des Modernen Museums in Stockholm über alternative Lebensformen und Einsatzmöglichkeiten regenerativer Energien hatte ich Unterlagen über eine Wärmekraftmaschine mitgebracht, aus denen wir beide und ihr Physik studierender Freund nur bedingt schlau wurden - aber die seltsame Maschine lief.

3. Das Entstehen von Routine läßt Zeit und Interesse für Fortbildungen frei werden

1978: „Arbeiten im Fotolabor" vertieften Vorkenntnisse. Ich leitete in der Folge einige Jahre eine Foto-AG, richtete dann mit anderen Kollegen im Zuge einer Schulrenovierung ein festes Fotolabor ein. Später konnte ich auf diese Kenntnisse/Möglichkeiten bei Projektangeboten an Schülergruppen zurückgreifen.

5.6. - 9.6.1978: Teilnahme an einer „Informations- und Arbeitstagung im Deutschen Museum München". Es war wohl ein Zufall, daß auch hier einer der Arbeitsschwerpunkte unserer Gruppe die Wärmekraftmaschinen waren. Ich bekam erste intensivere Einblicke in die Geschichte der Technik, in Zusammenhänge zwischen Ökonomie und naturwissenschaftlicher/technischer Forschung, zwischen technischen und wirtschaftlichen/politischen Entwicklungen: Was sind die Bedingungen für die Akzeptanz und Durchsetzung technischer Prinzipien? Warum setzte sich die Wärmekraftmaschine nach dem Stirlingprinzip nicht durch? Viele Fragen blieben offen. Ein zweiter Schwerpunkt beleuchtete damals eher philosophische Aspekte der Physik: „Wandel des Weltbilds". Zufällig im Museum und einen Nachmittag wert: Eine Wanderausstellung von Frederic Vester: „Unsere Welt, ein vernetztes System".

23.4. - 27.4.1979: Studienreise „Das schwedische Schulsystem und Verfahren der schwedischen Lehrerbildung": Lehrerzentrierter, schulbuchgestützter Unterricht nach zentralen Vorgaben gibt Schülern Sicherheit: Nacharbeiten nach längeren Fehlzeiten oder der Wechsel des Wohnorts (Mobilität der Eltern) ist ohne größere schulische Probleme möglich; den Lehrern gibt er Entlastung und die Möglichkeit, einige Schwerpunkte mit größerer Intensität vorzubereiten und durchzuführen - dies war ein grundsätzlich anderer Ansatz als unser Ideal des individualistisch geplanten Unterrichts mit hohem Aufwand für Arbeitsbögen und Medienvielfalt.

Die vielen Hospitationen im Rahmen dieser Fortbildung gaben mir auch wieder Distanz zum eigenen Tun. Zum ersten Mal lernte ich offenen Unterricht in Lerninseln einer Schullandschaft kennen: die Lehrer betreuten als Berater in Arbeitsgesprächen kleine Gruppen, daneben arbeiteten Schülergruppen auch ohne Aufsicht über einen Vormittag selbständig und erfolgreich an Projektthemen; schließlich das Arbeiten in Schulbibliotheken als Lernorte. Die Schulen waren allerdings alle kleiner als die mir bekannten Berliner Schulen bzw. Schulzentren.

1980: Besuch einer Veranstaltungsreihe der Freien Universität Berlin: „Lehren und Lernen im Physikunterricht". Nachdrücklich blieb mir die Darstellung der Bewegungslehre mit Beispielen aus dem Straßenverkehr im Gedächtnis: Begriffe, Definitionen wurden anhand von Bewegungen von Automobilen erläutert, die „Fahrbahn" stand nicht mehr im Labor, sondern die Straße wurde zur Fahrbahn; für das Laborgerät wurden die Reduktionen der Realität begründbar.

An die ASKA wurde der Kollege Jürgen Wolff versetzt. Wir trafen uns in dem Ansatz, daß die vom gültigen Rahmenplan verlangte und in den Lehrbüchern beschriebene Physik bei SchülerInnen und bei uns eher Frust als Lust am Fach hervorrief. Es fehlte uns dort der Bezug zur Lebenswelt (insbesondere der Schülerinnen) - wo er angeführt wurde, erschien er uns oft zwanghaft aufgesetzt; für den philosophischen Aspekt von Physik gab es kaum ausgeführte Beispiele; die Einordnung in historische Bezüge war weitgehend ausgeblendet und nicht einmal für die Anordnung der Inhalte als Rechtfertigung erkennbar; dargestellt, unterrichtet und für Physik verkauft wurde oft um Jahrzehnte veraltete Technik.

4. Eine neue Aufgabe fördert die neuen Ansätze

„Sehr geehrter Herr Eschner! Für die Planung von Oberstufen - curriculare Arbeiten berufsfeldbezogener Oberstufenzentren (Fach Physik) - werden Sie ab 1. 2. 1980 mit 4 Wochenstunden vom Unterricht freigestellt." Durch Empfehlung meines ehemaligen Physik-Fachseminarleiters wurde ich in ein Team der Projektgruppe Oberstufenzentren zur Entwicklung des Rahmenplans Physik für die Fachoberschule berufen.

Im Team gab es eine Mehrheit für die Ansicht, daß für erwachsene Schüler der Fachoberschule mit Berufsausbildung und entsprechender Lebenserfahrung eine weitere Drehung im Spiralcurriculum wenig motivierend sei. Wir wagten uns deshalb an innovative Ansätze. Möglich war das nur, da wir ohne Einengung der in Berlin damals doch recht verkrusteten Fachaufsicht Physik arbeiten konnten. Vorlagen für unsere Arbeit hatten wir u.a. in Entwürfen der parallel arbeitenden Planungsgruppe Chemie. Lebensweltbezug, Integration von Schülerübungen mit Alltagschemikalien, das Suchen nach Antworten zu aktuellen Problemen mit Hilfe der Fachwissenschaft, vernetzte Wissenschaftsgeschichte waren dort Leitlinien.

Im Rahmen meiner Planungstätigkeit nahm ich 1982 an einem viertägigen IPN-Seminar „Die Projektmethode im naturwissenschaftlichen Unterricht" teil. Ich erhielt aus den dargestellten Projekten und Vorträgen wichtige Impulse für die weitere Arbeit: einerseits durch eine Vielzahl von fächerübergreifenden Beispielen, in denen SchülerInnen unterschiedlichste Fähigkeiten zu einem Thema einbringen konnten, andererseits durch das theoretische Gerüst: die für Projekte notwendigen strukturellen Hilfen aus der Projektmethode nach Frey.

Das Freistellungsdeputat für die Arbeitsgruppe war erfreulich großzügig. Über Jahre hinweg war ich mit bis zu 8 Wochenstunden vom Unterricht für die Mitarbeit freigestellt. Die Gruppengröße variierte. Abhängig von den selbstgewählten inhaltlichen Schwerpunkten, gehörten bis zu 8 Kollegen, darunter zeitweise auch ein Philosoph und Wissenschaftshistoriker, der Gruppe an. Wir beendeten Juli 1985 unsere Arbeit.

Als Ergebnis konnten wir einen Rahmenplan vorlegen, dessen innovative Intentionen durch Handreichungen, wie „Das U-Bahnprojekt", „Das Fahrradprojekt" und „Die Geschichte des Kraftbegriffes", nachvollziehbar waren.

Im Lernabschnitt „Energieumwandlungen" hatten wir die klassische Fachsystematik zugunsten des Leitthemas „Energie" verlassen. Zudem war die Bearbeitung von gesellschaftlich relevanten, aktuellen Fragen der Energieversorgung, des Umgangs mit Energie intendiert. Der Plan ermöglichte - ein Novum - auf Grundkursniveau epochale Schülerübungseinheiten in der

Oberstufe. Die darin vorgeschlagenen Arbeitsthemen verrieten in ihrer Konstruktion noch ihre Herkunft aus der klassischen Physik, aber die Berührungspunkte mit der Lebenswelt der Schüler waren zumindest erkennbar: Experimentiert wurde häufig mit Alltagsgeräten, statt hoher Genauigkeit von Ergebnissen stand deren Diskussion im Vordergrund. Schließlich konnten Schüler zum vorgegebenen Arbeitsgebiet auch „freie" Themen wählen, die ihren Fähigkeiten und Wünschen entsprachen - bei oberflächlicher Betrachtung wiesen solche Themen oft nur wenig physikalische Aspekte auf, erst bei näherem Hinsehen zeigte es sich, wo zur Begründung oder zur sachgerechten Darstellung dann doch physikalische Kenntnisse und naturwissenschaftliche Vorgehensweisen notwendig waren.

In dieser Zeit machte ich auch außerhalb meiner Schule intensive didaktische Erfahrungen: In der Grundschule meiner Tochter erhielt ich durch Elternmitarbeit Einblicke in binnendifferenziertes Arbeiten. In kooperativem Unterricht mit einem Kollegen des Planungsteams erprobte ich erfolgreich den Rahmenplan an der Fachoberschule.

5. Trial and error - Nur das Fernziel im Blick

In gut besuchten Fortbildungsveranstaltungen machten Jürgen Wolff und ich Berliner Fachkollegen mit unseren Ansätzen bekannt. Interesse und Zustimmung fanden wir durchweg allerdings vor allem dann, wenn wir Projektideen zum klassischen Physikunterricht vortrugen. Von diesen erwarteten sich die Kollegen größere Akzeptanz der erkannt problematischen Themen. Uns machte dies allmählich deutlich, welches Engagement und Durchhaltevermögen Lehrer im Bereich Physik mitbringen müssen, wenn sie versuchen, innovative Ideen anzuregen bzw. umzusetzen.

Mit der Vortragstätigkeit - ab 1983 auch regelmäßig auf Tagungen der GDCP - verband sich für Jürgen Wolff und mich vor allem die Gelegenheit zur Reflexion und Diskussion unserer Arbeit. Die Resonanz auf den Tagungen selbst war nicht immer ermutigend. Wichtiger waren in dieser Hinsicht die Publikationen in den Tagungsbänden, die uns einen größeren Wirkungskreis verschafften. So lud uns z.B. ein Ministerialbeamter aus Rheinland-Pfalz zu einem Fortbildungsvortrag ein, nachdem er unsere Artikel gelesen hatte.

Auf der Suche nach einem Arbeitskreis, in dem wir unsere Ideen für unseren Arbeitsbereich, d.h. den Gymnasialunterricht, konstruktiv diskutieren und weiterentwickeln konnten, schlossen wir, Jürgen Wolff und ich, uns 1981 einer interdisziplinären Arbeitsgruppe an der Freien Universität Berlin unter der Leitung von Prof. Dr. Fischler an: „Die Projektmethode im Physikunterricht". Mit zwei Fachdidaktikern, einem Erziehungswissenschaftler und einem Psychologen planten zwei Kollegen und wir Projektunterricht und setzten uns mit den Ergebnissen auseinander. Unsere Arbeitsschwerpunkte werden aus den veröffentlichten Resultaten erkennbar:

August 1981: Werkvertrag mit dem Pädagogischen Zentrum Berlin über eine „Zusammenstellung von Schülerexperimenten und möglichen Exkursionen zu einem Unterrichtsprojekt 'Energiesparen im Haushalt'. *Besondere Auflage*: Das bearbeitete Teilprojekt soll den Schwerpunkt 'rationelle Warmwasserbereitung' haben..." Es war wieder ein Versuch lebensweltorientierten Unterrichts - doch er führte uns ins Abseits: Welcher Schüler einer 9. Klasse kocht schon energiebewußt Kaffee oder Tee? Und erst nach unseren Unterrichtsversuchen wußten wir, daß Schüler, um beim Spaghetti-Kochen Energie zu sparen, die Wassermenge minimieren, so daß dann das Produkt nur mit Selbstverleugnung „genossen" werden kann.

Mai 1982: Werkvertrag mit dem Pädagogischen Zentrum Berlin über eine „Darstellung der Unterrichtseinheit *Energieverbrauch beim Heizen*". Aufbauend auf den Unterrichtserfahrungen an der Askanischen Oberschule sollen folgende Phasen beschrieben werden:

- Bau von Modellhäusern durch die Schüler
- Entwicklung von Heizsystemen für die einzelnen Modellhäuser
- Messungen an den Häusern und Verbesserungen durch verschiedene Arten der Wärmedämmung."

In diesem Projekt gehörte zur Lebenswelt der Schüler (und unterstützender Eltern) leider nur das begeisterte Basteln. So hatten wir für unsere Experimente eine Vielzahl sehr schöner Modellhäuser zur Verfügung, alle - auf unterschiedlichste Arten - beheizbar. Als wir dann allerdings systematische Messungen vorschlugen, flaute das Interesse unserer 7. Klassen sehr schnell ab. Die meisten Schüler ließen uns deutlich spüren, daß sie gezieltes Experimentieren zur Senkung des Energiebedarfs wenig interessierte. Die Heizkosten bezahlten die Eltern, und Umweltprobleme standen hier noch nicht zur Debatte. Wir waren nach viel innovativem Aufwand also wieder beim üblichen Physikunterricht angelangt. Darüber hinaus konnte das zweite Lehrerteam der Gruppe, das das Thema in klassischer Weise mit vorgefertigten Modulen und einer meßtechnisch leicht erfaßbaren Elektroheizung angegangen war, wenigstens formal Lernergebnisse vorweisen.

6. Tschernobyl - eine zündende Idee löst die Energiewende an der ASKA aus

Nach der Reaktor-Katastrophe von Tschernobyl im April 1986 boten Jürgen Wolff und ich eine Radioaktivitäts-AG an. Bei dem Vorbereitungstreffen wurde aber deutlich, daß sich die SchülerInnen lieber mit Alternativen zur Atomenergie-Nutzung oder zur gegebenen Energieversorgung in Berlin befassen wollten. Unseren Vorschlag, dies am Beispiel der Energiebereitstellung für Wärme und Beleuchtung an der eigenen Schule zu tun, griffen die SchülerInnen bereitwillig auf.

Mit einem Aufruf wurde zur Mitarbeit in einer AG aufgefordert. Unter der Überschrift „Angenommen, die Aska geht vom Netz" wurde darin als Zielsetzung der AG-Arbeit propagiert, eine von der BEWAG, dem Berliner Stromversorgungsunternehmen, unabhängige Stromversorgung zu realisieren, die Ölheizung abzuschaffen und die Wärme mit regenerativen Energiequellen zu erzeugen. Unter dem Motto „Geht das?" wurde in dem Aufruf gefragt:

- Wie hoch ist überhaupt der Energiebedarf in der Schule?
- Kann dieser Energiebedarf mit Hilfe einer Kraftwärmekopplung, mit Solarkollektoren und -zellen abgedeckt werden?
- Wie funktioniert solche Energiegewinnung, für welche Arten gibt es Beispiele in Berlin?

Diese oder ähnliche Fragen zum Energieeinsatz im Schulgebäude trugen seitdem die Arbeit in der AG und zunehmend in Unterrichtseinheiten unterschiedlicher Klassenstufen.

7. Gründung der Energie-AG der ASKA

Zur Klärung organisatorischer Fragen traf sich die Energie-AG erstmals am Mittwoch, dem 18. Juni 1986, in der 6. Stunde.

Seit dem Schuljahr 1986/87 sank der Heizenergieverbrauch an der Askanischen Oberschule - bisher auf ca. 60% (witterungsbereinigt) des damaligen Heizenergieeinsatzes, es wurden also 40% „eingespart". Der wesentliche Anteil dieses Sparergebnisses resultierte aus nicht-investiven Maßnahmen und aus Verhaltens- und Einstellungsänderungen der Nutzer des Schulgebäudes, die durch die Aktivitäten der Energie-AG bewirkt wurden.

8. Der Schritt an die Öffentlichkeit - bei einer Podiumsdiskussion eröffnen sich die wesentlichen Perspektiven auf die weitere Arbeit

26. Mai 1987 - ein Jahr nach Tschernobyl luden wir in die gut überheizte Schule ein zu einer Podiumsdiskussion „Energieumsatz an der Askanischen Oberschule - Modelle zur Energieversorgung öffentlicher Gebäude" - das Thema sicher kein Reißer, doch die Aula war bis auf den letzten Platz besetzt. Wir hatten das blauäugige Ziel, mit dem Druck dieser Veranstaltung

schnell zu Änderungen, Verbesserungen, energiesparenden Investitionen an unserer Schule zu kommen. Dies verhinderte eine Vielzahl von Berliner Amtsschimmeln mit der ganzen Wucht ihrer Wichtigkeit.

Die eigentliche Bedeutung dieses Tages zeigte sich daher erst im Rückblick: In der Folge von Tschernobyl formte sich aus den Mosaiksteinen unserer Erfahrung die wegweisende Idee für die weitere Arbeit. Im Zusammenhang mit dieser Podiumsdiskussion entdeckten wir die wesentlichen Markierungen dieses Weges in der bildungspolitischen Landschaft, formten seine ersten Bausteine und fanden Hilfen zu seiner Gestaltung. So waren die Ergebnisse dieses Vormittags ganz anderer Art als die erhofften, für unsere weitere Arbeit aber sicher wichtiger.

Im Laufe der Veranstaltung, vor allem in der Nachbetrachtung, wurde uns deutlich, daß unsere Schüler auf Grund der gegebenen Rahmenpläne nicht einmal das Basiswissen zur Verfügung haben konnten, um der Diskussion zu folgen. Daß sie neunzig Minuten ruhig zuhörten, zeigte ihr Interesse an den angesprochenen Themen. Aus dieser Erkenntnis entstand die Idee für das Curriculum der beiden Grundkurse „Energieumwandlungen" für die gymnasiale Oberstufe.

Mit einem 13-seitigen „Diskussionspapier zur Energieversorgung Berliner Schulen am Beispiel der 2. OG Tempelhof" hatten wir sicher das Leseinteresse der meisten Teilnehmer der Veranstaltung überfordert. In der Art des Vorgehens erprobten wir zunächst, was wir in den Grundkursen später unseren Schülern abverlangen wollten: eine fundierte Analyse des energetischen Ist-Zustandes eines Objekts, Spekulationen über Alternativen der Energieversorgung auf der Basis aktueller technischer Möglichkeiten, interdisziplinäre Ansätze bei der Problemanalyse und den Problemlösungsvorschlägen - und zu all dem das physikalische Hintergrundwissen.

Mit Herrn Prof. Hanitsch war einer der Ausbilder eines Kurses zu Energieberatung und Energiemanagement der TU Berlin auf dem Podium. Durch seine Vermittlung erhielten wir im Herbst ein fundiertes Kurzgutachten zu Möglichkeiten der energetischen Sanierung der ASKA, das unsere Vermutungen zu Energiesparpotentialen im wesentlichen bestätigte und gegen den Vorwurf der Laienhaftigkeit absicherte. Im Rahmen der Erstellung des Gutachtens trafen wir mit Herrn Schulz zusammen. Als arbeitsloser Lehrer aus Schleswig-Holstein besuchte er den Kurs, um seinen Wert auf dem Arbeitsmarkt zu verbessern. Ohne seine Zuarbeit hätte es die IPN-Broschüre „ASKA - eine Schule spart Energie" wohl nicht gegeben.

Wir bekamen in der Folge der Veranstaltung Kontakte zu einer Vielzahl von Menschen in unterschiedlichen Funktionen und Positionen, die uns bei unserer Arbeit weiterhalfen. Kooperationen mit unterschiedlichen Unternehmen der Energiewirtschaft brachten der Schule und uns sowohl investierten als auch erkenntnisreichen Gewinn.

Ein überraschend großes Echo in den Medien zeigte, daß wir mit unserer Veranstaltung auf die Spitze eines „heißen Eisberges" gestoßen waren bzw. daß es sich um ein latentes Problem in vielen öffentlichen Gebäuden handelte.

9. Energiesparen an Schulen - Eine Idee gewinnt vielfältige Gestalt

Es führt hier zu weit, das Netz der Entwicklungslinien nach dieser Veranstaltung im Detail nachzuzeichnen. Wir erhielten bzw. beschafften uns auf zum Teil erfinderische Weise in der Folgezeit die notwendigen Freistellungen vom Unterricht, um mit Schülern der AG und später im Regelunterricht die Unterrichtseinheiten entwickeln zu können, die die Kernpunkte unseres Beitrags zum Energiesparen an Schulen werden sollten. Sie sind im wesentlichen in der IPN-Broschüre „ASKA - eine Schule spart Energie" (1991) und in dem Werkstattheft 26 „Energieumwandlungen" (1993) des Pädagogischen Landesinstituts Brandenburg beschrieben und bleiben deshalb hier unausgeführt.

Mit den Energiesparerfolgen an der ASKA und unseren vielfältigen Erfahrungen im Hintergrund konnten wir 1989 die Projektleitung eines in Berlin anlaufenden Modellversuchs zur Umwelterziehung davon überzeugen, daß auch sinnvoller und sparsamer Umgang mit Energie ein Thema der sonst eher pflanzengrün besetzten Umwelterziehung ist. Die Aska wurde in die Betreuung aufgenommen. Wir hatten nun mit den Publikationsmöglichkeiten des Modellversuchs ein Forum, auf dem wir einen wachsenden Kreis von Interessierten erreichten. Ich wurde z.B. von hessischen Schulen zu Vorträgen eingeladen, in Rahmenplankommissionen Brandenburgs berufen, auch die ersten Kontakte mit der DGU ergaben sich in dieser Zeit.

Die vielfältigen, nicht immer fairen Auseinandersetzungen um die Genehmigung des Leitthemas „Energieumwandlungen" für den Physikunterricht in Berlin hatten mir deutlich gemacht, daß ich mir nur dann meine Gestaltungsfreiräume erhalten könnte, wenn das Konzept in größerem Rahmen positiv aufgenommen würde. Ich reduzierte nicht zuletzt auch deshalb meine Unterrichtsverpflichtung auf eine halbe Stelle, um die für „Werbekampagnen" notwendige Zeit und Kraft zu haben, und warb u.a. im Rahmen des DGU-Projekts „Energiesparen an Schulen" in Hamburg, Schleswig-Holstein, Mecklenburg-Vorpommern und Hessen in vielen Vorträgen und individuellen Schulberatungen für das neue Thema. Der Erfolg wirkte zurück: Im Herbst 1996 startete das Projekt fifty/fifty endlich auch in Berlin, und ab Schuljahr 1997/8 werde ich auch hiesige Schulen bei ihrem Zugang zum Energiesparen beraten.

10. Die eigene Disposition - ein Bedingungsfaktor des Projekts

Welche meiner Eigenschaften und Fähigkeiten ermöglichten und prägten dieses Projekt? Da ist vor allem eine Lust - philosophisch gesprochen - am Chaotischen, an Un-Ordnung und Unruhe, in der sich Kreativität, aus der sich etwas Spannendes entwickeln kann. Einen eigenen Einfall, eine Schüleranregung neugierig und spontan aufgreifen, dem nachgehen können, wenn es die Mehrheit interessiert, auch wenn sich noch nicht vorhersagen läßt, welcher Art die Resultate im einzelnen sein würden. Dann den Rahmen des Handelns oder Lernens improvisiert aufstellen, schnell veränderbaren Raum geben, aus dem Fundus das Baumaterial - meist Literatur - als Randbedingungen zur Verfügung stellen. Mein Vertrauen in die Schüler und mich, daß Begonnenes zu einem positiven Ende kommen würde, wurde nur sehr selten enttäuscht. Ich denke, daß ich die Fähigkeit zum schnellen Erfassen der Möglichkeiten in offenen Situationen habe. Was andere in detaillierte Vorbereitung und Planung von Unterricht an Arbeit investieren, stecke ich oft in eine kreative Analyse und Aufarbeitung des Geschehenen oder der Zwischenergebnisse von Schülerarbeiten. Was prägte, war schließlich auch ein waches Interesse an aktuellen naturwissenschaftlichen, technischen und architektonischen Entwicklungen in ihrer Wechselwirkung mit Kräften und Problemen der Gesellschaft.

Warum dieser Schwerpunkt „Energiesparen"? Diese Frage tangiert meine individuelle psychische Disposition - doch das ist ein anderes Thema!

Literatur

Eschner, J./Wolff, J./Schulz, W.: ASKA - Eine Schule spart Energie. IPN Kiel, 1991

Eschner, J./Fischler, H./Lichtfeld, M/Wolff, J.: Energieumwandlungen. PLIB Ludwigsfelde, 1993

Eschner, J. et al.: Diverse Artikel in: Wiebel, K.H. (Hrsg.): Zur Didaktik der Physik und Chemie. Alsbach: Leuchtturm 1992 ff.

Der Alltag eines Energiesparprojektes

Wolfgang Kirsch

Montag früh, es klingelt zur zweiten Stunde, die Klassenraumtüren werden geschlossen, es kehrt Ruhe auf den Fluren ein. Die Flurbeleuchtung wurde jedoch in den wenigsten Fällen gelöscht. Dienstag früh, mit Beginn der ersten Stunde wird ein Schüler beauftragt, das Licht auf den Fluren zu löschen. Zehn Schalter werden betätigt. Mittwoch - 8.40 Uhr - die Fenster wurden nach dem Aufenthalt während einer Freistunde im Raum X nicht wieder geschlossen. Situationen, die sich auch an jedem anderem Schultag abgespielt haben könnten. Hier besteht Handlungsbedarf im Rahmen des Energiesparprojektes. Warum werden Tätigkeiten, die zu Hause bereits zur Selbstverständlichkeit geworden sind, nicht auch in der Schule umgesetzt? "Was muß passieren, damit auch Du mithilfst Energie zu sparen?" - diese Frage stellte eine Schülergruppe im Rahmen von Projekttagen zum Thema "Energiesparen". 33 Prozent aller befragten Schüler gaben an, daß sie bereits auf einen sinnvollen Umgang mit Energie achteten. Zu je 27 Prozent waren der Meinung, Sparen sei nicht nötig, da ausreichend Energie vorhanden sei bzw. wären bereit zum Sparen, wenn sie selbst die "Kosten" tragen müßten.

Überhaupt gibt eine solche Umfrage (3/Seite 7) aufschlußreiche Fakten wieder. So konnte weiterhin festgestellt werden, daß das Thema "Energiesparen" durchaus ein Thema ist, das in den Familien angesprochen wird. Jeder zweite befragte Schüler konnte die an unserer Schule entstehenden wöchentlichen Energiekosten im Winterhalbjahr richtig einschätzen. Dies wäre sicherlich ohne die Einbeziehung ganz konkreter Angaben zum Energieverhalten unserer Schule in den Unterricht kaum möglich gewesen. Auch zum allgemeinen Wohlbefinden wurden Erfahrungswerte bestätigt. 40 Prozent schätzten die Raumtemperaturen im Winterhalbjahr 1994/95 als sehr schwankend ein. Temperaturregelungen an den Heizkörpern sind durch zumeist fehlende Thermostatventile nicht möglich. Arbeiten an den veralteten Reglern brachten oft das eigentliche Alter dieser ans Tageslicht. Dennoch konnten die Temperaturverhältnisse in unserer Schule im Rahmen des über zwei Jahre laufenden Projektes "Energiesparen an Schulen" besser gestaltet werden (s.a. Auszug Meßprotokoll). Negative Einschnitte in die Projektarbeit sollten dabei aber kein Einzelfall bleiben. So begann der 1. Schultag nach den ersten größeren Regulierungsarbeiten - 5.12.1994 - mit minimalsten Temperaturen. Auch für die Zeit der Winterferien wurde die Heizung im Minimalbereich gefahren. Ein an unserer Heizanlage angeschlossener Imbiß (uns bis dahin nicht bekannt) konnte nicht optimal versorgt werden.

Neue Ansatzpunkte waren gefunden. In Zusammenarbeit mit dem Hochbauamt konnten erste Umbauarbeiten in die Tat umgesetzt werden - die Trennung von Heizkreisläufen sowie der Einbau von druckabhängigen Umwälzpumpen. Auch hier lief nicht alles "reibungslos". So wurden in der Umbau- und Regulierungsphase unserer Heizungsanlage durchaus Raumtemperaturen von 26° C (November '95) gemessen, die letztendlich einen spürbar erhöhten Heizölverbrauch zur Folge hatten.

Mit Beginn der Projektzeit im Jahr 1994 mußten wir feststellen, daß zwar sogenannte Pendelkarten geführt worden sind, dennoch die Daten zur Untersuchung des "energetischen" Verhaltens unserer Schule nur unzureichend waren. Die regelmäßige Erfassung entsprechender Verbrauchsdaten und das Herausfinden erster möglicher Einsparungen wurden zu unseren ersten Aufgaben erklärt (s.a. Energievergleich 1993-1996). Wie bezieht man nun aber möglichst viele Schüler in dieses Thema mit ein? Dieses geschah an unserer Schule durch die Bildung einer Energiespargruppe, bestehend aus Schülern, dem Hausmeister sowie Kollegen, die von ihrem Unterrichtsfach her mit dieser Thematik eng verbunden sind bzw. mit den aufgenommenen Meßdaten den Unterricht praxisrelevant gestalten können. Des weiteren wurden Projekttage genutzt, um spezielle, einfache Untersuchungen durchzuführen (s.a. Untersuchungen zu den Lichtverhältnissen und zum Schadstoffausstoß). Exkursionen zu Energieversorgungseinrichtungen der Stadt bildeten hierbei immer eine lehrreiche Ergänzung.

Einen weiteren Höhepunkt in unserer Projektarbeit bildet alljährlich die Durchführung einer Energiesparwoche, in der die Schüler ebenfalls mit der Problematik des sinnvollen Umgangs mit Energie vertraut gemacht werden sollen. Hier wurden bisher viele Möglichkeiten genutzt. Die Fünftkläßler entwickelten z.B. kleine Plakate, mit denen auf unterschiedlichster Art und Weise zum Energiesparen aufgerufen wurde. Andere beteiligten sich im Rahmen des Kunstunterrichtes am Entwurf eines Logos für das länderübergreifende Energiesparprojekt. Mitglieder der Energiespargruppe bereiteten ein schulinternes Preisausschreiben vor, in dem es um Verbrauchsdaten unserer Schule ging. Temperaturkontrollmessungen, für die die Schüler immer zu begeistern sind, standen auf dem Wochenprogramm. Tagesmeßwerte wurden vergleichend durch Schaukastenaushänge dargestellt. Es hat sich bei der Durchführung solcher Energiesparwochen gezeigt, daß schon alleine ein spontaner Aufruf ausreicht, um Denkanstöße aber auch kurzfristige Einsparungen zu erzielen. Fragen der Energie sind Fragen, die täglich neu beantwortet und für die immer wieder neue Motivationen gefunden werden müssen. So wollen wir das Thema Energie für unsere Schüler unter Einbe-

ziehung "hauseigener" Daten und Taten schon in der Schule erlebbar gestalten, mit allen dabei auftretenden Problemen, aber auch Erfolgen.
Eine weiterführende Meßwerterfassung aller energierelevanten Daten wird
hierbei die grundlegende Aufgabe sein. Der Einbeziehung dieser Ergebnisse in den Schulalltag muß eine entsprechende Aufarbeitung vorausgehen.
Dazu werden uns sicherlich noch viele Ideen abverlangt werden, denn
Zahlen alleine reißen noch lange keinen mit. Die Fragen "WARUM?" und
"WOFÜR?" stehen auch hier immer im Vordergrund. Energie und Energiesparen erlebbar gestalten heißt vor allem, möglichst viele mit einzubezie-
hen. So untersucht derzeit eine Schülergruppe den Einfluß von nachts her-
untergelassenen Jalousien auf die Raumtemperatur. Die hier durch die
Schüler selbst herausgefundenen Ergebnisse und Erkenntnisse werden im
Rahmen des Physikunterrichts in Klasse 7 (Stoffeinheit Wärmelehre) mit
einfließen und vor anderen Schülern dargelegt. Viele Unterrichtsinhalte
können somit praxisrelevant umgesetzt werden (Temperaturmessung, Darstellung von Sachverhalten in Diagrammen, Vergleich und Auswertung
dieser, Erziehung zu Ausdauer, Zielstrebigkeit und Genauigkeit als dafür
unerläßliche Tätigkeitseigenschaften). Ein weiteres Tätigkeitsfeld für die
kommenden Jahre wird die weiterführende, vergleichende Untersuchung zu
den Lichtverhältnissen in den Klassenräumen sein - Auswirkungen neu ge-
stalteter Beleuchtungsanlagen und der richtige, energiesparende Umgang
mit diesen. Ein weiteres Ziel wird es sein, entsprechende hauseigene Materialien in die unterschiedlichsten Unterrichtsfächer und -themen einfließen
zu lassen, um weitere Kollegen und Schüler für diese Thematik und für ein
gemeinsames Handeln zu gewinnen.

Auszug aus Meßprotokoll für Minimum- Maximum-Thermometer   **Ort: Physikraum**

Datum	Temperatur um 7.15 Uhr			Bemerkungen
	Minimum	Ist	Maximum	
05.10.	19,5	20,0	21,0	
06.10.	19,0	20,0	22,0	
07.10.	20,0	21,0	22,0	
10.10.	18,5	19,5	23,0	
11.10.	19,5	20,5	21,5	
12.10.	20,0	21,0	22,0	
13.10.	20,5	22,0	23,0	
14.10.	21,0	21,5	23,0	
17.10.				Herbstferien 17.- 23.10.94.
24.10.	20,5	21,0	23,5	
25.10.	21,0	22,5	23,0	
26.10.	21,0	22,0	23,5	
27.10.	21,0	23,0	24,0	
28.10.	21,0	21,5	24,0	genaue Nachmessung =22,8°C (Ist-Temp.)
1.10.				Reformationstag
01.11.	19,5	22,0	24,0	Ist = 08.15 Uhr
02.11.	20,0	21,0	23,0	
03.11.	20,0	21,0	23,0	
04.11.	20,0	22,0	22,0	Ist = 09.30 Uhr
07.11.	20,0	20,5	23,0	
08.11.	19,5	20,5	22,5	genaue Nachmessung =21,3°C (Ist- Temp.)
09.11.	20,0	20,5	22,0	
10.11.	20,0	21,0	23,0	
11.11.	20,0	21,0	23,0	
14.11.	20,0	21,0	23,0	
15.11.	19,0	20,0	23,0	
16.11. - 18.11				Buß- und Bettag u. variable Ferientage
21.11.	19,0	20,0	22,0	
22.11.	19,5	20,5	22,0	
23.11.	20,0	21,0	22,5	genaue Nachmessung =22,2°C (Ist+ 0,8 drauf)
24.11.				
25.11.	19,0	20,0	23,0	
28.11.	19,0	20,0	22,0	
29.11.	19,5	20,5	22,0	
30.11.	19,5	20,0	22,0	gerade gelüftet
01.12.	19,5	20,0	23,0	
02.12.	19,0	19,5	22,0	
05.12.	16,0	16,5	22,0	Siehe Anlage (durchgeführte Maßnahme)
06.12.	17,0	20,5	20,5	
07.12.	20,0	21,0	23,0	
08.12.	20,0	20,5	23,5	
09.12.	20,0	21,0	22,5	
12.12.	18,5	19,5	22,5	
13.12.	18,5	20,0	22,5	
14.12.	19,0	20,0	22,5	
15.12.	19,0	20,0	22,5	Messung 11 Uhr 30 Schüler anwesend
16.12.	19,5	20,5	23,0	ab 19.12. Weihnachtsferien 1994
Durchschnitt	**19,6 C°**	**20,6 C°**	**22,6 C°**	

weitere Bemerkungen: 30.11.94 Abstellen von Heizkörpern; 2.12.94 Neue Programmierung der Heizungsanlage, Heizende um 1 Stunde vorverlegt, Einstellung auf Minimaltemperaturen am Wochenende

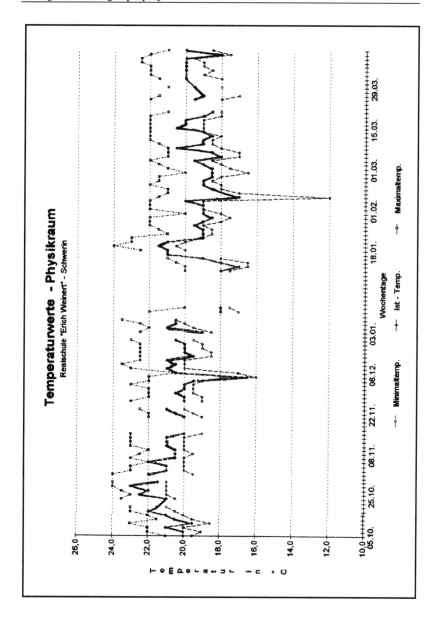

Temperaturwerte - Physikraum
Realschule "Erich Weinert" - Schwerin

1. Was brachten zwei Jahre Energiesparprojekt für unsere Schule?

Heizöl:

1994/95:   Ölverbrauch: 79377 Liter   Heizgradwertsumme: 3774

1995/96:   85588 Liter   4468

Die Heizgradwertsumme von 1995/96 liegt mit 18% über der von 1994/95, der Ölverbrauch würde bei gleicher Heizungsweise im 2. Jahr des Projektes bei 93665 Liter liegen. Der tatsächliche Verbrauch lag bei 85588 Liter, damit wurden trotz höherer Schüler- und Klassenzahlen im Schuljahr 1995/96 witterungsbereinigt 8077 Liter Öl (= 10%) eingespart. Bleiben jedoch der kältere Winter sowie die oben bereits erwähnte Erhöhung der Schüler- und Klassenzahl unberücksichtigt, so ergibt sich ein absoluter Mehrverbrauch von 6211 Liter Öl (= 8%).

Wasser:

1994/95:   Wasserverbrauch: 1713 m^3

1995/96:   1229 m^3

Trotz erhöhter Schülerzahl (+ 39%, entspricht 4 Schulklassen) konnte der Wasserverbrauch im zweiten Projektjahr drastisch gesenkt werden. In Zahlen ausgedrückt sind dies immerhin 484 m^3 absolute Wassereinsparung (= 28%). Auf den einzelnen Schüler bezogen, können wir auf eine Senkung des Wasserbedarfes von 4,9 auf 2,5 m^3 im Jahr verweisen. Ein entscheidender Faktor war hierbei der sicherlich sorgsamere Umgang mit dem Element Wasser.

Elektroenergie:

Im Elektroenergiebereich liegt eine absolute Steigerung von 44.240 KWh auf 47.100 KWh vor (= 6,5%). Hier ist der entscheidende Grund in der Erhöhung der Klassenzahl (21%) zu suchen. Betrachtet man gleiche Klassenzahlen, so ergibt sich eine Einsparung von 6453 KWh (= 14,6 %). Auf die einzelnen Klassen bezogen ergeben sich folgende Werte:

        1994/95   2328 KWh/Klasse

        1995/96:   2048 KWh/Klasse

Ausgehend von einheitlichen Kosten (Stand 1994) sowie der absoluten Verbrauchswerte ergibt sich eine finanzielle Einsparung von

        1994/95:   55557,07 DM

        1995/96:   - 55261,14 DM

                             295,93 DM   (0,5 %)

Trotz des sich gering anhörenden Endergebnisses - eine tolle Sache!

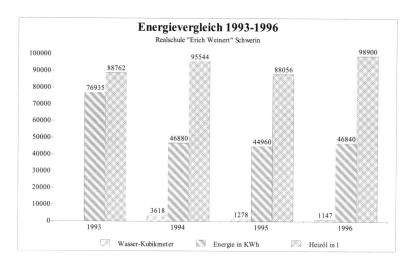

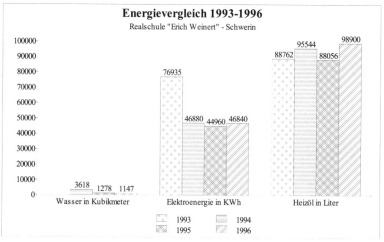

Bemerkungen zu den in den Grafiken dargestellten Werten:

1993:   Elektroenergie - durch das Hochbauamt gegebener Wert von 76.935 KWh

   Wasser - Keine Mengenangabe (Nur finanzieller Wert von 49.681,83 DM)

   Heizöl gelieferte Menge von 88.762 Liter

1994:   Heizöl gelieferte Menge von 95.544 Liter

   Für den Monat Januar hinzugerechnete "Schätzwerte" von 586 m^3 Wasser und 7000 KWh Elektroenergie

1995:   Gemessene Werte

1996:   Heizölverbrauch - für die letzte Jahreswoche ein geschätzter Wert von 5000 Liter

2. Untersuchung der Lichtverhältnisse

Im Januar 1995 stand die Renovierung unseres Klassenraumes in eigener Regie auf unserem Plan. Zur gleichen Zeit lief an unserer Schule das Projekt "Energiesparen an Schulen ". So bot es sich an, beides miteinander zu verbinden. Unser Vorhaben bestand in der Untersuchung des Einflusses gereinigter Lampen sowie eines neu gestalteten Raumes auf die Lichtverhältnisse in diesem. Die Flächenmaße betragen 9 m x 6,45 m. Nach einer Rastervorgabe (1m x 1m) wurden mit einem Luxmeter die Helligkeitswerte aufgenommen. Die erste Messung der eigentlichen Ausgangswerte wurde am 20. Januar 1995 von 6.40 Uhr bis 7.10 Uhr durchgeführt. Der hierbei gewonnene Durchschnittswert betrug 321 Lux. Nach dieser Meßwertaufnahme wurden durch uns sämtliche Leuchtstofflampen gereinigt. Daraufhin wurde eine zweite Messung am 30. Januar 1995 in der Zeit von 6.20 Uhr bis 7.00 Uhr durchgeführt. Es konnte eine erste Verbesserung der Helligkeit durch uns festgestellt werden, der Durchschnittswert betrug im Vergleich zur Ausgangsmessung 370 Lux.

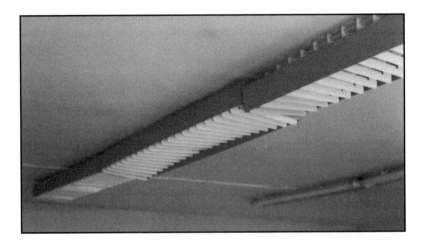

Bild 1: Veraltete Lampenanlage, wie sie in den meisten unserer Räume noch vorhanden ist.

Dann wurde der Raum renoviert, neu tapeziert und hell gestrichen. Außerdem wurden allen Vorhänge und Gardinen gewaschen. Eine weitere Messung erfolgte am 28. Februar von 6.25 Uhr bis 7.00 Uhr. In Auswertung dieser Daten ergab sich ein Durchschnittswert von 381 Lux. In bezug auf die erste Messung konnte ein Helligkeitszuwachs um durchschnittlich 60 Lux erreicht werden. Alle von uns aufgenommenen Werte lagen über der DIN-Norm für allgemeine Unterrichtsräume von 300 Lux (2/Seite 93). Die genaue, räumliche Helligkeitsverteilung in den einzelnen Untersuchungsphasen wurde in den durch uns angefertigten "Lichtgebirgen" ersichtlich. Im Ergebnis dieser Lichtmessungen konnten wir feststellen, daß durch uns mehr Energie als eigentlich notwendig verbraucht wird. Die Berechnung des Durchschnittswertes aus den beiden mittleren Meßreihen der 3. Messung ergab einen Wert von 461 Lux. Dieser wurde durch eine vierte Messung ergänzt. Zwischenzeitlich wurden vier der ursprünglich siebzehn Lampen herausgedreht, wobei immer noch ein durchschnittlicher Helligkeitswert von 387 Lux gemessen werden konnte. Bei den herausgedrehten Lampen handelte es sich um eine Gesamtleistung von 156 Watt und damit um eine Energieeinsparung von rund 20%.

Weitere Einsparungen wären durch eine veränderte Anordnung der Lampen sowie eine separate Schaltung einer jeden einzelnen Lampenreihe möglich. Auch ein gesamter Austausch gegen moderne Reflektoren würde seine Wirkung zeigen. Bei einer Wiederholung dieser Arbeiten in weiteren 22 Klassenräumen unserer Schule würde man eine Einsparung von ca. 3000 Watt erzielen. In bezug auf die Energieleistung von 25.000 Watt (Lichtleistung) für die gesamte Schule wäre das eine Einsparung von 12 %. Die Kosteneinsparung läge sogar über diesem Wert, da sich die Veränderungen auf die Klassenräume beziehen, die im Gegensatz zu Nebenräumen ständig beleuchtet sind.

Bild 2: Schlechter Zustand von Licht- bzw. Beleuchtungsanlagen

Bild 3: Raum mit bereits modernisierter Beleuchtungsanlage

3. Untersuchungen zum Schadstoffausstoß unserer Schule im Schuljahr 1994/95

In diesem Schuljahr haben wir für unsere Schule folgende Verbrauchsdaten ermittelt:

Elektroenergie in KWh: 44.240   Heizöl in Liter: 79.377

Nach dem Bundeswert von 1988 wurden für die Erzeugung von 1 KWh unter anderem folgende Schadstoffe produziert:

Kohlendioxid:	0.6 kg
Stickstoff:	400 mg
Schwefeldioxid:	400 mg
radioaktiver Abfall:	28 mg
Plutonium:	0,01 mg (1/Seite 5.2.)

Bei der Verbrennung von einem Liter Heizöl entstehen unter anderem folgende Gasmengen:

Kohlendioxid:	2,643 kg	
Schwefeldioxid:	4 g	(2/Seite 60)

Daraus ergeben sich für unsere Schule folgende Gesamtschadstoffmengen:

Kohlendioxid:	236.000 kg
Schwefeldioxid:	335 kg
Stickstoff:	17,7 kg
radioaktiver Abfall:	1,2 kg
Plutonium:	0,44 g

Ein durchschnittlicher Baum bindet rund 20 kg Kohlendioxid pro Jahr. Für unsere Schule alleine benötigten wir für den Umwandlungsprozeß in Sauerstoff etwa 11.800 Bäume. Bei einem Platzbedarf von 25 Quadratmeter pro Baum (Fichte) kämen wir auf eine Waldfläche von 300.000 Quadratmeter. (1/Seite 1.11) Einen Flächenvergleich zeigt uns der Stadtplanausschnitt.

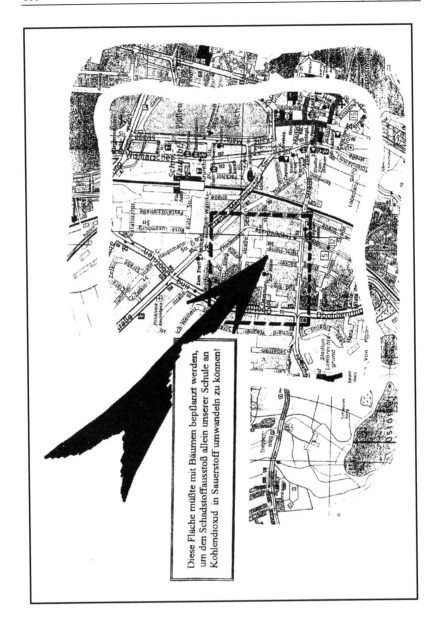

Diese Fläche müßte mit Bäumen bepflanzt werden, um den Schadstoffausstoß allein unserer Schule an Kohlendioxid in Sauerstoff umwandeln zu können!

Literaturverzeichnis:

(1) Wege zur Niedrigenergieschule - ein Beitrag zum praktischen
     Klimaschutz / Hermann Veeser
(2) ASKA - Eine Schule spart Energie
(3) Tat-Ort Schule / Greenpeace e.V.

Schüler testen Schüler

Eine schulinterne Evaluation

Walter Krohn

1. Vorbemerkung

Dieser Beitrag verzichtet auf eine theoretische Begründung des Vorhabens sondern stellt nur die Kurzfassung eines Stückchens Unterricht dar. Wer davon profitieren kann, wird das tun, auch wenn am Ende des Textes keine Bilanzen, Ausblicke oder andere schönredende Dinge stehen.

2. Die Voraussetzungen

Unsere Schule, das Goethe-Gymnasium in Hamburg-Lurup, nimmt am Fifty-fifty-Projekt teil, die vielen kursbezogenen, klassenweisen Aktivitäten werden kaum in der Schulöffentlichkeit wahrgenommen, wenn nicht gerade in den Räumen gemessen wird. Es gibt keine Koordination von Unterricht zum Thema Energiesparen.

Im Gemeinschaftskunde-Grundkurs macht sich im dritten Semester eine gewisse Lähmung breit, das Abitur naht, der Winter auch. Thema sind die „Grundfragen der Politik". Es bietet sich an, die Akteure im politischen System zum Thema Agenda 21, Klimaschutz, Energiesparmaßnahmen vorzustellen und eigene Handlungsspielräume zu bestimmen. Die Haltungen der Schüler schwanken zwischen „Da kann man sowieso nichts machen" und „ Ob wir da nun etwas machen oder nicht, interessiert sowieso niemanden." Und die eigene Trägheit wird ironisch angemerkt.

Um den Erfolg des Kurses besser bestimmen zu können, gebe ich vor, daß am Ende eine nachweisbare Einsparung an CO_2 stehen soll.

Wir versuchen zunächst, einen Bereich zu finden, wo noch keine allzu festen Gewohnheiten und politischen Einstellungen zu finden sind. Die Schülerinnen und Schüler entscheiden sich deutlich gegen ein vertieftes Arbeiten zum Thema Energiesteuer, das sei zu abgehoben, interessiere sowieso niemanden, da könne man sicher gar nichts erreichen, Anschreiben an Politiker brächten sowieso nichts. Statt dessen wird politisches Handeln heruntergedefiniert zu praktischem Tun. Doch wo und was?

Die Schülerinnen und Schüler ermitteln Verbrauchswerte im Haus, erfragen ihre Strom- und Heizkosten, gefahrene Jahreskilometer und legen sich dann doch auf den Bereich der Schule fest. Man möchte zuhause keine Debatte über die Heizrechnung, das Lüften, das Duschen anzetteln und trage die Kosten ja sowieso nicht. Das Thema „Autofahren" wird ausgeklammert, man vermutet bei sich und anderen zu festgefahrene Einstellungen und Verhaltensweisen. Ein Blick auf die Daten der Schule, die andere Klassen ermittelt haben, rückt die Heizung in den Blick. **Im Januar 1996 wird die Schule DM 13.501,-- für das Gas der Heizung bezahlen!**

3. Gewohnheiten ändern! Auch die eigenen?

Eine Doppelstunde und ein Rundgang durch die Schule genügen, um zu klären, wodurch am meisten Heizungswärme verlorengeht, daß wir entscheidende bauliche Mängel bei den Klassenräumen nicht ausgleichen können, daß wir keine Isolierfolien (Styropor mit Alufolie beschichtet) hinter den Heizungen empfehlen wollen. Leider gelingt es nicht mehr, in den kommenden Wochen eine Aufnahme der Gebäudefronten mit einem wärmeempfindlichen Film machen zu lassen. Damit tritt das ganze Thema der Wärmeschutzverordnungen in den Hintergrund. Es bleibt daher bei so scheinbar banalen Dingen wie den offenen Türen und den gekippten Fenstern, wenn Schüler in die Pause, in die Fachräume oder eben am Ende des Schultages nach Hause gehen. Etwas amüsiert weisen einige Raucher darauf hin, daß sie selbst gern im warmen Durchzug in der offenen Tür stehen. Niemand geht darauf ein. Wir definieren als Ziel, nicht in der ganzen Schule, wohl aber in der Klassenstufe 5 („Die sind am ehesten zu begeistern") für einen Monat ein verändertes, energiebewußtes Verhalten zu erreichen. Die vier fünften Klassen sitzen alle in einem Gebäudeblock mit einer Außentür und sind noch neu an der Schule. Ein Wettbewerb zwischen ihnen wird zu Kontakten führen. Die Schülerinnen und Schüler möchten nicht als Lehrerersatz auftreten und Vorschriften machen wie „Tür zu! Licht aus!" So ist eine Verhaltensänderung sicher nicht zu erreichen, wie sie aus Erfahrung zu wissen behaupten.

4. Der Wettbewerb

Der Kurs konzipiert einen Wettbewerb zwischen den Klassen und bepunktet die Schwere der Verstöße gegen das Energiesparen bzw. prämiiert richtiges Verhalten. Geschlossene Türen zum Flur: 4 Punkte, geschlossene Fenster: 3, Stoßlüften in den Pausen: 3, zugezogene Vorhänge: 2, Licht aus: 1. Der Wettbewerb läuft über 4 Wochen. In der zweiten Woche wird der Kurs jeden Tag jede Klasse in jeder Pause und nach Schulschluß kontrollieren. Die Punkte werden an die Tafeln geschrieben, Hausmeister und Putzpersonal werden informiert, damit niemand die Vorhänge aufzieht.

Die Schüler erhalten zwei Stunden „Energieunterricht", in denen ihnen mit einfachen Experimenten (s. Anhang) erklärt wird, warum sie wie lüften sollen und wie überhaupt Wärme „verlorengehen" kann. Dabei wird ihnen der Wettbewerb vorgestellt. Der Kurs hat entschieden, daß DM 100.-- für die Klassenkasse, ein extra Wandertag, ein Tag ohne Hausaufgaben und ein Berg Gummibärchen angemessen abgestufte Belohnungen sind. Es wird sich zeigen, daß die Fünftklässler an Geld nun gar kein Interesse haben, aber sehr viel an einem hausaufgabenfreien Nachmittag und einem Wandertag! Dies gehört zu den Dingen, die der Kurs später als bemerkenswert heraushebt.

Die Zustimmung der Klassenlehrer wird eingeholt, der Unterricht beginnt gleich nach der Weihnachtspause, der Wettbewerb geht Mitte Januar los.

Übrigens ist das Wetter 1996 sehr günstig, erst im April ist der Boden wieder offen, es herrscht im Januar starker Frost.

Es entsteht im Kurs ein Unmut darüber, daß man nun andere das machen läßt, was man selbst wohl nicht hinkriegt, nämlich sein eigenes Verhalten zu ändern. Man befürchtet unangenehme Fragen aus den fünften Klassen. Wir überlegen, was wir baulich vielleicht doch ändern können und nehmen uns die Pausenhalle vor.

Dort wird zwar nur auf 14^0 Celsius aufgeheizt, doch stehen die Heizkörper direkt vor großen Glasscheiben. Zur Wetterseite hin sind es Doppelscheiben, zum Innenhof hin sind es noch einfache Scheiben, man glaubt es kaum. Die großen Glasflächen müssen bleiben, schließlich soll es in der Pausenhalle hell bleiben, doch direkt hinter den Heizungen sind kleinere Scheiben von der Größe 1700 mm x 660 mm, von kräftigen Holzrahmen umgeben. Könnte man diese Flächen, 8 Scheiben, auf 14 Meter Länge, nicht isolieren? Die Suche nach Isolierstoffen, beurteilt nach ihren Wärmedurchgangswerten, der Rat eines Vertreters von Isofloc und viele kleine Überlegungen - Styropor ist viel zu energieaufwendig hergestellt - münden in einen Bauantrag an Umweltbehörde, Bezirksamt und Schulbehörde. Nach vielem Hin und Her wird plötzlich schnell entschieden, die Kosten von über DM 1200.-- übernimmt die Umweltbehörde, „Fifty-fifty" sei Dank!!

5. Ergebnisse

Das Thema „Energiesparen" beschäftigt den Kurs immer wieder für einzelne Stunden über Monate hinweg, und das ist eigentlich das mir wichtigste Ergebnis. Endlich mal kein Thema, das mit der Klausur abgehakt ist. Es dauert Wochen, weil erst der Energiesparunterricht in den 5. Klassen beendet sein muß und erst dann aufgeteilt werden kann, wer wann durch die Klassen geht und bewertet. Die Preisverleihung nach Ablauf der vier Wochen muß besprochen werden. Jede Mitteilung der Behörden zu unserem „Bauantrag" führt wieder zum Thema zurück und schließlich, kurz vor der Unterrichtsbefreiung zum mündlichen Abitur, ist es dann so weit, wir füllen die Fächer vor den Scheiben mit Isoflocplatten, stauben fürchterlich ein, decken die Isolierung mit Birkenholz aus Rußland (kein Tropenholz in Gestalt von Furnier!) und drucken darauf mit Kartoffeldruckstempeln die Zahl der Bäume, die nötig sind, um den Ausstoß von CO_2 der Monate Januar und Februar allein zu binden: 3100 große Fichten müßten ein Jahr lang wachsen...

Wir hätten natürlich auch die Menge an CO_2 darstellen können, die unsere Isoliermaßnahme einspart - doch das erschien uns zu wenig. Mit hohem Arbeitsaufwand und viel Geld, das sich erst über Jahre wieder einsparen läßt, kann man also an bestehenden Gebäuden die Wärmedämmung verbessern. Das ist eine Einsicht, die den Fünftklässlern sicher nicht beizubringen ist, doch sie haben gesehen, daß die gleichen Oberstufenschüler, die im Februar den Wettbewerb gemacht haben, selbst etwas beitragen.

Einen Monat später, vor den Frühjahrsferien, gehen wir wieder durch die Klassen und sehen, welche Klasse noch immer die Sparregeln befolgt. Wir stellen erstaunt fest, daß sich durch die Unterstützung der Klassenlehrer bei allen tatsächlich eine Gewohnheit herausgebildet hat. Nur die Vorhänge werden nicht mehr zugezogen. Wir bereuen, daß wir die Punktelisten weggeworfen haben, denn sonst könnte man jetzt mit Statistiken aufwarten und prüfen, wie deutlich die Verhaltensänderung ist. Wir vergeben einen Sonderpreis, einen weichen Fußball, und erinnern so an das Thema. Dann schließen wir das Thema für uns ab.

6. Zusammenfassung

Wir haben uns völlig von unserer Zielsetzung entfernt. Wir wollten eigentlich feststellen, wo die Schwierigkeiten sind, politisch im weitesten Sinne zu handeln und haben uns denjenigen Bereich, die Schule, ausgesucht, in dem es tatsächlich am leichtesten ist, etwas zu verändern. Von politischen Konflikten im weitesten Sinne ist nichts zu spüren gewesen. Die Schüler haben völlig unterschätzt, wie gern Fünftklässler Dinge tun, die ihnen vernünftig erscheinen und die einem Wettbewerb ähneln. Die Preise haben sich als reichlich nebensächlich herausgestellt, alle hätten lieber keine Hausaufgaben oder den Wandertag gehabt.

Im Februar und März und den Monaten danach stehen in den Oberstufengebäuden die Türen offen wie immer, Licht brennt in leeren Klassenräumen, selbst diejenigen, die im Kurs über Wochen hin sich mit dem Thema befaßt haben, wollen sich nicht streiten mit denen, die sich so offensichtlich falsch verhalten. Das sei Sache der Lehrer, höre ich. Ansonsten bleibt es bei einem Achselzucken.

Und dann ist April und das Abitur ist viel wichtiger.

Literaturangaben

Aus der Fülle der Literatur möchte ich nur eine Broschüre herausgreifen, die ich während des Unterrichts immer wieder in die Hand genommen habe und nach der auch die angehängten Stundenvorschläge gearbeitet sind:

Veeser, Herrmann: Wege zur Niedrigenergieschule - ein Beitrag zum praktischen Klimaschutz. Herausgegeben vom Landesinstitut für Erziehung und Unterricht, Stuttgart, Rotebühlstr. 133, 70196 Stuttgart.

Anhang

Erste Stunde zum Thema „Energiesparen" in Klasse 5/6

Thema: Richtiges Lüften

Materialien: 15 Kerzen, Streichhölzer, Metallfolie (Bastelpapier aus der Weihnachtszeit), Scheren, Nadeln, Nähgarn, 1 Kasten mit Styroporchips, Thermometer, mindestens 2 Digitalthermometer, Gläser, Alufolie, Rotlichtlampe, evtl. Verlängerungsschnur

1. Teil: Warme Luft steigt auf

Die Schüler basteln eine Spirale, hängen sie an einem Bindfaden auf und lassen sie sich über einer Kerze drehen. Ausfüllen des Arbeitsbogens (s. Anlage).

Anwendung: Warme Luft steigt nach oben? Wie warm ist es dann an verschiedenen Stellen im Klassenraum?

Der Lehrer skizziert an der Tafel schematisch den Klassenraum, möglichst räumlich, mit der Tür und den Fenstern. Lehrer und Schüler legen gemeinsam Meßpunkte fest.

Es macht sich gut, bei der Erarbeitung einen Schüler am Boden messen, dann sich aufrichten und so weit oben messen zu lassen, wie weit er eben reichen kann. Dabei werden die Werte laut angesagt. Man kann die Werte in die Tafelskizze übertragen und später in den Arbeitsbogen übernehmen.

Zwischenergebnis: Die Schüler haben eine Vorstellung von der Verteilung der warmen Luft im Raum.

2. Teil: Was passiert, wenn man lüftet?

Die Schüler haben die erstaunlichsten Vorstellungen, wenn man sie fragt, wie sich die warme Luft bewegt, wenn man das Fenster kippt. Die Schüler sollen sich festlegen - wie wird sich die Kerzenflamme bewegen, wenn man sie an die Seite, ans offene, gekippte Fenster hält?

Es funktioniert an windstillen Tagen sehr gut mit Teelichten, die einen längeren Docht haben. Tatsächlich, unten weht die Kerzenflamme nach innen, oben nach außen. Daß einige Schüler auf der Fensterbank stehen müssen, macht nichts.

Ausfüllen des Arbeitsbogens. Oben: Die Flamme zeigt nach außen.

Unten: Die Flamme weht nach innen. Erklärung: Die kalte Luft fällt nach innen, die warme Luft entweicht oben nach draußen.

Mit blauer Kreide werden nun in dem Schema des Klassenraumes die Bewegungen der kalten Luftmassen eingetragen, mit roter die der warmen.(An dieser Stelle kann man einige der Werte von der Tafelskizze übernehmen). Damit ist klar, worauf die Stunde hinausläuft. So ist Lüften nicht sinnvoll. Die Skizze darunter soll zeigen, wie man stoßlüftet. Erfahrungsgemäß haben die Schüler hier viele Einwände. Man kann aber erneut messen, wenn die ganze Zeit während des Ausfüllens und des Gesprächs die Fenster gekippt gewesen sind, nachdem also die Kerzenversuche gemacht wurden. Die ersten Schüler bekommen nämlich schon kalte Füße! Mit den Digitalthermometern kann man nachmessen. Wer will schon kalte Füße und einen warmen Kopf? Lüften soll außerdem für bessere Luft sorgen! Und bei gekippten Fenstern kühlen die Wände stark aus. Also: **Kipplüften ist Unsinn, Stoßlüften ist sinnvoll.**

Achtung! Bei uns warnt der Hausmeister davor, einige der großen Kippfenster zu kippen! Sie sind etwas marod. Die Pausenaufsicht muß ihn fragen!

Was erwärmt denn nun die kühle Luft? Die Schüler nennen ziemlich schnell nach den Heizungen die Wände. Strahlung ist ein Phänomen, das man auf dieser Altersstufe nur erfahren kann. Die Schüler können kaum begründen, warum sie glauben, daß die Wärme in das Glas hineinkommt, wenn man es mit der Rotlichtlampe bestrahlt. Der folgende Versuch zeigt dann, daß es so ist.

Jeder Schüler sollte einmal bewußt die Wärmestrahlen auf der Hand gespürt haben!

3. Teil (kann auch wegfallen, ist aber interessant!)

Optimal wäre für zwei Schüler je eine Lampe, aber das ist zuviel Aufwand. Will man sehr gründlich sein, läßt man den Versuch richtig protokollieren, was diejenigen beschäftigt hält, die gerade nichts sehen. Ein Erlenmeyerkolben oder ein anderes Glas mit engem Hals wird mit Alufolie verschlossen, ein Thermometer hindurchgestoßen und vor die Wärmelampe gehalten.

Wird die Luft im Glas wärmer? Gehen die Wärmestrahlen durch das Glas? Wie schnell geht das?

Die Schüler haben wieder die erstaunlichsten Ideen... Mit der Rotlichtlampe genügen fünf Minuten, und die Luft ist schnell auf über 30 Grad erwärmt. Nun kann man die Lampe ausschalten. Wo bleibt die Wärme? Geht sie durch das Glas einfach wieder heraus?

Das wäre dann die Überleitung zur 2. Stunde.

(Wenn man es darauf anlegt, kann man die Spiralen vorgefertigt mitbringen, gewinnt 10 Minuten und kann die Versuche sogar teilweise durchführen.)

Zweite Stunde zum Thema „Energiesparen"

Thema: Läßt sich Wärme einsperren? Auf der Suche nach Wärmelecks

Materialien: Für 3 Schüler je ein Glas, 1 Thermometer, Kasten mit Styroporchips, Thermoskanne mit heißem Wasser, wenn man nicht im Fachraum ist, Schals, Handschuhe, was immer Schüler im Winter haben.

Einstieg: Ein Schüler taucht seine Hand in einen Kasten voller Styroporchips. Woher kommt die Wärme, die er spürt? Warum entweicht sie nicht?

In Gläser wird warmes Wasser eingefüllt, das einen warmen Körper darstellt oder den warmen Klassenraum. Ob wichtig ist, wie hoch die Temperatur des Wassers ist? Geht bei hoher Temperatur auch viel Wärme schnell verloren? Wie kann man Wärme gut einsperren?

Entweder man führt die Versuche parallel durch, arbeitsteilig oder nacheinander.

1. Ablesen eines Thermometers, Sicherheitsmaßnahmen

Schüler suchen sich die Quecksilbersäule (es gibt noch Quecksilberthermometer an der Schule), lesen ab, fassen an der Perle an und verfolgen das Ansteigen, bis es nicht mehr steigt und lassen los. Nun sieht man, wie es langsam wieder fällt. In ruhigen Klassen geht das gut.

2. Wie schnell geht Wärme verloren?

Der Arbeitsbogen wird ausgeteilt, die Anweisungen werden erläutert. Gläser werden mit möglichst gleich heißem Wasser gefüllt - einige nur mit warmem Wasser. Ein Schüler sagt die Zeit an, der Lehrer bereitet an der Tafel die Tabelle vor oder hat die Folie vom Arbeitsbogen. Die Werte werden erfaßt und ausgetauscht, d.h. in alle Bögen eingetragen.

Das Ergebnis wird formuliert! **Je größer der Temperaturunterschied, desto höher der Wärmeverlust!**

3. Wie kann man Wärme einsperren?

Die Schüler haben meist recht gute Ideen, viele wickeln spontan ihre Gläser in Schals ein (und vergessen dabei meist den Boden!). Gibt man einer Gruppe leise den Tip, hat man nachher einen guten Vergleich. Eine Gruppe wollte den Styroporkasten haben und streute Chips auf die Wasserfläche! Und das in Klasse 5!

Weiter wie oben. Und zum Schluß kann man sogar herausbekommen, was am besten isoliert.

4. Auswertung im Klassenraum und in der Pausenhalle

Es ist nun recht einfach, im Klassenraum die Stellen zu finden, wo die größten Temperaturunterschiede sind, wo also am meisten Wärme verlorengehen dürfte. Das sind die Stellen hinter den Heizungen, die Heizungsnischen und die Fenster. Daß eine dickere Wand besser isoliert, leuchtet unmittelbar ein, und man kann es dabei belassen. Genauere Erklärungen sind wohl nicht altersgemäß.

Die Schüler können fühlen, wie warm die Scheiben sind direkt über der Heizung und weiter oben. Man könnte auch mit dem Digitalthermometer messen.

Auf der Wetterseite gegenüber hatte die Behörde selbst schon eine Isolierung vor den unteren Scheiben angebracht, so auch im Flur vor dem Hörsaal. Man kann schon gut mit den Kindern über Doppelfenster und Isolierglas sprechen, auch wenn sie die Zusammenhänge nicht voll begreifen. Wichtiger ist der nächste Schritt:

Welche Dämmmöglichkeiten hätte man denn im Klassenraum? Die Schüler kennen meistens nicht die Wärmestrahlen reflektierende Wirkung von Alufolie. Aber vielleicht sollte man sie auch gar nicht auf diese Idee bringen. Schließlich ist Alufolie ein Stoff, der mit extrem hohem Energieverbrauch hergestellt wurde.

Statt dessen sollte man sie in der nahenden Pause oder gleich in der Stunde in die Oberstufengebäude führen. Wo geht hier Wärme verloren?

Und man ist beim Thema:

Wann stehen die Türen offen? Wann geht die ganze Wärme heraus? **Ob es etwas nützt, nach dem Unterricht die Vorhänge zuzuziehen? Die Schüler haben ja gelernt, daß eine Luftschicht gut isoliert.** Es bietet sich an, zwei Klassen zu vergleichen und morgens mit dem Digitalthermometer zu messen.

5. Ankündigung eines Energiesparwettbewerbes und Besprechen der Maßnahmen (Türen zu, Licht aus, Stoßlüften, Vorhänge zuziehen nach Unterrichtsschluß und vor allem auf dem Weg zum Fachraum nicht vergessen, was zu tun ist.)

Wenn die Organisatoren des Wettbewerbs ein Plakat angefertigt haben, wird es aufgehängt.

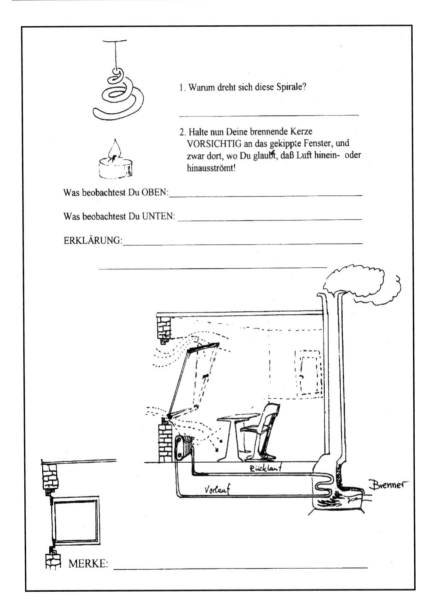

1. Warum dreht sich diese Spirale?

2. Halte nun Deine brennende Kerze
   VORSICHTIG an das gekippte Fenster, und
   zwar dort, wo Du glaubt, daß Luft hinein- oder
   hinausströmt!

Was beobachtest Du OBEN:

Was beobachtest Du UNTEN:

ERKLÄRUNG:

MERKE:

Versuche zum Thema „Wärmelecks"

1. Halte das Thermometer so, daß Du die Flüssigkeitssäule in der
Mitte erkennen kannst. Lies die Temperatur ab! ACHTUNG! Nicht an die
„Perle" unten am Thermometer fassen!

2. Du bekommst ein Becherglas gefüllt mit heißem oder warmem Wasser.
Miß die Temperatur des Wassers, bis sie nicht mehr steigt.
Welches Glas wird wohl seine Wärme schneller verlieren?

START	
1. Minute	
2. Minute	
3. Minute	
4. Minute	
5. Minute	

ERGEBNIS: *Je größer der Temperaturunterschied, desto größer*
der Wärmeverlust

Hülle nun die Gläser in irgendetwas ein, das den Verlust von Wärme verhindert!
Was könnte das sein?

Wiederhole den Versuch nun mit dem „isolierten" Glas!

START	
1. Minute	
2. Minute	
3. Minute	
4. Minute	
5. Minute	

ERGEBNIS: *Die im Styropor festhaltene Luft isoliert*
am besten!

„Energiesparen!"

Eine Schule macht sich auf den Weg

Klaus Steup

Die integrierte Gesamtschule Busecker Tal wurde im Schuljahr 1970/71 gegründet. Ein Jahr später zogen die Lerngemeinschaften mit ihren Lehrkräften aus den provisorischen Schulbaracken in ein damals in Billigbauweise neu erstelltes und inzwischen längst wieder sanierungsbedürftiges Gebäude am Ortsrand der Kerngemeinde Buseck im Landkreis Gießen ein.

Wie in den meisten integrierten Gesamtschulen „erlebten" die Schüler/innen der 70er Jahren ihre Schulzeit zwar in kreativer, aber häufig auch in orientierungsloser Hektik: Extreme äußere Leistungsdifferenzierung sowie ständiger Lerngruppen- und Lehrer/innenwechsel bestimmten den normalen Schulalltag. „Lernziel- und wissenschaftsorientierte" Inhalte wurden dem Zeitgeist entsprechend eher über einen „verkopften" Unterricht im Klassenraum vermittelt. Der Einsatz von Medien verschiedenster Art ersetzte dabei die lebendige Realität, die oft direkt vor der Klassen- oder Schultür „zum (Be-)Greifen nahe" war. Das sollte sich in Buseck ändern: Kreativität, Neugierde und Phantasie als Erschließungskategorien bereicherten die pädagogische Diskussion für einen anderen Unterricht.

Derzeit besuchen über 1.000 Schülerinnen und Schüler der 5. bis 10. Klassen aus den umliegenden Ortschaften zweier Großgemeinden (ca. 20.000 EW) diese Schule, die inzwischen als eine von 12 hessischen „ökologisch orientierten Schulen" nicht nur kultusministerielle Anerkennung gefunden hat, sondern auch diverse Umweltpreise entgegennehmen konnte.

Kollegium und Elternschaft fühlen sich bis zum heutigen Tag den Ideen einer integrierten und offenen Gesamtschule verpflichtet und haben sich gemeinsam an diesbezüglichen Reformschritten beteiligt: Minimierung der äußeren Leistungsdifferenzierung zugunsten stabiler Lerngruppen, die idealer- und sinnvollerweise lange mit möglichst wenig Lehrkräften („Klassenlehrer/inprinzip" bis Klasse 10) im Idealfall „handlungsorientiert" Themenfelder oder sogar fächerübergreifende „Projekte" erschließen können.

Die Bildung von Jahrgangsteams sowie die Arbeit mit Unterrichtsplänen (Wochenplanarbeit) sind dabei wesentliche Entwicklungselemente des schulischen Konzeptes, das inzwischen an drei Wochentagen ganztagsähnliche Unterrichtsangebote einschließt. An diesen Tagen werden den Schülerinnen und Schülern nach einem Mittagstisch unterschiedliche Betreuungs- und Fördermaßnahmen sowie freiwillige Arbeitsgruppen angeboten.

Eine „Konzeptgruppe" arbeitet derzeit an einer verbesserten Schulstruktur und entwickelt Vorschläge zur Rhythmisierung und zu offenen Unterrichtsformen, wobei außerschulische Lernorte noch stärker als bisher in die Lernarbeit der Schule integriert werden sollen, die bereits seit Jahren während der Unterrichtszeit ohne den störenden Gong oder anderer Pausensignale auskommt.

Seit 1979 findet praktisches und handlungsorientiertes Lernen auch in der inzwischen vielfältig ausgestalteten „Öko-Station" statt! Wie kam es dazu?

Es war ein langer und beständiger Weg, auf den sich zunächst ganz wenige Beteiligte begaben. Und das anfangs auch nicht aus „ökologischen Gründen", vielmehr sollte das schnittrasengepflegte Schulgelände als Arbeitsbereich für Schüler/innen die Lernarbeit im Klassenraum ergänzen und neue Handlungsfelder erschließen. So entstand als Pionierarbeit zuerst mit einer freiwilligen Arbeitsgruppe ein kleiner Teich in dem jetzt sogenannten „Schulgarten", der in den Folgejahren sukzessive ausgebaut und erweitert wurde.

Den Lerngruppen stehen heute nunmehr auf einem ca. 18.000 qm großen Außengelände unterschiedliche Einrichtungen zur Verfügung: ein oberhessischer Bauerngarten, zwei Kräutergärtchen, ein Gewächshaus, eine Vogelbeobachtungshütte, ein Freilichttheater, verschiedene Gesteinsbiotope, zwei Amphibienteiche, eine Tierfarm (Hühner, Gänse, Schafe, Bienen), ein restaurierter Traktor mit Mähbalken und Anhänger, eine Trockenwiese mit Obstgehölzen, mehrere Feldholzinseln usw.

Seit drei Jahren existiert daneben die „Lernwerkstatt Umwelt" in einer ehemaligen Hausmeisterwohnung und bereichert das Schulgartengelände zusätzlich. Sie bietet sowohl für Schülerinnen und Schüler als auch für vielfältige Zwecke der Lehrer/innnenfort- und -weiterbildung (im Auftrag des Hessischen Kultusministeriums - HILF) ökologische Betätigungsmöglichkeiten. Ebenfalls auf dem Gelände hat sich in Kooperation mit der Schulgemeinde das „Zentrum für Arbeit und Umwelt" mit seinen Gewächshäusern und Freibeetflächen angesiedelt. Dort werden Arbeitsplatzintegrationsmaßnahmen durchgeführt und Gärtner im Gemüse- und Zierpflanzenanbau ausgebildet. Somit eröffnen sich weitere Möglichkeiten, um sich als Schule für außerschulischen und berufliche Lernfelder zu engagieren.

Nachdem wir uns in den ersten Jahren eher dem Thema „Natur" unter biologischen Aspekten gewidmet hatten, sind also dann aus einsichtigen Gründen aufgrund ökologischer Gegebenheiten und Notwendigkeiten weitere Arbeitsschwerpunkte hinzugekommen, die man unter dem Stichwort

„schonender Umgang mit Energie und natürlichen Ressourcen" subsumieren kann. Wir „Gärtner/innen" wollten und konnten uns dem nicht mehr entziehen und erkundeten in verschiedenen Lerngruppen mit dem „Blick über den Schulgartenzaun hinaus" gefährdete Naturräume (Wattenmeer/Alpen) und präsentierten die Exkursionsergebnisse der daheimgebliebenen Schulgemeinde mittels selbstgestalteten Ausstellungen, Exkursionsberichten, Diavorträgen oder Videofilmen.

Wurden die ökologischen Themenbereiche daheim während der normalen Unterrichtszeit aber zunächst eher modellhaft und workshop-artig erschlossen (Experimente mit Regenwasssernutzung, solarer Wasseraufbereitung und Photovoltaik), so gingen wir folgerichtig mehr und mehr an die Arbeiten „mit Ernstcharakter", und zwar „am und im eigenen Haus", zumal sich zwischenzeitlich weitere Lehrkräfte bereit erklärt hatten, in und außerhalb der Unterrichtszeit dabei mitzuwirken und ihr Fachverständnis einzubringen.

Hier bot sich als ein wesentliches Untersuchungsobjekt vor allem die marode Bausubstanz des Schulgebäudes an, die in unverantwortlicher Weise als „Energieschleuder" ins Auge sticht. Den Lehrkräften, die die ökologische Arbeit der Schule koordinieren, war es bald klar, daß eine wirkungsvolle Verbesserung der Energiebilanz nicht ohne die aktive Mithilfe „außerschulischer Experten" und Instanzen zu erreichen sein wird, sofern die Umsetzung von notwendigen investiven Maßnahmen abhängt. Andererseits gilt es aber auch - im nichtinvestiven Bereich - das Nutzerverhalten grundsätzlich und „nachhaltig" zu verändern. Parallel dazu gab es im Kollegium einen mehrheitlichen Konsens: Wir müssen uns aktiv „einmischen", um gegenüber unseren Schüler/innen glaubwürdig in Sachen Ökologie auftreten zu können. Allein im Normalunterricht wird dies kaum machbar sein!

In den verschiedenen Projekten gingen wir also weiter „auf dem Weg zu einer ökologischen Schule", mit der Lehrer/innenschaft: ein erweiterter aktiver Kreis von einem Dutzend, unterstützt durch eine Schulleitung, die ebenso wie der Hausmeister bis heute „hinter der Sache" steht, und einer mitwirkenden Elternschaft. „Pädagogische Tage", „Runde Tische" und erweiterte Unterrichtsangebote sollten die Arbeit voranbringen.

Im Rahmen des Wahlpflichtunterrichtes und des Ganztagsangebotes entstanden langfristige Projekte mit halbjährlich bzw. jährlich wechselnden Lerngruppen und Arbeitsgemeinschaften (Betreiben einer Fahrradwerkstatt, Einrichtung eines Pausenkiosks mit einem „gesunden" Angebot, Kochgruppen sorgen für den Mittagstisch, ökologisch orientierte Projekte im Schulgarten und in der Lernwerkstatt usw.). Dabei spielte der schonende und sparsame Umgang mit Ressourcen immer deutlicher eine wichtige Rolle.

Hier sollen nur zwei Arbeitsschwerpunkte der Schulgemeinde hervorgehoben werden, die uns auf dem „Energiespar-Trip" wesentlich vorangebracht haben:

1. **Initiativen zur Realisierung des Projekts „Bau eines Energiesparlabors"**

2. **Initiativen im Zusammenhang mit den Neubau- und Sanierungsmaßnahmen der Schule.**

Zu 1.: In unseren Schulgartenprojekten waren wir - auch aus Kostengründen - immer wieder zum Sparen angehalten. Nicht nur die Einrichtung, sondern auch das Betreiben und die Unterhaltung eines Gewächshauses zu Beginn der 80er Jahre konnte nur realisiert werden, indem wir an die Winterbeheizung „sparsam" herangingen und über einen Ventilator die Abwärme des damals noch „hochtemperierten" Heizungskellers nutzten. So waren es deshalb in erster Linie ökonomische Bedingungen, die uns zu ökologischen Handelsweisen veranlaßten. Gleichzeitig installierten wir ein Regenwasser-Auffangsystem zur Bewässerung unserer selbst angezogenen Pflanzen. Nach ersten Experimenten mit Sonnen-, Wind- und Wasserenergienutzung wagen wir uns inzwischen an die Errichtung eines Energiesparlabors heran:

Die Öko-Station in Verbindung mit der Lernwerkstatt Umwelt wird heute als Begegnungs- und Arbeitsstätte ganzjährig genutzt. Die exponierte Südlage, verbunden mit Energiesparüberlegungen führten zur Planung eines alternativen Konzeptes, um uns hier schrittweise „vom Netz" zu lösen, um quasi energieversorgungsautark zu werden. Eine Photovoltaikanlage, mit einer Schüler/innenarbeitsgemeinschaft installiert (12 V erweisen sich bei den Arbeiten als ungefährlich), und eine thermische Anlage mit Sonnenkollektoren sollen dies ermöglichen. Bereits vorhanden ist ein kleiner Windgenerator, mit dem Akkus für unseren Schafweidezaun aufgeladen werden sollen. Einzig die Beheizung in den Wintermonaten ist zur Zeit noch nicht alternativ zu realisieren. Sie wird neuerdings von einem inzwischen installierten Blockheizkraftwerk (!) des Stromlieferanten (Stadtwerke Gießen) zu betreiben sein. Nicht unerheblich haben die schulischen Initiativen dazu geführt, daß diese Anlage „ans Netz" gegangen ist.

Es sollen hier kontinuierliche Arbeitsmöglichkeiten für Lehrkräfte und Lerngruppen im angebauten Energiesparlabor geschaffen werden, z.B. durch die Einrichtung einer Meßstation zur Auswertung der Effektivität regenerativer Energiequellen und einer weiteren Akku-Ladestation, die eine kostenlose Stromspeicherung - neben anderen Zwecken - auch für alle „walkfrauen und -männer" der Schulgemeinde ermöglichen soll.

Mit der Unterstützung ortsansässiger Firmen (Sponsoring), der Mitwirkung des Hausmeisters und durch vielfältige Eigenleistungen konnte bisher das

Fundament gegossen, der Fußboden verlegt und das Holzgerippe gezimmert und aufgebaut werden. Die Verglasung ist in Auftrag gegeben (Materialspende) und wird selbst eingebaut. Ein gebrauchter Solarspeicher konnte beschafft werden, ebenso wie das nötige Kupferrohrmaterial und eine Umwälzpumpe. Für die thermische und photovoltaische Nutzung der Sonnenenergie als Kernpunkt der Versorgung von Öko-Station, Lernwerkstatt und Energiesparlabor werden die entsprechenden Solarpaneele und Sonnenkollektoren, einschließlich der Wärmetauscher sowie der elektrischen Steuergeräte (zum Teil als Bausätze) im Frühjahr 1997 installiert. Soweit wie möglich werden bei allen Eigenleistungen Schülerinnen und Schüler in die Arbeiten miteinbezogen.

Inzwischen hat auch das Hessische Umweltministerium für die Realisierung des Projekts eine finanzielle Unterstützung zugesagt.

Zu 2.: Als die Schülerströme zur Gesamtschule Busecker Tal immer größer wurden und der zunächst vom Schulträger vorgesehene Anbau aus Gründen „leerer Staatskassen" auf der Kippe stand, gelang es uns, während einer Demonstration aller Schüler/innen und Lehrkräfte anläßlich einer Kreistagssitzung, den politisch Verantwortlichen endlich eine Neu(An)bauzusage zu entlocken. Daß dabei die „Ökologie am Bau" nicht vernachlässigen werden dürfe, mahnten wir an.

Umgehend wurde ein „Bauausschuß" gegründet, in dem Schüler/innen, Lehrkräfte, Vertreter des Schulträgers und der Bauaufsicht sowie außerschulische Fachkräfte gemeinsam mit dem Architekten an einem „Runden Tisch" zusammenkamen, um eine soziale und ökologisch vertretbare Baukonzeption zu entwickeln. Hierbei muß die Unterstützung durch einen Vertreter des Energieversorgungsunternehmens (Stadtwerke Gießen) besonders hervorgehoben werden: Quasi zum Nulltarif erstellte er mit und für uns eine „Energiebilanz" der Schule, die den Ist-Bestand (Verbrauch von Trinkwasser, Strom und Heizungsenergie) beschrieb und zu den gewünschten Soll-Zielen ins Verhältnis setzte. Dabei wurden die Wünsche der späteren Nutzergruppen eingebracht und „weitgehend" berücksichtigt.

Nach mehreren Sitzungen reifte die Bauplanung heran. Baumaterialien, Wasserspar- und Heizungs- sowie Beleuchtungssysteme wurden unter der „ökologischen Lupe" betrachtet und ausgewählt. Auch wenn nicht alle Erwartungen vollständig realisiert werden konnten, sind wir mit dem Ergebnis nicht unzufrieden: Innerhalb eines guten halben (!) Jahres konnte der „Neubau" für 18 Klassen - um zwei große „Freiflächen" angeordnet - mit zwei Teamräumen und sonstigen Nebenräumen bezogen werden. Baumaterialien, Elektrik, Heizung und Raumausstattung tragen ein „kleines" ökologisches Etikett, auf das wir stolz sind.

Parallel dazu gingen die Sanierungsmaßnahmen im Altbau weiter. Allein durch die erneuerte gut isolierte Dachkonstruktion konnten enorme Spareffekte beim Beheizen der Schule erzielt werden (allein ca. 40 Prozent Heizkostenersparnis in den oberen Räumen).

In einem vergleichenden Versuch konnte gleichzeitig bewiesen werden, daß ein verändertes Nutzerverhalten zu Stromeinsparungen führen kann. Während in zwei ausgewählten „Lichtsparklassen" des 5. Jahrgangs der Stromverbrauch täglich protokolliert wurde, hielten ebenfalls installierte Stromverbrauchszähler in „Normalklassen" ohne das Mitwissen der Nutzergruppen fest, wie „leichtsinnig" hier die Energie verschwendet wird, wenn elektrisches Licht unnötigerweise eingeschaltet bleibt. Bewußter Umgang mit dem Lichtschalter bringt hier einen ca. 20%igen Einspareffekt.

Im Zuge der voranschreitenden Altbausanierung wird es zu noch größeren Spareffekten kommen, wenn Lampentyp, -anordnung und -schaltung zeitgemäß ausgewählt und installiert sein werden. Das hat jetzt auch der Schulträger als politisch verantwortliche Instanz registriert und wird trotz unausgesprochener Vorbehalte Investitionen mit langfristigen Einspareffekten tätigen.

Aus dem ehemaligen Bauausschuß hatten sich bereits während der Neubauphase zwei Unterausschüsse mit den Arbeitsschwerpunkten „Gebäude und Außenanlage" und „Installation und Inneneinrichtung" gebildet. Als der Neubau im Herbst 1996 fertiggestellt und eingerichtet werden konnte, haben sie ihre Arbeit nicht eingestellt und existieren nunmehr als „ökologische Ausschüsse" mit den Arbeitsschwerpunkten „Müllbegrenzung" und „Energieeinsparung" weiter, weil die gemachten Erfahrungen verdeutlicht haben, daß wir zwar auf dem „richtigen Weg" sind, aber noch vieles bewältigen müssen, damit wir die Auszeichnung „ökologisch orientierte Schule" zu Recht tragen können. Die konstante Mitarbeit aller schulischer und außerschulischer Vertreter/innen läßt viel Hoffnung aufkommen. Derzeit werden in der Schule ernsthafte Überlegungen angestellt, ob durch ein „vernetztes System aller Klassen" etablierte „Umweltbeauftragte" auf Schüler/innen- und Lehrer/innenseite die ökologischen Belange dauerhaft „am Laufen" halten und sich dabei permanent als „Experten" zusätzlich weiterbilden können.

Abschließend soll noch hervorgehoben werden, daß im Zuge der gemeinsamen Arbeit eine Idee verwirklicht werden konnte, die die Schule „in Wärme" mit dem Dorf verbindet: Der Energielieferant hat nunmehr mit der Gemeinde Buseck und dem Schulträger ein richtungsweisendes Konzept unter Vertrag: Nicht nur die Schul- und die angrenzenden Sportgebäude werden von einem Blockheizkraftwerk mit Wärme versorgt, sondern auch das angrenzende Neubaugebiet mit seinen ca. 100 gerade entstehenden Gebäudeeinheiten.

Fazit:

Um keine Schönfärberei zu betreiben: Nicht alle Schüler/innen und nicht alle Lehrkräfte stehen alltäglich aktiv hinter unserem „ökologischen Schulprofil" und handeln dementsprechend. Das trifft auch auf den Verfasser zu: Falscher Umgang mit der Heizung oder mit dem Lichtschalter sind auch heute noch bei uns ebenso feststellbar wie der unüberlegte Umgang mit müllproduzierenden und energieverschleudernden Verpackungsmaterialien, Papieren und Schreibutensilien oder mit diversen Chemikalien, die in der Schule leider immer noch Verwendung finden.

Aber: Auf Erreichtes können wir schon stolz sein. Daß sich Schüler/innen mehr als je zuvor und oft selbstregulierend ein ökologisch orientiertes Verhalten auferlegen, macht Hoffnung, dem Ziel unseres eingeschlagenen Weges schrittweise näherzukommen, wenn auch im „Schneckentempo"!

Und: Es ist ein nicht zu verachtender Nebeneffekt, daß alle Lehrer/innen dabei immer wieder Neues lernen!

Nicht nur durch die Arbeit *im*, sondern vor allem durch das Arbeiten *am* Schulgebäude mit seiner Architektur und Technik bleibt eine stärkere Identifikation mit dem Arbeitsplatz nicht aus, und eine verantwortungsbewußtere Haltung im Umgang mit den verschiedenen Einrichtungen wird immer selbstverständlicher, auch dort, wo es aufgrund von langjährig eingeschliffenen Gewohnheiten zunächst nicht leicht fällt.

Die Arbeitsmethode kann nur projektorientiert konzipiert werden und verlangt fächerübergreifendes Lernen. Damit werden traditionelle und individualistisch orientierte Unterrichtskonzeptionen in Frage gestellt, während kooperierende und handlungsorientierte in den Vordergrund rücken. Das Wissen über die natürliche, technische und soziale Umwelt aus den eigenen Erfahrungen heraus nimmt einen größeren Raum ein, die Lebensorientierung wird gefestigt.

Möglicherweise werden so neue Perspektiven gewonnen, um die ökologischen Problemfelder zu erschließen und eine „nachhaltige und zukunftsfähige Entwicklung" zu unterstützen.

Ist das zu utopisch gedacht? - Wie läßt sich das curricular „vernetzen"?

Der Verfasser geht davon aus, daß ein lokaler Ansatz die Umweltbildung langfristig fördern kann, weil die unmittelbare Betroffenheit bei allen an den Lernprozessen Beteiligten innerhalb und außerhalb von Schule gegeben ist. Dabei kann erwartet werden, daß mittelbares und globales Interesse und Engagement im Ökologischen gefördert wird.

Im Zusammenhang mit der Herausbildung eines eigenen ökologischen Profils auf der Basis unseres schulbezogenen Unterrichtsprogramms (das derzeit in allen hessischen Schulen zu erstellen ist), werden in der integrierten Gesamtschule Busecker Tal sukzessiv curriculare Fakten geschaffen, die die Umweltbildung zu einem wesentlichen Bestandteil von Schularbeit machen. Um die notwendigen Voraussetzungen für eine kontinuierliche Arbeit hinreichend zu gewährleisten, müßte den Lehrkräften mehr Zeit für Fortbildung und Unterrichtsplanung zur Verfügung stehen. Weil „in der Ära leerer Staatskassen" keine diesbezügliche Unterstützung zu erwarten ist, wird es allein von dem „Drang der Basis" in unserer Schulgemeinde abhängen, in welcher Art und Weise der weitere Weg verfolgt wird.

Ein Blockheizkraftwerk für die

von Hans-Jürgen Benecke

1. Vorbemerkungen

Seit einigen Jahren nimmt die Gesamtschule Niendorf am Projekt "fifty-fifty" teil, dessen Ziel es ist, Wasser, Heizenergie und Elektroenergie und natürlich auch Kosten einzusparen. Die eingesparte Geldsumme wird den beteiligten Schulen dann in Form einer Prämie zu 50% ausgezahlt, über die die Schule dann frei verfügen kann. Im Rahmen dieses Projektes konnten an der Gesamtschule Niendorf in allen Bereichen hohe Einsparungen erreicht werden, wie die nachfolgende Auflistung für das Schuljahr 95/96 zeigt:

Bereich	Bemessungs-größe 1991-94		Verbrauch 1995/96		Einsparung		in %	Erspar-nis in DM
Elektro: Hochtarif (6 - 21 Uhr)	115.578	kWh	100.343	kWh	15.235	kWh	13,2	2.709
Elektro: Nachttarif (21 - 6 Uhr)	41.510	kWh	38.793	kWh	2.717	kWh	6,6	253
Elektro: Leistung	69,81	kW	62,79	kW	7,02	kW	10,1	3.476
Öl	132.481	Liter	119.987	Liter	12.494	Liter	9,4	4.473
Gas	90.911	m^3	62.628	m^3	28.283	m^3	31,1	11.540
Wasser	10.157	m^3	6.333	m^3	3.824	m^3	37,7	28.950
Einsparung 1995 / 96								**51.400**
Prämie 50 %								**25.700**
Einsparung insgesamt 23,4%			**zum Vergleich: Lehr und Lernmittel**					**80.000**

Im Schuljahr 1994/95 konnten wir sogar insgesamt 56.000 DM einsparen, wobei die Schule eine Prämie von 28.000 DM erhielt. Fast wie ein schöner Lottogewinn, allerdings nicht gewonnen, sondern schwer erarbeitet. Die intensive Auseinandersetzung mit allen Bereichen des Energieverbrauchs, führte zu den Fragen:

Wie wird die Elektroenergie eigentlich hergestellt? Kann nicht auch dort etwas eingespart werden? Energieeinsparung setzt nicht erst beim Verbraucher ein. Vor allem die Umwandlungsverluste bei der Gewinnung der elektrischen Energie und die Übertragungsverluste bei den Überlandleitungen haben den Autor veranlaßt, über Alternativen nachzudenken.

Mein Fazit: Vor allem bei der Stromerzeugung können erhebliche Mengen an Energie eingespart werden.

Nicht nur durch das Ausschalten von Leuchten, das Herausnehmen von überflüssigen Leuchtstoffröhren, das Abklemmen von Boilern, das Einstellen von Thermostatventilen, das Absenken von Vorlauftemperaturen bei den Heizkesseln, das Zusammenlegen von Abendveranstaltungen usw. lassen sich Energie und Kosten einsparen. Vor allem bei der Stromerzeugung kann noch einmal etwa 50% der benötigten Primärenergie eingespart werden, wenn die Elektroenergie mit Hilfe von Blockheizkraftwerken (BHKWen) direkt beim Verbraucher erzeugt wird. Genaugenommen sind die Einsparungen, die durch Verhalten erreicht werden können, relativ klein im Vergleich zu den Sparmöglichkeiten bei einem BHKW. BHKWe nutzen die Primärenergie etwa 2 1/2 mal so gut wie konventionelle Kraftwerke und erreichen Wirkungsgrade von 85 - 90%. Bei konventionellen Kraftwerken wird dagegen nur etwa 35% der eingesetzten Primärenergie aus Kohle, Erdgas, Öl und Kernenergie in elektrische Energie umgewandelt. 65% gehen bei der Umwandlung als ungenutzte Abwärme in die Umwelt. Im Unterschied zu konventionellen Kraftwerken wird beim BHKW neben der elektrischen Energie der überwiegende Teil der technisch bedingten Abwärme genutzt. Je nach Baugröße und Einsatzbedingungen gehen hier nur etwa 10 - 15% als nicht zu nutzende Wärme verloren. Als Beispiel wird hier das Mini-BHKW der Fa. SenerTec angeführt, das eine elektrische Leistung von 5 kW und einer Wärmeleistung von 12 kW hat. Es liefert aus 100% Brennstoffenergie 26 % Elektroenergie und 60% Wärmeenergie (Wirkungsgrad 86%).[1] Größere Einheiten, wie z.B. das GG 50 AW von Sokratherm, mit 51 kW elektrischer und 114 kW thermischer Leistung[2], haben vermutlich noch bessere Wirkungsgrade. BHKWe liefern damit einen großen Beitrag zur Umweltentlastung, da sie die CO_2-Emission und den Primärenergiebedarf um etwa 40 - 60% reduzieren. Gleichzeitig schonen sie die vorhandenen Energiereserven für die nächsten Generationen. Sie könnten dazu beitragen, die von der Bundesregierung angestrebte 25%ige CO_2-Reduzierung bis zum Jahre 2010 zu erreichen.

Dieses ist alles hinreichend bekannt, deshalb sei an dieser Stelle auf die allgemeinen Publikationen verwiesen. Hier stellt sich eher die Frage, warum BHKWe nicht in größerem Umfange installiert werden, obwohl sie mit ih-

---

[1] Siehe hierzu: Mini-BHKW - Eine Hein-Gas-Initiative in Zusammenarbeit mit der Umweltbehörde Hamburg, Informationsblatt 1996
[2] Siehe hierzu: "BHKWmobil", Prospekt der Fa. Sokratherm

rem Prinzip der Wärme-Kraft-Kopplung ökologisch und energietechnisch eine kluge Lösung der Strom- und Wärmeerzeugung darstellen.

2. Welche Hinderungsgründe gibt es für ein BHKW?

Hierzu gibt es verschiedene Begründungen:

1. Die Technik der BHKWe ist relativ jung, insbesondere bei den kleineren Leistungsklassen. Die größten Probleme machte der Verschleiß der Antriebsmotoren, die als gas- oder heizölbetriebene Motoren eine jährliche Betriebsdauer erreichen, die einer km-Leistung von 300.000 km eines vergleichbaren PKW-Motors entspricht. Die Jahres-Laufleistung liegt damit etwa 15 - 30 mal so hoch wie beim PKW-Motor. Die Verschleißprobleme waren groß, sind aber mittlerweile gelöst. So ist z.b. der 583 cm^3 Sachs-Motor, der in das MINI-BHKW der Firma SenerTec eingebaut ist, auf eine Motorlebensdauer von 40.000 Betriebsstunden ausgelegt. Das entspricht bei einem durchgehenden Betrieb von 10 Jahren etwa 3 Millionen PKW-Kilometer. Die Wartungsintervalle betragen dabei etwa 8-10 Monate.[3] Wegen dieser Langlebigkeit, die durch Langzeitversuche bewiesen wurde, und der guten Abgaswerte hat der Umweltsenator in Hamburg entschieden, 100 Mini-BHKWe mit insgesamt 900.000 DM zu fördern.[4]

2. Stromerzeuger haben sich die Aufgabe gestellt, Elektroenergie zu erzeugen und zu verkaufen. Deshalb kann es nicht in ihrem Interesse sein, wenn die Zahl der privat installierten BHKWe steigt und sich dezentrale Stromerzeugung im größeren Stil etabliert. Vermutlich sind die Fördergelder der Stromerzeuger nur als "Vorzeigeprojekte" anzusehen (man tut ja was), die eigentlich nicht gewollt sind, da sie dem Betriebszweck entgegenstehen. Für die Zukunft gilt m. E.: Die Stromerzeuger werden schon ihre Wege finden, wie sie das Aufblühen von privaten BHKWen verhindern können. Die geringe Einspeisevergütung und entsprechende Klagen gegen angeblich zu hohe Vergütungen zeigen die Richtung an.

3. BHKWe werden im allgemeinen als Grundlastkraftwerke dimensioniert. Dabei wird angestrebt, die erzeugte Wärme möglichst im Objekt zu nutzen. Dies wird dadurch erreicht, daß das BHKW auf etwa 15 - 20 % der maximal benötigten Wärmeleistung ausgelegt ist[5]. Die überschüssige

---

3 Vergleiche hierzu: Prospekt 4/96/1 der Fa. SenerTec, Wärme und Strom aus Ihrer Heizung.

4 Siehe hierzu: Pressemitteilung der Umweltbehörde Hamburg, vom August 1996, 100 Mini-Blockheizkraftwerke

5 ebenda

Elektroenergie wird dann (nach Meinung des Verfassers) zu einem dürftigen Preis von z. Zt. ca. 11 - 13 Pfennig pro kWh in das Netz der Kraftwerksbetreiber eingespeist. Allerdings gilt aus wirtschaftlichen Gründen: Je weniger in das Stromnetz eingespeist wird und je mehr selbsterzeugter Strom den konventionellen Strombezug ersetzt, um so wirtschaftlicher ist ein BHKW. Je teurer die Elektroenergie ist, um so eher amortisiert es sich.

4. Weil die BHKWe bisher noch in kleinen Stückzahlen produziert werden, sind sie noch sehr teuer, ähnlich wie bei den Solarmodulen, den Solarmobilen, den Windkraftanlagen, den Wärmepumpen usw. Trotz Förderung kosten MINI-BHKWe immer noch über 20.000 DM. Bei Stückzahlen von über 10.000 Stück pro Jahr und einer automatisierten Roboterproduktion, würden sie nur noch 3000 - 4.000 DM kosten, etwa soviel wie ein Einfamilienhaus-Heizkessel.

5. Natürlich gehört für die Entscheidungsträger - trotz der großen ökonomischen und ökologischen Vorteile - auch etwas Mut und weitgehende Kompetenz dazu, umzudenken und sich für neue Technologien und gegen das Altbewährte zu entscheiden. Mut und Entscheidungsfreude ist aber für deutsche Amtsstuben und überhaupt eine nicht alltägliche Tugend.

6. In Hamburg werden Blockheizkraftwerke nur dann gefördert, wenn die entstehende Abwärme voll genutzt werden kann. Bei üblichen Ein- und Mehrfamilienhäusern ist diese Bedingung nur zu erreichen, wenn es als Grundlast - BHKW dimensioniert ist. Ganz anders und ganz im Sinne der Technik von BHKWen ist der Bedarf an Elektroenergie und Wärmeenergie bei Gebäuden mit Großküchen und hoher Belegdichte, wie bei Altersheimen und Krankenhäusern. Insbesondere Gebäude, die über ein Schwimmbad verfügen, und natürlich auch die Schwimmbäder[6] selbst, sind für ein BHKW geradezu prädestiniert.

Zur Hamburger Förderung stellt sich die Frage, ob nicht ein effektiver Jahreswirkungsgrad eines Mini-BHKW in einem Zweifamilienhaus von vielleicht 70% nicht sinnvoller ist als einer von 35%, bei der konventionellen Stromversorgung durch Großkraftwerke. 30% Wärmeverlust bei einem Mini–BHKW (als Jahresdurchschnitt) ist immer noch wesentlich besser als 65% Verlust bei konventionellen Kraftwerken.

---

[6] Vergleiche hierzu den Prospekt der Fa.: Sokratherm "BHKWmobil", bei dem die Doppelnutzung durch ein transportables BHKW beschrieben wird. Im Sommer wird das Schwimmbad in Hiddenhausen versorgt und im Winter das Verwaltungsgebäude der Stadtverwaltung, wobei der Umbau nur 1 Stunde dauert.

3. Planung des BHKW an der Gesamtschule Niendorf

Die Gesamtschule Niendorf gehört zu den wenigen Schulen in Hamburg, die über ein eigenes Schwimmbad verfügt. An üblichen Schultagen wird es durchschnittlich von 7 Gruppen (Schulklassen, Sportvereinen usw.) genutzt und bietet damit die besten Voraussetzungen für ein BHKW. Vor allem der durchgehend hohe Wärmebedarf (Sommer und Winter) für die Wassererwärmung im Schwimmbad macht den Einsatz sinnvoll.

Es wurde schon ausgeführt, daß man BHKWe häufig als Grundlastkraftwerk dimensioniert. Aufgrund des hohen Wärmebedarfes, auch in den Sommermonaten, und der vorhandenen Kostenstruktur bei der Elektroenergie, soll es anders ausgelegt werden, als es üblich ist. Es soll nicht als Grundlastkraftwerk, sondern als gleitendes Vollversorgungskraftwerk die Gesamtschule Niendorf zu 100% mit Elektroenergie versorgen. Dabei wird immer nur so viel Elektroenergie erzeugt, wie erforderlich ist. Die entstehende Abwärme wird im Schwimmbad voll genutzt.

Im Januar 1996 haben Leistungsmessungen über 14 Tage gezeigt, daß der Leistungsbedarf an Elektroleistung zwischen 60 kW Spitzenlast und 10 kW Grundlast in der Nacht schwankt, wie das abgebildete Meßprotokoll vom 23. Januar 1996 zeigt:

Das BHKW soll so ausgelegt werden, daß es über 3 Stufen bis zu 60 kW

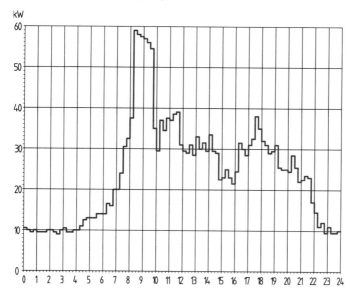

elektrische Leistung in 10 kW - Schritten liefern kann (Aufteilung: Stufe 1
= 10 kW, Stufe 2 = 20 kW und Stufe 3 = 30 kW). Bei Teillastbetrieb mit
einer Leistungsbreite von 50 - 100 % kann man sogar 5 kW - Schritte erreichen.

Bei einer geforderten elektrischen Leistung von z. B. 30 kW würden die
Stufen I und II (10kW + 20 kW = 30kW), bei 50 kW die Stufen II und III
(20kW + 30 kW = 50kW) und bei 60 kW alle 3 Stufen (10kW + 20 kW +
30kW = 60kW) eingeschaltet (siehe hierzu auch die beiden Zeichnungen
auf den nächsten Seiten).

Zum besseren Verständnis sind dem Diagramm der letzten Seite einzelne
BHKW-Stufen überlagert.

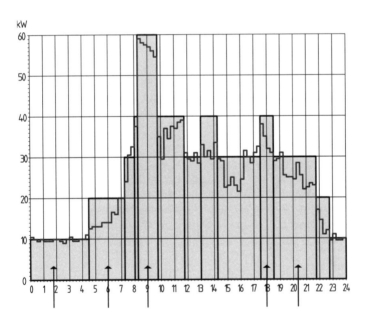

Stufe I   Stufe II   Stufen I+II+III   Stufen I + III   Stufe III

Ein Energiemanagement sorgt dafür, daß die 60 kW nicht überschritten
werden. Nachrangige Verbraucher, wie Boiler, Waschmaschinen, Geschirr-
spüler usw., werden bei zu hoher Last einfach abgeschaltet. Eventuell läßt
sich die Spitzenleistung durch das Management und eine weitere Beleuch-
tungssanierung auf 50 kW Spitzenleistung reduzieren.

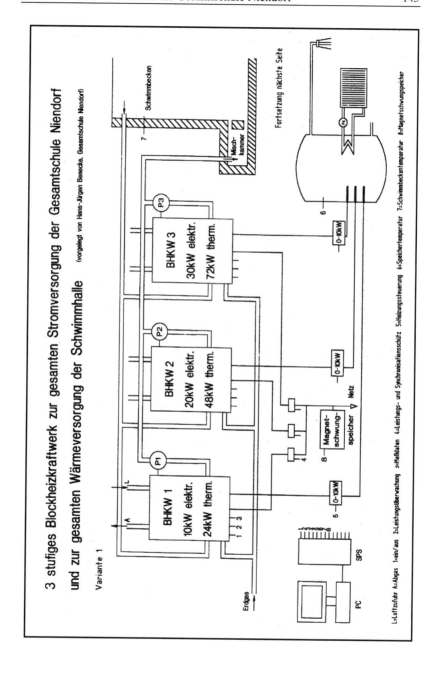

3 stufiges Blockheizkraftwerk zur gesamten Stromversorgung der Gesamtschule Niendorf und zur gesamten Wärmeversorgung der Schwimmhalle

(vorgelegt von Hans-Jürgen Benecke, Gesamtschule Niendorf)

Variante 1

Fortsetzung nächste Seite

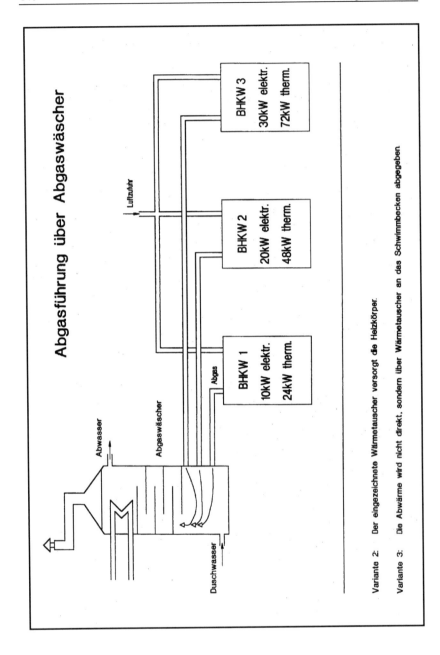

Abgasführung über Abgaswäscher

Variante 2:   Der eingezeichnete Wärmetauscher versorgt die Heizkörper.

Variante 3:   Die Abwärme wird nicht direkt, sondern über Wärmetauscher an das Schwimmbecken abgegeben.

4. Welche unterschiedlichen Betriebsbedingungen sind an der Gesamtschule Niendorf gegeben, welche Besonderheiten liegen vor?

4.1 Winterbetrieb

In den Wintermonaten ist der Betrieb des BHKW völlig unproblematisch, da etwa 6 - 10 mal soviel Wärme benötigt, wie neben der Elektroenergie erzeugt wird. Die Zahlen aus vorherigen Betriebsjahren zeigen, daß im Jahresdurchschnitt 93% der benötigten Energie Wärmeenergie und nur 7% Elektroenergie ist. Dabei sind die gesamten Wärmeenergiekosten etwa genauso hoch, wie die gesamten Kosten für Elektroenergie. Im Regelfall versorgt ein zusätzlicher Heizkessel die Schule, um den restlichen (hauptsächlichen) Wärmeenergiebedarf zu decken.

4.2 Sommerbetrieb (Tag)

Im Sommer wird die Schule ausschließlich über das BHKW mit Energie versorgt. Die bei der Stromerzeugung anfallende Abwärme wird das schuleigene Schwimmbad (Schwimmbecken, Duschen und Raumheizung) zu 100% mit Heizwärme versorgen. Reicht diese Abwärme nicht aus, wird über das BHKW elektrisch nachgeheizt und damit verbunden noch mehr Abwärme erzeugt. Durch dieses Nachheizkonzept kann im Sommer "beliebig" viel Wärme produziert werden.

Da BHKWe erst dann einen guten Wirkungsgrad erreichen, wenn sie an einem definierten Arbeitspunkt betrieben werden, ist es sinnvoll, die Anlage in den einzelnen Stufen unter Vollast zu betreiben. Die überschüssige Elektroleistung zwischen dem gleitenden Bedarf und der eingeschalteten Stufe wird dann als zusätzliche Heizleistung für das Duschwasser und die Raumheizung genutzt. Natürlich sollte geprüft werden, ob eine Netzeinspeisung ökonomisch sinnvoller ist, als überschüssige Elektroenergie im Schwimmbad zu verheizen. Außerdem ist der Wirkungsgrad im Teillastbetrieb zwischen etwa 30 und 100% Last genauer zu untersuchen, um Entscheidungshilfen für eine Teillaststufung zu haben.

4.3 Sommerbetrieb (Nacht)

In der sommerlichen Nachtzeit oder auch in den Ferien sind an der Gesamtschule Niendorf zum Teil nur sehr geringe Elektroleistungen erforderlich, die bis auf etwa 2 kW sinken können. Im Teillastbetrieb von 50% der Stufe I würden von den 5 kW Elektroleistung 3 kW überschüssig sein. Diese könnten in einem 1000 l Warmwasserspeicher verheizt, in das Netz eingespeist oder in einem Magnetschwungspeicher zwischengespeichert werden.

Bei einem Magnetschwungspeicher, handelt es sich um einen magnetisch gelagerten Kreisel, der zur Minimierung der Verluste in einem Vakuum eingebaut ist. Er übernimmt die überschüssige Elektroenergie ähnlich einem Akku. Ist er voll geladen, kann auch die 10 kW - Stufe abgeschaltet werden, da der Magnetschwungspeicher die Energie liefert, bis er leer ist.[7] Ein Magnetschwungspeicher hat nur geringe Verluste und ermöglicht die Netzabkoppellung. Die einzelnen Stufen des BHKW würden gemäß den aktuellen Betriebsbedingungen im Impulsbetrieb laufen und haben tägliche Einschaltzeiten zwischen 3 und 12 Stunden. Für den protokollierten 23. Januar (siehe Abbildung) wären die Einschaltzeiten für Stufe I = 12 ¼ Stunden, für Stufe II = 6 Stunden und für Stufe III = 13 ¾ Stunden, bei etwa 50 kWh oder 8 % Elektroenergieüberschuß. Eine entsprechende Wärmedämmung trägt dazu bei, die Stillstandsverluste zu minimieren. Bei etwa 10 - 60 % Einschaltzeit kann von einer zwei- bis achtfachen Lebensdauer und größeren Wartungsabständen ausgegangen werden als im Dauerbetrieb. Bei Netzeinspeisung kann der Magnetschwungspeicher entfallen. Es ist zu prüfen, ob ein Magnetschwungspeicher wirtschaftlich sinnvoll ist.

5. Und wie sehen die Kosten aus?

Wenn die ökologischen Vorteile, von 40 - 60% weniger CO_2 und etwa die gleiche Menge weniger Primärenergieverbrauch, so eindeutig und die technischen Probleme überwunden sind, dann können nur noch ökonomische Gründe davon abhalten, sich dieser Technik hinzugeben. Sind BHKWe ökonomisch sinnvoll? Wie lang ist die Amortisationszeit wirklich? Mehr noch: Werden BHKWe immer so eingesetzt, daß sie wirtschaftlich laufen? Diese Fragen sollen im folgenden diskutiert werden.

Der Verfasser geht davon aus, daß in der Gesamtschule Niendorf mit einem BHKW erhebliche Kosten gespart und aus dem Blickwinkel des "fifty-fifty-Projektes" größere Prämien verdient werden können. Das soll im folgenden entwickelt und belegt werden. Vielleicht fühlen sich ja Energiepolitiker, Finanzminister oder verantwortliche Behördenbedienstete aufgerufen, diese Ausführungen überprüfen zu lassen. Für die Gesamtschule Niendorf wird ein Gutachten zeigen, ob die nachfolgenden Überlegungen richtig sind.

---

7 Siehe hierzu: „Netzfrei-Billig-Strom aus der Heizung", ISTRA e.V. , Postfach 1448, 30930 Burgwedel

Hypothese:

Wenn ein BHKW durch Stufung so dimensioniert wird, daß die Stromversorgung zu 100% aus eigener Hand kommt und die Abwärme voll genutzt werden kann, amortisiert es sich in weniger als vier Jahren und ist damit für alle interessant, die Finanzen verwalten und vergeben.[8]

In den weiteren Ausführungen geht es im wesentlichen darum, nachzuweisen, daß die Amortisationszeit für ein BHKW an der GS-Niendorf weniger als vier Jahre beträgt und damit ein wirtschaftlicher Leckerbissen ist. Dabei wird versucht, diese Zusammenhänge in einer verständlichen Sprache auszuführen.

6. Grundüberlegungen zur Gesamtschule Niendorf

Im Jahre 1994/95 wurden für die Gesamtschule Niendorf für Elektroenergie insgesamt 65.940 DM ausgegeben (Tagstrom, Nachtstrom und Leistungsbereitstellungskosten). Bei einem Gesamtverbrauch von 161.000 kWh ergibt sich ein durchschnittlicher Preis von 0,41 DM pro kWh.[9] Eine entsprechende Berechnung beim Gasverbrauch ergibt einem Preis der Gasenergie von 0,042 DM pro kWh.

Die Preise von Gas- und Elektroenergie stehen damit etwa im Verhältnis 1 : 10.

Beim Einsatz einer Gasmenge mit 10 kWh Energieinhalt lassen sich mit einem BHKW etwa 2,6 kWh Elektroenergie und 6 kWh Wärmeenergie erzeugen bei etwa 1,4 kWh Verlust[10], der als ungenutzte Abwärme an die Umwelt geht.

10 kWh Energie aus Erdgas kosten etwa 0,42 DM. Die daraus umgewandelte Elektroenergie von 2,6 kWh und die Wärmeenergie von 6 kWh hätten 1995/96 1,07 DM + 0,25 DM = 1,32 DM gekostet, wenn man sie von den Energieversorgungsunternehmen bezogen hätte. Aus den aufgewendeten Energiekosten von 0,42 DM für Erdgas, entsteht somit ein Gegenwert von 1,32 DM. Das bedeutet:

---

[8] Dies ist natürlich von der Tarifstruktur und den Kosten abhängig und gilt für den aktuellen Tarif. Für den privaten Strombezug liegt die Amortisationszeit bei etwa 6 Jahren.

[9] Dieser Preis ist 1997 durch die Zulassung internationaler Konkurrenz um etwa 10% gefallen. Dennoch ist davon auszugehen, daß der Preis für Elektroenergie im Laufe der nächsten 10 Jahre über das jetzige Niveau steigen wird. Bei den Berechnungen wird angenommen, daß der Preis für Energie konstant bleibt. Steigende Preise verkürzen die Amortisationszeit.

[10] Siehe Mini-BHKW, ebenda.

Bei der Umwandlung von 10 kWh Gasenergie werden etwa 0,90 DM „erwirtschaftet", die für die innovative Technik eines BHKWes ausgegeben werden könnten.

Eine solche "Rendite" ist in kaum einem anderen Bereich zu erreichen. Die Berechnung gilt natürlich nur dann, wenn die teuer einzukaufende Elektroenergie durch Eigenerzeugung ersetzt werden kann.

Die nachfolgende Kostengegenüberstellung zeigt, daß nur ein Teil von den 0,90 DM pro 10 kWh für Investitionen in ein BHKW erforderlich ist und Kosten eingespart werden können. Aus der detaillierten Kostenberechnung ergibt sich innerhalb von 10 Jahren eine Kosteneinsparung von 293.000 DM.[11] Das entspricht einer Einsparung an Kosten für Elektroenergie von etwa 41%, die der Stadt Hamburg zugute kommen könnte.[12]

Also, meine Damen und Herren, nehmen Sie Ihren Auftrag ernst!

Mein Auftrag lautet, Kinder zu erziehen und ihnen Bildung zukommen zu lassen. Ihr Auftrag lautet vielleicht, sparsam mit den Geldern unserer Stadt umzugehen. Setzen Sie dieses Programm um, es lohnt sich in vielerlei Hinsicht.

Ökologische Vorteile

Bei der Erzeugung von 1 kWh Elektroenergie aus fossilen Energieträgern (Öl, Gas, Kohle) fallen in den Kraftwerken im deutschen Strommix 0,6 kg CO_2 an. Bei 161.000 kWh Elektroenergie sind das 96.600 kg CO_2. Da BHKWe die Energie etwa 2½ mal so gut verwerten, beträgt die

---

11 Bei diesen Berechnungen wurde angenommen, daß die Preise für Elektroenergie und Erdgas für die nächsten 10 Jahre etwa konstant bleiben und die Kosten für den Wartungsaufwand um etwa 4% jährlich steigen.

12 Bei Berechnungen zu BHKWen ist es üblich, zwischen dem Leistungstarif und den Arbeitstarifen (Tag und Nacht) zu unterscheiden. Diese Denkweise wäre auch hier richtig, wenn es sich um ein Grundlastkraftwerk handeln würde. Da hier aber eine 100% - Versorgung mit Grundlast- und Spitzenlastversorgung vorgesehen ist, ist es zulässig, von den jeweiligen Gesamtkosten auszugehen und auf eine solche Trennung zu verzichten. Auch wurde zum Heizkessel nur der Wartungsaufwand für den Kessel mit eingerechnet, nicht aber die Energiekosten. Eine getrennte Betrachtung in Elektorarbeit und Elektroleistung unter kompletter Berücksichtigung der Wärmeenergiekosten, führt zu ähnlichen Ergebnissen. Natürlich liegen diesen Berechnungen auch Schätzungen zugrunde, die durch Kostenangebote bestätigt werden müssen. Berechnungen der Fa. Sokratherm liefern einen Elektroenergiepreis von 0,20 DM pro kWh.

Blockheizkraftwerk an der GS-Niendorf

Amortisationsberechnung:

von Hans-Jürgen Benecke   Gesamtschule Niendorf

Kaufpreis = 120.000 DM (2000 DM/kW)
Einbaukosten = 60.000 DM (1000 DM/kW)
Investitionskosten = 180.000 DM
Wartungskosten pro Jahr = 12.000 DM
Wartungskosten der Heizung = 4.000 DM
Ort: Schwimmbadtechnik
Leistung elektrisch: 60 kW
Leistung thermisch: 144 kW

Stromversorgung	alt (ohne Änderung)	mit Blockheizkraftwerk
el. Arbeit/Jahr (KWh) / Bemessungsgrößen für fifty-fifty =	161000	161000
Arbeitspreis/KWh (DM) = 94/95	0,4096	0,0420
Arbeitspreis/Jahr (DM) =	65940,00	6762,00
Wartungskosten/Jahr =	4000,00	12000,00
Amortisationszeit (Jahre) =	3,60259	3,60259
Arbeitspreis im Amortisationszeitraum (DM) *) =	237554,77	24360,71
Wartungskosten im Amortisationszeitraum **) =	16597,36	49792,07
Investitionen (DM) =	0,00	180000
Gesamtkosten im Amortisationszeitraum (DM) =	254152,13	254152,79

*) konst. Preise **) incl. Preissteigerungen von 4% pro Jahr

Amortisationszeit: 3,60259 Jahre

Ergebnisse:

1. Das BHKW amortisiert sich nach: **3,6 Jahren.**

2. Bei einer Preissteigerungsrate von 0% für Elektroenergie und Gas und 4% für Wartungskosten müßten in
   einem Zeitraum von 10 Jahren ohne BHKW: **718.610 DM**

3. und mit Blockheizkraftwerk :   **425.249 DM**
   ausgegeben werden.

4. Dieses entspricht einer Kostenreduzierung in 10 Jahren von   **293.360 DM**
                                                                              bzw.   **40,8 %**

5. Außerdem könnten an der GS-Niendorf pro Jahr etwa **304.000 kWh** an Primärenergie eingespart werden.

6. Das entspricht dem Energiebedarf von etwa 98 **Haushalten,** die über BHKWe versorgt werden.

7. Die CO2-Emission könnte um etwa 60% = **60.800 kg** gesenkt werden.

Hamburg, 15.3.1997

strombedingte Schadstoffemission nur noch etwa 0,24 kg CO_2 pro kWh Elektroenergie. Das sind bei 161.000 kWh 38.640 kg CO_2, was einer Schadstoffreduzierung von 57.960 kg bzw. 60% entspricht.

Dabei ist es nicht so bedeutsam, ob in 10 Jahren 293.000 DM oder vielleicht nur 197.000 DM eingespart werden können. Wichtig ist, daß dieses Konzept große ökologische und ökonomische Vorteile hat. Jede eingesparte DM verhindert weitere Schulden und zusätzliche Zinsen für unsere Stadt. Das sollte die Entscheidungsträger ermuntern, in diese Technik einzusteigen. Außerdem kommt hinzu, daß die Produktion und der Einbau von BHKWen Arbeitsplätze bringt, zu einer Zeit, in der mindestens 4,6 Millionen Menschen ohne Arbeit sind.

7. Das Problem der Versorgungssicherheit

Das größte Problem bei der Entscheidung für oder gegen ein BHKW liegt in der Versorgungssicherheit. Nicht, weil das Problem besteht, daß bei einem technischen Defekt für zwei oder mehr Stunden keine Stromversorgung gegeben ist. Das hat es 1993 (?) in Niendorf gegeben.[13]

Das viel größere Problem besteht darin, daß hohe Kosten entstehen, wenn zu Reparaturzwecken 60 kW Spitzenleistung aus dem Stromnetz der HEW entnommen werden müssen. Dann fällt aufgrund der Tarifstruktur ca. 30.000 DM an Kosten für die bereitgestellte Leistung an, es sei denn es ist anderweitig dafür vorgesorgt.

Die HEW bietet beim Betreiben von Blockheizkraftwerken an, daß nur die Hälfte der Leistungskosten berechnet werden. Das Risiko reduziert sich damit auf 15.000 DM jährliche feste Kosten. Ein Konzept, was sinnvoll scheint, die Amortisationszeit aber etwa auf 5,5 Jahre erhöht.

Da aber Kosten gespart werden sollen, wird hier ein anderer Weg beschrieben.

1. Bei Wartungsintervallen von 8 - 10 Monaten kann man annehmen, daß ausschließlich in Ferienzeiten gewartet wird.

2. Durch die Stufung ist eine hohe Teilsicherheit gegeben, denn es ist sehr unwahrscheinlich, daß gleichzeitig alle 3 Stufen Fehler enthalten und sich abschalten. Insbesondere, wenn man eine Handsteuerung vorsieht, bei der die einzelnen Stufen ohne dazutun des Zentralrechners betrieben werden können. Und dennoch denkbar, daß ein technischer Defekt auftritt und ho-

---

13 Bei diesem Stromausfall hat die Schule 2 ½ Stunden improvisiert und den Unterricht stromlos durchgeführt. Auch im Februar 97 hat es wiederum einen 55 Minuten dauernden Stromausfall in Niendorf gegeben, allerdings gegen 0.10 Uhr. Das bedeutet, auch das Stromnetz der HEW ist nicht 100%-ig gegen Stromausfälle gewappnet.

he Kosten verursacht. Deshalb wird hier vorgeschlagen:

In allen Hamburger Schulen mit Schwimmbad und maroden Heizkesseln werden gestufte Blockheizkraftwerke installiert und damit große Geldmengen gespart. Zur Versorgungssicherheit dieser Schulen wird gemeinsam ein 50 - 80 kW-Notstromaggregat angeschafft, das über eine Energie-Feuerwehr binnen 1 - 2 Stunden einen möglichen Stromausfall überbrücken kann, bis dieser behoben ist. Mit einem 1 - 2 stündigen Stromausfall innerhalb von 5 Jahren könnten alle Hamburger Schulen problemlos leben. So könnten 30.000 DM für mögliche Leistungskosten verhindert werden.

8. Schlußbemerkung

Dieses Konzept wurde an der Gesamtschule Niendorf nicht realisiert, und es ist fraglich, ob dieses in naher Zukunft geschehen wird. Der Hauptgrund liegt wohl darin, daß die Planungen für die Modernisierung schon abgeschlossen waren, als dieses Konzept entwickelt wurde. Ein spontanes Umdenken der behördlichen Sachbearbeiter konnte nicht erreicht werden.

Für die Modernisierung der Heizungsanlage des Schwimmbades und der angrenzenden Turnhalle wurden 1996 etwa 350.000 DM ausgegeben.

Bei den angefallenen Modernisierungskosten ist anzunehmen, daß das BHKW kostenneutral hätte installiert werden können, mit dem Ergebnis, jedes Jahr etwa 30.000 DM weniger für Elektroenergie auszugeben.

In einem Gutachten soll nun geprüft werden, ob diese Berechnungen richtig sind und ob zwei weitere marode Kessel durch ein BHKW ersetzt werden können.

Literatur

"BHKWmobil", Prospekt der Firma Sokratherm

Mini-BHKW - Eine Hein-Gas-Initiative in Zusammenarbeit mit der Umweltbehörde Hamburg, Informationsblatt 1996

„Netzfrei – Billig-Strom aus der Heizung", ISTRA e.V. , Postfach 1448, 30930 Burgwedel

Wärme und Strom aus Ihrer Heizung, Prospekt 4/96/1 der Firma SenerTec

100 Mini-Blockheizkraftwerke, Pressemitteilung der Umweltbehörde Hamburg, August 1996

Das Energiesparprojekt an der Beruflichen Schule in Bad Segeberg

Ludwig Möller

Einleitung

Die Beruflichen Schulen bieten im Grunde optimale Bedingungen für Projektarbeiten zur Energiethematik. Die an einer Schule vorhandenen Fachdisziplinen aus dem Metallbereich, Gas-, Wasser- und Heizungstechnik, dem Baubereich mit planenden als auch ausführenden Ausbildungsberufen (BauzeichnerInnen, Maurer, Zimmerer, Tischler ...), den Malern aus dem Bereich Farb- und Raumgestaltung und der kaufmännische Sektor mit Fachleuten für die Kostenkalkulation stellen ein immenses Potential dar, was Beiträge zur Energieproblematik liefern könnte.

Unter dem Dach der Beruflichen Schule in Bad Segeberg sind verschiedenste Schulformen angesiedelt. Es gibt Vollzeitklassen vom Berufsgrundbildungsjahr (BGJ) über die Berufsfachschule (BFS) zum Fachgymnasium (FG) und zur Fachoberschule (FOS). Hier wird in den Klassen auch Physik unterrichtet.

Im Teilzeitbereich werden die Auszubildenden der Lehrberufe aus Handwerk und Industrie mit in der Regel 12 Unterrichtsstunden je Woche geschult. Dementsprechend hoch liegen die Schülerzahlen (ca. 2400) und die Anzahl der unterrichtenden Lehrkräfte (ca. 120).

Die Berufliche Schule besteht aus zwei räumlich getrennten Gebäudekomplexen, dem Altbau in Ziegelmauerwerk (Haus A) und dem nach dem sogenannten „Kasseler Modell" erstellten Neubau in Stahlbetonskelettbauweise aus den siebziger Jahren (Haus B). Überlegungen zur Energieeffizienz sind beim letztgenannten Gebäude so gut wie nicht berücksichtigt worden, da das architektonische Konzept bereits vor der Erdölkrise 1973 abgeschlossen wurde.

Die sozialwirtschaftliche Abteilung mit dem Nahrungsmittelgewerbe, den vorhandenen Küchen und Backmöglichkeiten tritt nicht nur als Energienutzer auf, sondern wird des öfteren als willkommener Energielieferant angesehen, wenn es darum geht, deren kulinarische Erzeugnisse einer genußvollen Energieumwandlung zuzuführen und im anstrengenden Schulalltag „verbrauchte Energie" auf diesem Wege zurückzubringen.

Für viele Berufsschulen sollte das hier geschilderte Umfeld in etwa so zutreffen. Die Berufliche Schule in Bad Segeberg, an der ich seit August

1991 tätig bin und die Fächer Metalltechnik und Physik unterrichte, kenne ich persönlich mit oben genannten Schulformen.

Wie alles anfing

Aus eigenem Interesse an der Energiethematik und den bei der Nutzung von fossiler Energie verbundenen Folgen (CO_2-Emmissionen, Treibhauseffekt) hatte ich bereits 1992 begonnen, das Thema im Physikunterricht auch abweichend vom Lehrplan aufzugreifen und zu behandeln. Für das erste Jahr der 11. Klasse des Fachgymnasiums (FG), wirtschaftlicher Zweig (W11), ist das Thema Energie mit einer Doppelstunde je Woche vorgesehen. Im 1. Hj. 93/94 entschied sich die damalige W11, eigene Themen aus dem Energiebereich in Gruppenprojekten zu bearbeiten, schriftliche Ausarbeitungen anzufertigen und darüber Referate vor der Klasse zu halten. Die Themenfindung und Gruppeneinteilung wurde von mir über die Metaplantechnik moderierend unterstützt. Es bildeten sich 7 Schülergruppen zu den Themen Müll und Energie, Müllvermeidung, Wasserversorgung, Energie und Verkehr, Energie und Umwelt, Licht und Energie, Energieverbrauch an unserer Schule und Energieverbrauch der Pausenhalle.

Erstmalig rückten Schüler die Energiesituation unserer Schule ins Blickfeld der (Schul-)Öffentlichkeit, indem sie die Heizenergie und den Stromverbrauch der letzten 10 Jahre beim Kreis als Schulträger abforderten, die Jahresverbräuche darstellten und in der Schule aushängten. Eine andere Gruppe beschäftigte sich mit der Be- und Entlüftung der Pausenhalle des Schulgebäudes und schlug in einem Brief an die Schulleitung den Einbau einer Zeitschaltuhr vor, um elektrische Energie einzusparen. Als dann unter Koordination der Deutschen Gesellschaft für Umwelterziehung (DGU) in Schleswig-Holstein das Projekt „Energiesparen an Schulen" gestartet wurde, war unsere Schule nicht zuletzt wegen dieser Vorarbeiten eine von den 12 teilnehmenden Schulen.

Nun lief das Energiesparprojekt erst richtig an. Auf der Grundlage der bereits vorhandenen Projektarbeiten der vorherigen Klasse wollte ich im Physikunterricht des FG der 12. Klasse des technischen Zweigs und der neuen 11. Klasse des wirtschaftlichen Zweigs die Energiethematik fortführen. Nach Lehrplan sind im ersten Halbjahr der 12. Jahrgangsstufe die Grundlagen der Thermodynamik vorgesehen.

Aus den in der ersten Energierunde gemachten Erfahrungen mit der Projektarbeit in Gruppen gewann ich folgende Erkenntnisse:

-   Die Projektgruppen benötigen eine Struktur, die mehr Verbindlichkeit einfordert. Dazu gehört auch der zeitlich begrenzte Rahmen für die Projektarbeit.

- Über die Arbeit in den Gruppen ist ein Projektordner anzulegen und nach jeder Unterrichtsstunde ein Protokoll zu führen.

- Zum Abschluß der Projektarbeiten sind die Gruppenergebnisse von den Schülern der Öffentlichkeit zu präsentieren.

Nachdem die Klassen ihre Zustimmung zur Projektarbeit gegeben, ihre Themen gewählt und die Gruppen gebildet hatten, wurde im September 1995 in der 12. Klasse FG mit dem Energiesparprojekt begonnen. Die Schülergruppen bearbeiteten ihre Themen:

- technische Energiesparlösungen

- Energiefakten

- Beleuchtung der Pausenhalle

- Richtig heizen

- Regenerative Energiequellen

- Wetterstation.

Die Gruppen begannen unterschiedlich engagiert zu arbeiten. Nach der Einarbeitung in das Thema hatte jede Gruppe die Aufgabe, ein Pflichtenheft anzufertigen. Darin sollten die Gruppen zu Beginn ihre selbstgesteckten Ziele und Arbeitsaufgaben festhalten. Mit so einem Pflichtenheft läßt sich am Ende der Projektarbeit eine Bilanz über die erledigten/unerledigten Aufgaben erstellen und es kann zur Erfolgskontrolle für die Gruppenarbeit herangezogen werden (siehe Pflichtenheft im Anhang).

Damit sich die Gruppen auch untereinander über ihre Arbeiten informieren konnten, referierten sie während einer Doppelstunde über ihre Zwischenergebnisse vor der Klasse.

Für mich als projektbegleitende Lehrkraft ergaben sich Höhen und Tiefen. Meine Gedanken: „Nutzen die Schüler ihre Freiräume nicht eher für private Vergnügungen als für die Projektarbeit? Müßte ich nicht viel stärker kontrollierend in die Gruppenarbeit eingreifen? Ich weiß ja gar nicht mehr, was in den Gruppen abläuft."

Von dem bisherigen Lehrerverständnis, das Unterrichtsgeschehen jederzeit lenkend und leitend „im Griff" zu haben, mußte ich mich bald verabschieden. Statt dessen setzte ich auf das Vertrauen in die Schüler.

Einige Gruppen legten eine Selbständigkeit an den Tag, die verblüffte. So entfernte eine Gruppe zusammen mit dem Hausmeister kurzerhand 33 Leuchtstoffröhren der Pausenhalle, deren Beleuchtungsniveau sie vorher als zu hoch festgestellt hatten. Die Folge dieses Eingriffs war ein totaler Zusammenbruch der elektrischen Versorgung im Schulgebäude. Zum Glück war es Freitag nachmittag. Über das Wochenende schafften ein

Schüler - er hatte Elektroinstallateur gelernt - und der Hausmeister es dann endlich, die elektrische Versorgung wieder herzustellen. Nach dieser „Aktion" war die Motivation erst einmal dahin, überhaupt etwas anzupakken. Es stellte sich dann jedoch heraus, daß die Ursache für den elektrischen Zusammenbruch in einer fehlerhaften Elektroinstallation des Gebäudes lag, die Schüler also keine Schuld hatten.

Präsentation der Ergebnisse

Zur Präsentation der Projektergebnisse wurde die Schulleitung, Kreisvertreter in ihrer Funktion als Schulträger, Pressevertreter von zwei örtlichen Zeitungen und zwei Schulklassen eingeladen. Interessierte Kollegen erfuhren davon durch Aushang:

Projekt:

Energiesparen an der beruflichen Schule Segeberg (Haus B)

Liebe Kollegen!

Am Freitag, dem 19.1.1996 um 11:15 Uhr, stellen die Arbeitsgruppen aus der T12 in der Pausenhalle des Hauses B den Schülern der W11 und FOS.T, Vertretern des Kreises und der Presse ihre Projektergebnisse vor.

- Die Energiedaten der Schule wurden für den Zeitraum 1985 bis 1995 aufgearbeitet, dargestellt und ausgewertet und mit den Wetterdaten in Beziehung gebracht.

- Die Heizungssituation des Hauses B mit der Heizungsanlage und der Wärmeverteilung wurden untersucht.

- Eine Projektgruppe beschäftigte sich mit technischen Energiesparlösungen zur Beleuchtungssituation.

- Sind regenerative Energien eine Alternative zu unseren fossilen Energieträgern, fragte sich eine weitere Schülergruppe.

- Weiter wurde das Wettergeschehen mit unserer neuen Wetterstation aufgezeichnet und

- Überlegungen zum richtigen Heizen angestellt.

Wenn Sie unterrichtsfrei haben und sich informieren möchten, sind Sie herzlich eingeladen, daran teilzunehmen.

Mit freundlichen Grüßen

gez. Ludwig Möller

Je näher dieser Tag kam, um so mehr Aufregung stellte sich bei den Schülern ein. Bis zur allerletzten Minute wurden Folien vorbereitet, möglichst in Farbe mit dem eigens mitgebrachten Laptop und Drucker von zu Hause.

Die ursprünglich an den Tag gelegte Kaltschnäuzigkeit wich einer gewissen Skepsis vor der eigenen Courage. Meinungen wie: „Ist die Veranstaltung nicht etwas zu hoch angehängt?" oder „Was haben wir denn schon groß gemacht?" verdeutlichten die Stimmung der Schüler. Und wer aus der Gruppe tritt ans Rednerpult und präsentiert die Ergebnisse, einer oder mehrere Sprecher je Gruppe? Nachdem auch dies geklärt war, konnte ich nur noch auf die Schüler vertrauen, daß sie ihrer Aufgabe gerecht werden würden.

Dann war es soweit. Nach der Begrüßung und Eröffnung der Veranstaltung trugen die Schüler ihre Ergebnisse vor. Natürlich war bei dem einen oder anderen Vortrag noch nicht alles perfekt, zum einen wegen vorhandener Kenntnislücken, zum anderen wegen mangelnder Vortragspraxis. Doch das Gefühl, vor der Öffentlichkeit nicht nur gesprochen, sondern etwas „zu sagen" gehabt zu haben, was interessierte und am nächsten Tag in den Zeitungen nachgelesen werden konnte, war für die Schüler Bestätigung und Anerkennung zugleich. Als dann gegen Ende der Veranstaltung der Vertreter des Schulträgers versicherte, 50% der eingesparten Energiekosten der Schule für weitere Energiesparmaßnahmen zur Verfügung zu stellen, war das der krönende Abschluß dieser Veranstaltung.

Ein Jahr später: Brief an den Schulträger

Dr. Ludwig Möller
Wilhelm-Kistenmacher-Str. 20
23795 Klein Rönnau
04551-84434

Herrn J.
Kreisverwaltung Segeberg
Hamburger Str. 30
23795 Bad Segeberg

2. April 1997

[Ihre Zeichen/Ihre Nachricht vom]	[Unsere Zeichen/Unsere Nachricht vom]	Telefon

Betreff: Energieeinsparung der Beruflichen Schule Segeberg im Jahr 1996

Sehr geehrter Herr J.,

nachdem nun auch die Gradtagzahlen für das Jahr 1996 vorliegen, kann ich Ihnen die temperaturbereinigten Heizgaswerte sowie den elektrischen Energieverbrauch der Beruflichen Schule von Haus A und Haus B vorlegen. Ich beziehe mich dabei auf Ihre Zusage, 50% der eingesparten Energiekosten erstmalig für das Jahr 1996 der Beruflichen Schule für weitere Energiesparmaßnahmen zur freien Verfügung bereitzustellen. Nach unserer gemeinsam getroffenen Absprache sollte der Energie-Mittelwert aus den Jahren 1992, 1993, 1994 als Bezugsgröße herangezogen werden.

Wie Sie den beigefügten Tabellen und Diagrammen entnehmen können, sind beträchtliche Einsparerfolge zu verzeichnen. Die Verbräuche beider Häuser, Haus A und Haus B, sind jeweils gegenübergestellt. Da für Haus A durch die Baumaßnahmen und die stillgelegte Werkstatt eine besondere Situation herrschte, werden die hier beobachteten Verbrauchsrückgänge nicht zur Berechnung der eingesparten Kosten herangezogen.

Die Energieeinsparungen für Haus B stellen sich wie folgt dar:

Berufliche Schule Segeberg, Haus B: Energieeinsparungen	Mittelwert 1992-1994	1995	1996
elektrische Energie in kWh	517145	521656	504178
Veränderung zum Mittelwert	0%	+0,9%	-2,5%
Heizgasverbrauch in kWh	1319342	931320	1036954
Veränderung zum Mittelwert	0%	-29,4%	-21,4%
temperaturbereinigter Heizgasverbrauch in kWh	1384947	959799	923700
Veränderung zum Mittelwert	0%	-30,7%	-33,3%

Bei der elektrischen Energie ist der Anteil für die Kreissporthalle mit enthalten, da die SCHLESWAG-Rechnungen keine weitere Aufschlüsselung zulassen. In Zukunft werden die Ablesungen am Zwischenzähler für die Kreissporthalle mit berücksichtigt werden können. Nach Auskunft von Herrn S. war die Kreissporthalle im Jahr 1996 eher noch stärker ausgelastet als bisher, so daß der Einsparerfolg von 2,5% allein im Haus B erzielt wurde.

Bei der Auswertung der Heizenergie lagen für den Ölverbrauch keine gesicherten Erkenntnisse vor. Es wird angenommen, daß die zusätzliche Ölbefeuerung für die betrachteten Jahre in etwa gleich gewesen ist (Ausnahme: der geringe Heizgasverbrauch von nur 70,7% für Haus A im Jahr 1992 ist auf verstärkte Ölbefeuerung zurückzuführen). So ergibt sich eine Reduzierung des Heizgasverbrauchs von 29,4% im Jahr 1995 und für 1996 von 21,4%.

Da die Außentemperaturen den Verbrauch in den jeweiligen Heizzeiträumen beeinflussen, lassen sich mit der Jahres-Gradtagzahl, gemessen an der nächstliegenden Wetterstation Wahlstedt, temperaturbereinigte Verbräuche angeben. So ergibt ein warmes Jahr einen Temperaturfaktor kleiner als 1 (für 1995: 0,95), ein kälteres Jahr gegenüber dem langjährigen Mittel einen Faktor über 1 (für 1996: 1,12).

Die tatsächlichen Verbräuche werden durch Teilung mit diesen Werten in temperaturbereinigte Verbräuche umgerechnet. So ergibt sich für 1995 eine temperaturbereinigte Einsparung von 30,7%, für 1996 sogar von 33,3% gegenüber dem Bezugs-Mittelwert.

Die der Berufsschule bereitzustellenden 50% der eingesparten Kosten für 1996 werden mit dem jeweiligen dreijährigen Kosten-Mittelwert errechnet:

Elektrische Energie: 50% * 2,5%   * 137.833 DM/a = 1723,91 DM
Heizenergie: 50% * 33,3%   * 62.955 DM/a = 10482,01 DM
                                          ****
                     Summe: 12205,92 DM
                 xxxxxxxxxxxxxxxxxxxxxxxxxxxxxxxxx

Ich gehe davon aus, daß Sie zu meinen Ausführungen und Berechnungen keine grundlegenden Einwände haben. Falls Sie jedoch Fragen haben sollten, bin ich jederzeit zu einem Gespräch bereit. Dies könnte auch im Beisein von zwei bis drei Schülervertretern und des Hausmeisters stattfinden, denn ohne die aktive Projektarbeit der Schülergruppen und seine Mithilfe wäre das Ergebnis nicht zustandegekommen.

Es bleibt nun noch zu klären, wie die Summe der Beruflichen Schule für weitere Energiesparmaßnahmen zur Verfügung gestellt werden kann. Dem Schulleiter hatte ich vorgeschlagen, es der Energiespargruppe nach deren Entscheidung für investive Maßnahmen auf dem Energiesparsektor zu überlassen.

Mit freundlichen Grüßen

gez. Ludwig Möller

Kopie an:

den Schulleiter der Beruflichen Schule

Anlage(n):

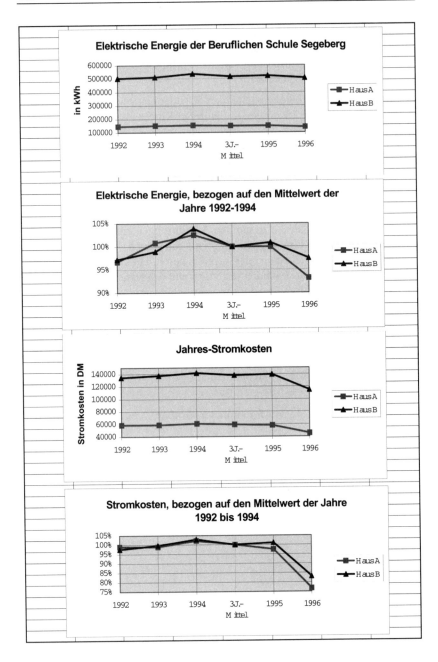

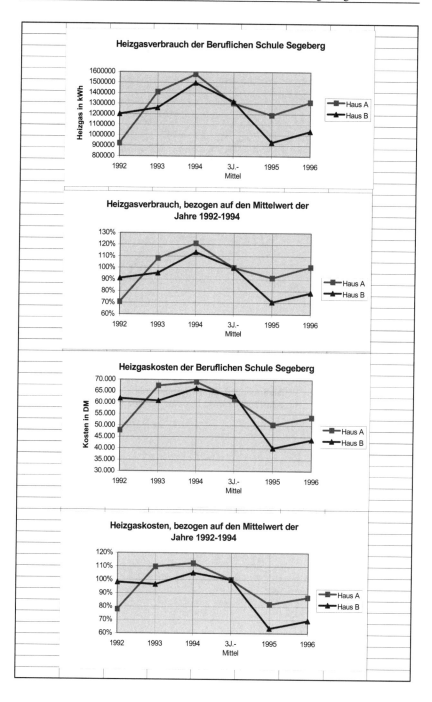

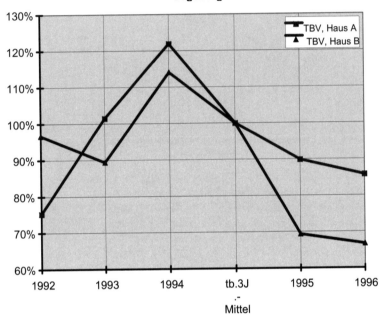

Temperaturbereinigter Heizgasverbrauch, Berufliche Segeberg

3Jahresmittel, temperaturbereinigt:
Haus A: 1365803 kWh, Haus B: 1384947 kWh

Schlußbemerkungen:

Das Einsparen von Energie ist nun auch an unserer Schule zum Thema gemacht worden. Bei einem schulinternen Fortbildungstag im November 96 nutzten 5 Lehrkräfte mein Informationsangebot zum Energiesparen an unserer Schule. Von der grundsätzlichen Zustimmung zum Energiesparen bis zur aktiven Handlung oder sogar unterrichtlichen Umsetzung von Energiesparaktionen mit Schülern ist jedoch für viele Lehrkräfte noch ein großer Schritt. Es mangelt noch an fächerübergreifender Zusammenarbeit. Hier ist noch weitere Überzeugungsarbeit zu leisten.

Der Schulträger hat nun sein Versprechen einzulösen und die Schule mit der Hälfte der eingesparten Energiekosten zu belohnen. Ich erhoffe mir davon, daß dann weitere Kollegen mit ihren Klassen aktiv beim Energiesparen mitarbeiten werden. Auch der Ausbau unserer schuleigenen Photovoltaikanlage auf eine Spitzenleistung von 1 kW mit Netzeinspeisung, der noch im Sommer 97 erfolgt, wird das Energiebewußtsein von Schülern und Lehrern positiv beeinflussen.

Anhang

PFLICHTENHEFT

zur
Umsetzung
technischer Energiesparlösungen

von

Michael Harder, Birthe Hintz, Thomas Lepek, Sönke Möller, Christian Niels

geplante Maßnahmen:

Beschaffung von Unterlagen zum Projekt

Vorerst Beschränkung des Arbeitsbereiches auf die Pausenhalle sowie der Notbeleuchtung

Festlegung von Meßpunkten zur Bestimmung der Beleuchtungsstärke in der Pausenhalle

Messung der Beleuchtungsstärke (Wo kann die Beleuchtung reduziert werden?)

Informierung über die Preise von Energiesparlampen und Bewegungsmeldern

Einbau eines Kilowattstundenzählers an der Beleuchtung der Pausenhalle

Installation eines Bewegungsmelders zur Beleuchtungssteuerung während der Unterrichtsstunde

Projektprotokolle 15.9.'95 - 13.11.'95

Freitag, 15. September '95

Beschaffung von Informationsmaterial und Meßgeräten

Messung der Beleuchtungsstärke in Haus B (EG)

Gespräch mit dem Hausmeister über den Einbau eines Kilowattstundenzählers in Raum 116 (Haus B)

Montag, 18. September '95

Besprechung mit Herrn Dr. Möller

Festlegung von Beleuchtungsmeßpunkten in der Pausenhalle

Messung der Lichtstärken in beleuchtetem und unbeleuchtetem Zustand

Physikreferat angehört

Montag, 25. September '95

Gespräch mit Herrn Schmitt über die Kosten von mögl. Energiesparmaßnahmen

Gespräch mit Herrn Schwerin über Drehstrommessung im Bereich Pausenhalle

Sicherungskasten begutachtet

Freitag, 29. September '95

Zählung der Notbeleuchtungslampen (12)

Berechnung der Mindestbeleuchtungsstärke

Tabellenerstellung per Computer

Raumausmessung zur Ermittlung des Lichtwirkungsgrades

Freitag, 06. Oktober '95

Projektbesprechung mit Herrn Dr. Möller

Eichung eines Thermometers

Freitag, 27. Oktober '95

Jede Gruppe stellte ihr Projekt vor, beschrieb dessen aktuellen Stand sowie geplante Schritte

Montag, 30. Oktober '95

Einbau eines Kilowattstundenzählers (Raum 116 / Haus B) zur Messung des Lichtstromverbrauchs in der Pausenhalle

Freitag, 10. November '95

Beleuchtungsstärkenmessung per Luxmeter bei unterschiedl. Anzahl von eingeschalteten Leuchtstoffröhren (Ergebnisse siehe Anlage *Beleuchtungsmessungen 10.11.*)

Zähler abgelesen

Montag, 13. November '95

Zähler abgelesen

Besprechung und Planung weiterer Projektmaßnahmen

Beleuchtungsmeßergebnisse

Haus B: Erdgeschoß

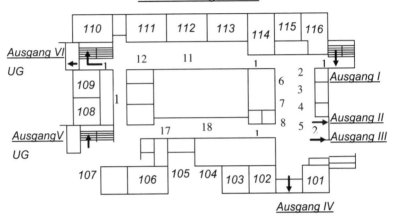

Mindestbeleuchtungsstärke für Korridore liegt bei ca. 100 *lx*

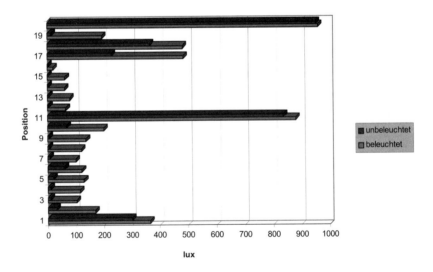

Signifikante Mindestbeleuchtungsüberschreitungen bei Position **1,11,17,18, 20.**

BELEUCHTUNGSMESSUNG 10.11.'95

Messungen bei 33 ausgeschalteten Leuchtstoffröhren
(Meßpunkte siehe *Beleuchtungsmeßergebnisse, Haus B: Erdge-schoß*)

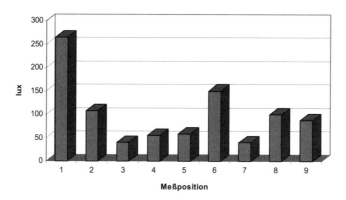

Energieverbrauch im Vergleich:

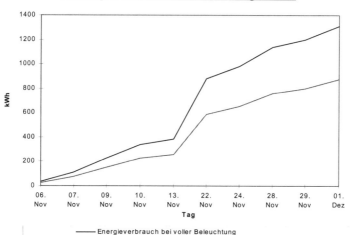

Das Beleuchtungsniveau

In einem Arbeitsraum muß eine bestimmte **Helligkeit (Beleuchtungsniveau)** vorhanden sein. Diese hängt nicht allein von dem abgestrahlten Lichtstrom der installierten Leuchten ab, sie wird mit davon beeinflußt, wie stark Decke, Wände, Möbel und Fußboden das Licht reflektieren.

Helle Raumflächen ergeben bei gleichem Lampenlichtstrom ein höheres Beleuchtungsniveau als dunkle Flächen. Das Beleuchtungsniveau eines Raumes wird durch die **Nennbeleuchtungsstärke** beschrieben. Sie soll als Mittelwert im ganzen Raum oder einer Raumzone herrschen. Sie wird 0,85 m über dem Fußboden (Tischhöhe) ermittelt.

Die Höhe der Nennbeleuchtungsstärke richtet sich nach der Schwierigkeit der Sehaufgabe. Diese wiederum ist abhängig vom Kontrast zwischen dem zu erkennenden Gegenstand und der unmittelbaren Umgebung sowie der Größe des Gegenstandes.

In DIN 5035 sind verschiedenen Sehaufgaben entsprechende Nennbeleuchtungsstärken zugeordnet. Tab. 1 zeigt eine Auswahl.

Bei der Planung einer Beleuchtungsanlage ist die Nennbeleuchtungsstärke mit dem Faktor 1,25 zu multiplizieren, da das Beleuchtungsniveau mit zunehmender Alterung und Verstaubung der Lampen sowie der reflektierenden Raumflächen abnimmt.

Ob die geforderte Nennbeleuchtungsstärke erreicht wird, kann mit dem Beleuchtungsstärkenmesser überprüft werden.

Im Meßwertaufnehmer der Meßgerätes befindet sich z.B. ein Fotoelement. Das auf die Meßebene (z.B. Tischplatte) auftreffende Licht erzeugt im Fotoelement eine Spannung. Diese - bei geschlossenem Stromkreis der Strom - wird verstärkt dem Meßgerät zugeführt, dessen Skala in *lx* geeicht ist.

Ein hohes Beleuchtungsniveau vermindert Ermüdungserscheinungen beim Menschen ebenso wie eine harmonische, ausgewogene Helligkeitsverteilung im Raum. Diese hängt von der Anordnung der Leuchten und von den Raumflächen ab.

Wie Maschinen oder Heizungsanlagen müssen auch Beleuchtungsanlagen gewartet werden. Der Zeitpunkt dazu ist gekommen, wenn die mittlere Beleuchtungsstärke des Raumes oder einer Raumzone auf 80% der Nennbeleuchtungsstärke abgesunken ist. Nur bei regelmäßiger Überprüfung und sorgfältiger Wartung der Beleuchtungsanlage ist die in der Pausenhalle erforderliche Beleuchtungsstärke gewährleistet.

Tab.1: Nennbeleuchtungsstärken nach DIN 5053

Art des Raumes bzw. der Tätigkeit	Nennbeleuchtungsstärke E_n in lx
Verkehrswege für Personen, Lagerräume	50
Verkehrswege für Personen und Fahrzeuge, Umkleideräume, Toiletten	100
Grobe u. mittlere Maschinenarbeiten, Sitzungsräume	300
Feine Maschinenarbeiten, Wickeln von Spulen, Montage von kleinen Motoren, Büroräume	500
Feinmechanik, Farbprüfung	1000
Montage feinster Teile, Elektronische Bauteile	1500

Schulen zu warm und zu hell

Schüler fanden heraus: Bis zu 30 Prozent der Energie kann eingespart werden

Kreis Segeberg (ger) In den Schulen wird zuviel geheizt und sind zuviele Lampen eingeschaltet. Darauf läßt eine Untersuchung schließen, deren Ergebnisse die 12. Klasse des Fachgymnasiums, technischer Zweig, an der Kreisberufsschule Bad Segeberg gestern präsentiert hat. Bis zu 30 Prozent der Energie ließe sich einsparen, rechnete Physiklehrer Dr. Ludwig Möller hoch.

Er leitet ein Energiespar-Schulprojekt, das nicht nur dem Klimaschutz gilt, sondern sich am Ende auch in barer Münze für die Schule bezahlt machen könnte. Ein Vertreter des Kreises sicherte zu, daß die Schule die Hälfte des eingesparten Geldes für sich behalten könnten.

Auf Ansatzpunkte für Verbesserungen stießen die Schüler gleich reihenweise. So fand eine der fünf Projektgruppen heraus, daß 1995 deutlich weniger in Haus B geheizt wurde als 1994. Der Grund waren nicht wärmere Außentemperaturen, denn sie waren herausgerechnet worden. Vielmehr hatte der neue Hausmeister darauf geachtet, daß nach Schulschluß die Heizungen in den Schulräumen heruntergedreht werden. Die Folge: Statt 66000 Mark waren nur 40000 Mark fürs Heizgas zu bezahlen.

Dennoch gibt es immer noch etwas zu verbessern. Ein anderes Team stellte fest, daß die Temperatur in den Schulklassen teilweise zu hoch ist. Manchmal läuft die Heizung auf Touren, während gleichzeitig Fenster geöffnet sind. Die Heizungen im Treppenhaus seien überflüssig. „Das ist ja kein Aufenthaltsraum", so ein Schüler. Die von Hand einzustellenden Thermostate sollten besser zentral gesteuert werden, um sie gegen „Handarbeit der Schüler" besser zu sichern. Wenn ein Raum geheizt werden

Viele Klassenräume werden zu stark geheizt, fanden die Schüler heraus. Kluges Verhalten kann Energie und mehrere 10000 Mark im Jahr sparen.   Foto ger

soll, werden gleich mehrere erwärmt, weil die Heizkörper an einem gemeinsam betriebenen Heizungsstrang liegen.

Die Klima-Gruppe schlug vor, daß sich Heizenergie sparen ließe, wenn die südlich gelegenen Klassenräume während der Sonneneinstrahlung weniger geheizt würden. Eine generell um 2 Grad Celsius gesenkte Heiztemperatur könnte 12 Prozent der Heizkosten einsparen.

Auf unerwartete Schwierigkeiten stieß die Strom-Gruppe, als sie für eine Meßreihe Hand an die Lampeninstallationen legte. Sie schraubten freitags ein Drittel (33) der Flurlampen im Erdgeschoß des Hauses B heraus. Am Sonnabend brach die gesamte Beleuchtungsanlage zusammen. Am Sonntag stellten Schüler und Hausmeister fest, daß die Elektrofirma beim Einbau offenbar Fehler bei der Installation begangen hatte. Dennoch

konnte der Versuch abgeschlossen werden. Das Ergebnis: Etwa 30 Prozent der Lampen in Haus B sind überflüssig.

Für sinnvoll hielten die Schüler, einen Lichtmesser für die Beleuchtungssteuerung zu nutzen. Wenn es draußen taghell ist, müssen drinnen nicht soviel Lampen leuchten. Nur teilweise sinnvoll sei es, Energiesparlampen in die Beleuchtung für die Notausgänge einzusetzen. Die Investitionen rechnen sich nicht immer.

Mehr für Demonstrationszwecke als für Energieeinsparung geeignet erwies sich die hauseigene Windkraftanlage. Sie produziert zu wenig Energie. Die vorhandene Solaranlage allerdings soll mit Mitteln des Bundes ausgebaut und für Stromproduktion sowie für Studienzwecke genutzt werden.

Unter dem Strich, so Dr. Möller gegenüber der Segeberger Zeitung, ließen sich 30 Prozent der Energie einsparen, mehr durch neue technische Regelungen als durch Verhaltensänderungen. Mit Bedauern nahm der Physiklehrer jedoch zur Kenntnis, daß nur Haus A der Kreisberufsschule und nicht Haus B an das neue Blockheizkraftwerk in Bad Segeberg angeschlossen wird.

Das Energiesparprojekt an der Schule wird fortgesetzt. Die jetzige elfte Klasse des Fachgymnasiums soll die Ergebnisse auswerten, Messungen fortführen und Folgerungen umsetzen, erläuterte Dr. Möller. Landesweit beteiligen sich zwölf Schulen, darunter die Kreisberufsschule in Norderstedt und das Gymnasium am Schulzentrum Henstedt-Ulzburg. Das Ziel sei, zum Energiesparen anzuregen, schreibt das Land in einer Broschüre – und gesteht freimütig ein, daß damit nicht nur den „Gefahren einer globalen Klimaveränderung" begegnet werden soll. Ein Grund seien auch die „leeren Haushaltskassen in den Kommunen."

Segeberger Zeitung, 20. Januar 1996

Wenig Energie – viel Kohle

Den Berufsschülern in Bad Segeberg geht ein Licht auf

Von ODA OERTEL

BAD SEGEBERG - **Die Heizung im Treppenhaus abstellen, ein paar Leuchtröhren weniger anschalten – es gibt simple Möglichkeiten, um Energie zu sparen. Bad Segeberger Berufsschüler** stellten im Rahmen des landesweiten Projektes „Energiesparen an Schulen" gestern ihre Forschungsergebnisse vor.

Anhand von Graphiken zeigte die zwölfte Klasse des Technikgymnasiums, wie sich der Strom- und Heizgasverbrauch an der Schule von 1985 bis 1995 verändert hat. Auffällig dabei: Während die Heizkosten 1994 noch rund 66 000 Mark betrugen, waren es im letzten Jahr nur noch 40 000 Mark. Unter anderem wurde in dieser Zeit die Temperatur nachts in einem Gebäudetrakt abgesenkt. Ob die Ersparnis von mehr als 20 000 Mark aber durch energiesparende Maßnahmen erzielt wurde, steht laut Physiklehrer und Projektleiter Dr. Ludwig Möller noch nicht fest. „Wir müssen noch die endgültigen Meßergebnisse des Klimafaktors abwarten", erklärt er.

Zur bereits verwirklichten Temperaturoptimierung gehört auch eine unkomplizierte Absprache mit Hausmeister Peter Quitzau, wenn es in einem Raum mal zu warm ist. Es könnte aber noch viel mehr getan werden. Ein Beispiel: „Bei Abendveranstaltungen muß immer ein ganzer Trakt beheizt werden, obwohl nur ein Raum benötigt

Im Heizungsraum der Beruflichen Schule Bad Segeberg mißt Nina Schackenberg die Temperatur der Rohre. Nina ist eine der Schülerinnen und Schüler, die an dem Projekt „Energiesparen an Schulen in Schleswig-Holstein" mitarbeiten.   Foto: ODA OERTEL

wird", beklagt Möller. Die Schüler haben sich jedenfalls eine Menge Gedanken gemacht. Eine der Projektgruppen schaltete kurzerhand 33 Leuchtstoffröhren in der Pausenhalle aus. Ergebnis: Der Energieverbrauch kann so um ein Drittel gesenkt werden. Eine andere Gruppe errechnete, daß sechs Prozent an Heizenergie gespart werden könne, wenn die Raumtemperatur um einen Grad gesenkt werde.

Noch in diesem Jahr soll ein Teil der Schule an das Blockheizkraftwerk der Schleswag angeschlossen werden. Es nutzt die Energie durch eine kombinierte Strom- und Wärmeerzeugung doppelt, wie Dirk Scheck (19) und Sven Millahn (18) erklären. Sie haben ein Pappmodell des Heizwerks gebaut.

Die Wirtschaftsklasse kann sich jetzt darauf freuen, die guten Ideen umzusetzen. Rüdiger Jankowski vom Schulverwaltungsamt des Kreises sicherte Schülern und Lehrern zu, daß sie die Hälfte der ersparten Mittel für sich verwenden könnten. „Das ist eine schöne Motivation für unsere Schüler", freut sich Ludwig Möller. „Eine computergesteuerte Raumtemperaturüberwachung wäre eine feine Sache."

Lübecker Nachrichten, 20. Januar 1996

III. Energiewirtschaft

Das Engagement der deutschen Gaswirtschaft beim Umwelt- und Klimaschutz

Zusammenarbeit zwischen Unternehmen und Schulen

Martin Hector

1. Einleitung

Energiesparen, Umwelt- und Klimaschutz gehören zu den Themen, die im Mittelpunkt der öffentlichen Diskussion stehen. Auch in der Erfahrungswelt von SchülerInnen gibt es viele Anknüpfungspunkte, umweltorientiert zu denken.

Gasversorgungsunternehmen, die bereits seit Jahrzehnten Kontakt zu den Schulen in ihren Versorgungsgebieten haben, konnten feststellen, daß ein hohes Informationsbedürfnis und eine zunehmend kritische Einstellung zu Energiethemen in den Schulen vorhanden sind (Windfeder, marketing erdgas 1996/3, S.1). Deshalb ist es nicht nur wichtig, Informationsdefizite abzubauen, sondern auch Problembewußtsein zu schaffen.

Die Kompetenz der Unternehmen sowie die Eigenschaften, mit denen Erdgas zum Umwelt- und Klimaschutz beiträgt, stehen im Mittelpunkt der Zusammenarbeit zwischen Schule und Unternehmen. Der Kontakt greift immer dort, wo es um Energie, Umwelt, Klima und insbesondere Erdgas geht. Aus Sicht der Unternehmen verlangt die Schulkontaktpflege Beständigkeit und Kontinuität.

2. Erdgas und Dienstleistung

Neben den vielseitigen Möglichkeiten, Erdgas zu nutzen (zum Heizen, zur Warmwasserbereitung, zum Kochen und Trocknen, aber auch zur Strom und Wärmeerzeugung sowie als Treibstoff für Kraftfahrzeuge), wächst bei Kunden und Öffentlichkeit der Anspruch an erweiterten Service und an transparente Informationen über die Umweltverträglichkeit. So klären die Gasversorgungsunternehmen im Rahmen von Marketing und Öffentlichkeitsarbeit über Aspekte des Umwelt- und Klimaschutzes sowie der Energieeinsparung auf.

Das Angebotsspektrum der Gasversorgungsunternehmen umfaßt mehr als den reinen Verkauf von Erdgas; vielmehr sind darin alle Leistungen für die Lieferung von Wärme, Strom und Kälte enthalten. In enger Kooperation mit der Gasgeräteindustrie, dem Installations- und Heizungshandwerk und dem Schornsteinfegerhandwerk bietet die Gaswirtschaft umfassende Leistungen an:

- Koordination der Modernisierung von Heizungsanlagen mit Maßnahmen des Wärmeschutzes durch bauphysikalische Beratung.
- Unterstützung bei der Finanzierung des Austausches veralteter Anlagen.
- Energiemanagement für Industriebetriebe, zum Beispiel durch Planung, Finanzierung, Bau- und Betriebsführung von Heizkraftanlagen.
- Lieferung von Wärme, beispielsweise für **öffentliche Einrichtungen** oder Mehrfamilienhäuser bei Übernahme der Planung, Finanzierung, dem Bau und dem Betrieb energiesparender Wärmeerzeugungsanlagen bis hin zur Wärmeabrechnung.

3. Erdgas und Klimaschutz

Durch Modernisierung alter Anlagen, Energiemanagement oder durch den Betrieb energiesparender Wärmeerzeuger, wie z.B. der Gasbrennwerttechnik, wird Energie gespart und damit die ausgestoßene CO_2-Menge vermindert.

Da Erdgas aus verhältnismäßig wenig Kohlenstoff (C) und viel Wasserstoff (H) besteht, weist es von allen fossilen Energieträgern die günstigste CO_2-Bilanz auf. CO_2 entsteht bei der Verbrennung fossiler Energieträger (alle Werte in der Grafik beziehen sich auf den gleichen Energiegehalt). Der Erdgaseinsatz und die Gasgerätetechnik liefern demnach sehr gute Ansatzpunkte für die optimale Energieausnutzung.

4. Die Klimaschutzerklärung der deutschen Gaswirtschaft

Im Rahmen der „Initiative der deutschen Wirtschaft für einen weltweiten Klimaschutz" hat der Bundesverband der deutschen Gas- und Wasserwirtschaft e.V. 1995 eine Selbstverpflichtungserklärung zur Minderung der CO_2-Emissionen abgegeben. Danach sollen im Bereich der Raumwärme der privaten Haushalte bis zum Jahr 2005 die spezifischen Kohlendioxid-Emissionen in den alten Bundesländern um etwa 25 %, in den neuen Bundesländern um rund 60% gesenkt werden. Bezogen auf den gesamten an Erdgas angeschlossenen Haushalts- und Kleinverbrauchssektor rechnet die deutsche Gaswirtschaft mit einer CO_2-Reduzierung von 30 - 40 Mio. t im Jahr 2005 gegenüber 1990. Die deutsche Gaswirtschaft wird damit einen erheblichen Beitrag zu der von der Bundesregierung im Haushalts- und Kleinverbrauchersektor angestrebten Gesamt-CO_2-Minderung um 110 Mio.

t leisten. Der erste Zwischenbericht zeigt, daß das angestrebte CO_2-Minderungsziel erreicht werden kann.

Zur Erreichung der dokumentierten Ziele verstärkt die Gaswirtschaft ihr Engagement in folgenden Bereichen:

- Forcierung von Brennwertnutzung und Kraftwärmekopplung
- Kombination von Erdgas und regenerativen Energien
- Ausweitung des Angebotes an Energiedienstleistungen
- Verstärkte Aktivitäten zur Nutzung „neuer" Anwendungsbereiche, wie z.b. Kochen, Gas-Wäschetrockner, Einsatz von Erdgasfahrzeugen
- Ausbau des Informations- und Beratungsservice für die Erneuerung von Heizungsanlagen
- Intensivierung der Öffentlichkeitsarbeit.

5. Zusammenarbeit zwischen Gasversorgungsunternehmen und Schulen

Die Kooperation mit Schulen - aus Sicht der Unternehmen die „Schulkontaktpflege" - bedeutet Öffentlichkeitsarbeit und Beratung.

Schulkontaktpflege „ ... ist immer dann erforderlich, wenn sie eine Nachfrage befriedigt..., wenn sie Antworten gibt auf die vor Ort gestellten Fragen und Probleme ...". Hier können die Versorgungsunternehmen mit Medien, Fachvorträgen, Betriebserkundungen und Lehrerfortbildungsveranstaltungen helfen, ihren Beitrag dazu beizusteuern, daß die jungen Leute die für das Leben notwendige Handlungskompetenz erwerben."(Wilmes, marketing erdgas 1996/3, S.2).

Bereits seit Jahren leisten viele Gasversorgungsunternehmen diesen Beitrag, der ihrem gesellschaftspolitischen Engagement sowie ihrem Status als Energieversorgungsunternehmen gerecht wird. Darüber hinaus gewinnt die Beratung von Schulen als „Energieverbraucher" zunehmend an Bedeutung. Im Rahmen von Projekten mit verschiedenen Beteiligten leisten die Gasversorgungsunternehmen kompetente Beratungsbeiträge, die sich z.B. auf Verbrauchsanalysen, Geräte- und Gebäudetechnik sowie auf Änderungen im Verbrauchsverhalten beziehen.

„Energiesparen an Schulen", der Titel dieser Veröffentlichung, ist jedoch nicht nur eine Überschrift für entsprechende Energiesparprojekte. Umwelterziehung spielt in der Schule eine zunehmend wichtigere Rolle, Projekte zum Aspekt Umwelt finden das besondere Interesse der Lernenden. Eine Mitgestaltung seitens des Versorgungsunternehmens könnte beispielsweise bei dem Projekt „Treibhauseffekt und Weltklima" erfolgen. Fächerüber-

greifend sowie erlebnis- und handlungsorientiert können hier der Einsatz
der verschiedenen Energieträger und ihre Auswirkungen auf den Treibhauseffekt, Möglichkeiten der CO_2 - Minderung und Wege der Energieeinsparung behandelt werden." (Wilmes, marketing erdgas 1996/3, S.3).

6. „Erdgas macht Schule" - Medienwelt für die Schule

Die deutsche Gaswirtschaft setzt auf eine kontinuierliche, langfristig ausge-
legte Zusammenarbeit mit Schulen. Für den Auf- und Ausbau ihrer Schulkontaktpflege greifen die Unternehmen vielfach auf Medien zurück, die
vom Bundesverband der deutschen Gas- und Wasserwirtschaft e.V.
(BGW), Bonn, und der Information Erdgas (InfE), Essen, angeboten werden. Weiter hat jedes Gasversorgungsunternehmen eigene Informationsmit-
tel und Maßnahmenkonzepte für die Arbeit mit und in Schulen.

Das Spektrum reicht von produktbezogenen Informationen für Lehrer und
entsprechende Lehrerfortbildungsveranstaltungen über didaktisch aufberei-
tete Lehr- und Arbeitsmittel für verschiedene Schultypen und Klassenstufen bis hin zu Pilotprojekten für „Multimediales Online-Lernen". Zu dem,
was man heute als Edutainment bezeichnet, tragen spezielle Magazinreihen
bei. Diese gibt es zum Thema „Erdgas" sowie zu den Themen „Energie",
„Umwelt", „Klima" und „Mobilität". Sie sind sowohl für das Lernen in der
Schule als auch in der Freizeit geeignet.

Medien für die Primarstufe

Für die Grundschule einschließlich der Klassen 5 bis 6 bietet der BGW das
Energiesparmärchen „Auf zu den Göttern" an, das von dem Clowntheater-
Ensemble „Theater Till" aufgeführt wird. Das Clownstück wird durch eine
Arbeitsmappe für Lehrer zur Vor- und/oder Nachbereitung des Theater-
besuchs ergänzt. Die Mappe knüpft zwar an den unmittelbaren Erfahrungen
mit dem Clownstück an, bietet aber darüber hinaus allen, die Kindern das
komplexe Thema Energie vermitteln wollen, grundlegende Anregungen,
Ideen und Arbeitsblätter für eine handlungsorientierte Erarbeitung in der
Grundschule. Der Nutzen einer solchen gekoppelten Vorgehensweise
(Theaterstück und Arbeitsmappe) wird von den die Kinder begleitenden
LehrerInnen und den mit der Schulkontaktpflege betrauten Personen in den
Unternehmen immer wieder herausgestellt. „Mit Kopf, Herz und Hand für
die Zukunft lernen!" Mit dem Stück „Auf zu den Göttern" wird diese For-
derung gekonnt umgesetzt.

[Abb. 1: Foto mit einer Szene aus dem Clownstück]

Einen besonderen Lesespaß für die oben genannte Altersgruppe bietet das vom BGW herausgegebene „Erdgas-Magazin". In Anlehnung an erfolgreiche Jugendzeitschriften wird das Thema „Erdgas" von seiner Entstehung bis zur Anwendung mit Hilfe der Comicfigur „Troll" illustriert. Insgesamt gibt es 6 Hefte zu folgenden Themen: Entstehung, Lagerung, Förderung, Transport, Verteilung und Anwendung von Erdgas. Ergänzend dazu gibt es ein Fingertheater mit der „Troll-Familie" als Bastelbogen.

Das Video „Nick und Nina als Reporter – Auf den Spuren des Erdgases" rundet das Medienangebot des BGW für die Primarstufe ab. Zu den Zuschauern zählen Schüler unterschiedlicher Schultypen, aber auch Lehrer und Dozenten, Einrichtungen der sozialen Betreuung und Medienzentren.

Die InfE bietet für die Primarstufe ein Medienpaket an, das sie zusammen mit dem IMKO, Institut für Medien und Kommunikationsforschung e.V., entwickelt hat. Das Paket besteht aus zwei Basteleinheiten, einem Experimentierkasten, drei Schülerheften und einer Information für Lehrer.

[Abb. 2: Deckblatt von „Wissen über Energie – Mein Forscherbuch"]

Die Grundschüler können untersuchen, entdecken und vor allem experimentieren, wobei auf ihre Lebenserfahrungen zurückgegriffen wird. Energie, Wärme und Gas werden als Themenbereiche in den Unterricht einbezogen. So können die Kinder in ihrer alltäglichen Umgebung nach Geräten suchen, die mit Energie, Wärme oder Gas zu tun haben. Anschließend erarbeiten sie ihre Suchergebnisse an einem Modellhaus, das als Basteleinheit zu dem Paket gehört.

Eine andere Unterrichtseinheit läßt sich anhand des Themas „Erdgasversorgung einer Stadt" gestalten. Dazu gibt es eine zweite Basteleinheit, die von den Schülern zu einer erdgasversorgten Modellstadt zusammengebaut wird. Anhand eines unterirdischen Leitungsplans kann geprüft werden, ob die Gebäude richtig an die Erdgasversorgung angeschlossen sind.

Mit dem Experimentierkasten des Medienpaketes für die Primarstufe können die Schüler Versuche mit Gas durchführen.

Eine Fibel über die „Geschichte der Maus, die nicht mehr frieren wollte" sowie ein Sachbuch (für Kinder bis zu 14 Jahren) über die „Geschichte vom Erdgas" ergänzen das Paket der InfE für die Primarstufe.

Alle Vorschläge zur Gestaltung des Unterrichts tragen dazu bei, Kinder bereits in der Grundschule mit Umweltproblemen und dem Thema „Energie" vertraut zu machen.

Medien für die Sekundarstufen I und II

In der Sekundarstufe gibt es zahlreiche Fächer, in denen sich Anknüpfungspunkte für die Themen „Energie" und „Umwelt" ergeben, wie z. B. in Geographie, Physik und Chemie sowie auch in der Gesellschafts- oder Hauswirtschaftslehre oder im Fach Technik.

Die InfE gibt dazu eine Medienmappe heraus, die speziell auf den Bedarf der Sekundarstufe SI – SII zugeschnitten ist. Die Mappe mit dem Titel „Wissen über Energie – Geographie/Naturwissenschaft" vermittelt am Beispiel Erdgas das Lehrplanthema „Energie", einschließlich der damit verbundenen ökonomischen, ökologischen und technischen Fragen. Der Inhalt ist in sieben geschlossene Themenkreise aufgeteilt, was dem Lehrer die Möglichkeit bietet, die Mappe modular zu nutzen. In einer gesonderten Übersicht werden die Themen und Lerninhalte sowie die Medien (Arbeitsfolien und Schülerarbeitsblätter) den Unterrichtsfächern und Schulstufen zugeordnet. Die Themenkreise behandeln Entstehung, Förderung, Transport, Vorräte, Eigenschaften und die Verwendung von Erdgas sowie das Thema „Umwelt".

Besonders attraktiv, um am Beispiel Erdgas das Thema „Energie" anschaulich darzustellen, ist die Ausstellung „Erdgas – Energie aus der Natur". Sie wurde vom Wandernden Museum der Universität Kiel entwickelt und richtet sich vor allem an Schulen, ist aber auch für die breite Öffentlichkeit interessant. Viele der Ausstellungsstücke, wie Tafeln oder Bohrkerne, dürfen von den Besuchern der Ausstellung angefaßt werden. Damit kann ein „Begreifen" in doppeltem Sinn stattfinden.

Anschauliche Darstellungen des komplexen Themas „Energie" bieten auch Filme, die der BGW zusammen mit dem FWU (Institut für Film und Bild in Wissenschaft und Unterricht) erstellt hat. Drei Filme mit den Titeln „Methan – der einfachste Kohlenwasserstoff", „Der Treibhauseffekt" und „Wasserstoff – Energieträger mit Zukunft?" stehen zur Verfügung. Alle Filme richten sich an die Sekundarbereiche I und II der Haupt- und Realschule, des Gymnasiums und der integrierten Gesamtschule (ab Schuljahr 8). Erweiterte Einsatzmöglichkeiten ergeben sich in der beruflichen Bildung. Die Filme gibt es sowohl als Video als auch als 16-mm-Film. Sie werden vom FWU verkauft oder können bei den Landes-, Kreis-, und Stadtbildstellen ausgeliehen werden. Der BGW hat zu jedem Film ein kostenloses Booklet mit detaillierten Informationen.

Eine weitere sinnvolle Ergänzung für den Unterricht in der Sekundarstufe I stellt auch der Videofilm „Technik 2000 – Erdgas" dar: ein 28 minütiger Film, der, basierend auf zwei Folgen einer ZDF-Sendereihe, in sechs kurzen inhaltlichen Abschnitten unterschiedliche Aspekte des Themas „Erdgas" aufzeigt. Dieser Film ist für den naturwissenschaftlichen Unterricht geeignet, er kann aber auch in der Gesellschafts- oder Hauswirtschaftslehre eingesetzt werden.

Sowohl für das Lernen im Unterricht als auch in der Freizeit gibt der BGW das Jugend-Umweltmagazin „Edgars Welt" heraus. Pro Jahr erscheinen 2 Hefte mit je einem Schwerpunktthema. Bisher sind folgende Ausgaben erschienen: „Energie", „Klima", „Mobilität" und „Schätze der Erde".

Die Magazine sind speziell dem Informationsverhalten von Jugendlichen im Alter von 12 bis 16 Jahren angepaßt. In jedem Heft gibt es unterhaltsame Teile auf den ersten und den letzten Seiten. Dazu gehören u. a. eine Schülerumfrage zum Schwerpunktthema, ein Fotocomic, Berichte oder Hinweise zum Sport und ein Blitz-Gespräch, wie z. B. mit Bundesumweltministerin Angela Merkel zum Thema „Klima" oder das Interview mit dem Formel-1-Weltmeister Michael Schumacher zur „Mobilität".

Zwei Drittel jeder Ausgabe von „Edgars Welt" behandelt das Wissen zum jeweiligen Schwerpunktthema. Dabei handelt es sich um einen zusammenhängenden Teil. In der Regel enthält er eine Geschichte, die im Dialog erzählt wird und das Thema erklärt, eine Aktion oder Aktionsbeispiele, eine Reportage und die Präsentation eines zum Schwerpunktthema passenden Berufsbildes.

So gibt es in der Ausgabe zur „Mobilität" einen spannenden Internet-Dialog zum Thema „Auto" mit vielen Hinweisen und Erklärungen. Im Heft zum Thema „Klima" befindet sich die Aktion „Du hast die Wahl". Dabei können die Leser zwischen drei Zukunftsszenarien wählen oder selbst beschreiben, wie sie sich die Welt von morgen vorstellen. Die Gasversorgungsunternehmen können diese Aktion mit Lehrern und Schülern durchführen.

In der ersten Ausgabe von „Edgars Welt" zum Thema „Energie" wird der Beruf des Energieberaters vorgestellt. Neben der Beschreibung des Berufsbildes sowie Hinweisen zum Erlernen des Berufs wurde ein Energieberater der Stadtwerke Düsseldorf interviewt. Im gleichen Heft wird in einem Bericht anschaulich dargestellt, wieviel Energie eine Jeans von der Herstellung bis zur ihrer Entsorgung verbrauchen kann.

Alle Medienpakete, die die Unternehmen der deutschen Gaswirtschaft in der „Schulkontaktpflege" einsetzen, werden stets weiterentwickelt und an der Bedarfslage vor Ort ausgerichtet. Viel wichtiger ist jedoch die Betreuung der Schulen durch eine/n AnsprechpartnerIn. Deshalb gibt es in den Unternehmen MitarbeiterInnen, die für den Schulkontakt zuständig sind.

Literatur

„marketing erdgas" 3/1996 - Beilage zur Zeitschrift gwf - Das Gas- und Wasserfach, Ausgabe Gas/Erdgas, 137. Jahrgang, R. Oldenbourg Verlag, München, Oktober 1996

„Erdgas in Deutschland - Unsere Verantwortung für das Weltklima", Bundesverband der deutschen Gas- und Wasserwirtschaft e.V., Bonn

1. Zwischenbericht zur Klimaschutzerklärung der deutschen Gaswirtschaft vom März 1995 bis zum Jahr 2005, Bundesverband der deutschen Gas- und Wasserwirtschaft e.V., Bonn

Sonstige Quellen:

„Erdgas und Umwelt", InfE (Information Erdgas), Postfach 10 17 14, 45017 Essen

„Spaß am Umweltschutz", „Klimaveränderung und Ozonloch. Zeit zum Handeln", Umweltbundesamt, Berlin

„Klima und Mensch", Bundesministerium für Bildung, Wissenschaft, Forschung und Technologie, Referat - Öffentlichkeitsarbeit, Bonn

Information zu den Medien:

Bundesverband der deutschen Gas- und Wasserwirtschaft e.V., Josef-Wirmer-Straße 1, 53123 Bonn, Telefon: 0228/2598-0; Fax: -120

Information Erdgas, InfE, Postfach 10 17 14, 45017 Essen,
Fax: 02 01 / 27 45 64.

Wirtschafts- und Verlagsgesellschaft Gas und Wasser mbH, Josef-Wirmer-Straße 3, 53123 Bonn, Fax: 02 28 / 25 98-420.

FWU Institut für Film und Bild in Wissenschaft und Unterricht gemeinnützige GmbH, Geiselgasteig, Bavariafilmplatz 3, 82031 Grünwald, Telefon: 089/6497-1, Fax: 089/6497300

Nähere Auskünfte:

Dipl.-Kfm. Martin Hector, Bundesverband der deutschen Gas- und Wasserwirtschaft e.V., Josef-Wirmer-Straße 1, 53123 Bonn, Tel. : 0228/2598-143, Fax: 02 28 / 25 98-120

Warum die Energieversorgung Potsdam GmbH den Schulen beim Energiesparen hilft

Dietmar Reichelt

1. Umweltorientierte Energiepolitik der Stadt Potsdam

Die Stadtverordnetenversammlung Potsdams hat mit ihrer „Satzung über die öffentliche Fernwärmeversorgung in der Landeshauptstadt Potsdam, vom 21. Oktober 1993" einen richtungsweisenden Beschluß zur umweltgerechten, energiesparenden und wirtschaftlichen Energieversorgung gefaßt.

Folgerichtig begann im Januar 1994 die Energieversorgung Potsdam GmbH (EVP) die Energieversorgung der Stadt schrittweise zu übernehmen.

Die Stadt besaß mit einer relativ hohen Anschlußdichte - mehr als die Hälfte aller Haushalte werden mit Fernwärme versorgt - günstige Ausgangsbedingungen für einen derartigen Beschluß. Das vorhandene ca. 120 km lange Fernwärmenetz war insgesamt in einem soliden Zustand.

Die Stadtverordnetenversammlung beschloß - ebenfalls im Oktober 1993 - aus ökologischen und wirtschaftlichen Erwägungen heraus, für das geplante neue Heizkraftwerk (HKW) den Energieträger Erdgas einzusetzen. Bereits am 1. November 1994 wurde das neue erdgasbetriebene Heizwerk Nord (max. 38 MW thermisch) und am 31.12.1995 das Gas- und Dampfturbinen-HKW Süd (max. 275 MW thermisch u. 83.5 MW elektr.) der EVP übergeben.

2. Konkrete Verbesserung der Umweltbedingungen

Die Immissionsbedingungen in Potsdam verbesserten sich allein durch das Heizkraftwerk Süd deutlich. Fielen dort in 1992 noch etwa 430 t Staub und 1350 t Schwefeldioxid an, so waren es 1996 noch ca. 80 t Schwefeldioxid und keine nennenswerten Stäube. Trotz Erhöhung der Fernwärmeleistung des neuen HKW gegenüber dem alten Heizwerk um 40% verringerte sich die Emission von Luftschadstoffen insgesamt um 70%.

Im Jahr 1992 sind 750.000 m³ Wasser aus der nahegelegenen Nuthe entnommen und nach Gebrauch 420.000 m³ Wasser wieder eingeleitet worden. Die neue Anlage benötigt nur noch max. 100.000 m³ pro Jahr. Nicht nutzbare Abwässer, wie die aus der chemischen Wasseraufbereitung, werden nach ihrer Neutralisation in das städtische Abwassernetz abgeführt. Alle im HKW anfallenden heißen Abwässer werden vor dem Einleiten in

die Kanalisation durch Kaltwasserzumischung auf < 35 °C Einleittempera-
tur abgekühlt.

Diese Beispiele belegen die Intension der Stadt Potsdam und ihres Energie-
versorgers in Richtung einer konsequenten wirtschaftlichen und umwelt-
freundlichen Energiepolitik.

Der Beitritt Potsdams zum internationalen Städte-Klimabündnis (CO_2-In-
itiative) gehört nicht zuletzt dazu.

3. Wie die EVP mit Schulen zusammenarbeitet

Wo könnte man also besser mit dem lokalen Handeln beginnen als in den
Schulen, wo sich viele unserer künftigen Kunden befinden. Hier können
wir den Schülern - anhand praktischer Übungen in ihren Schulräumen - den
Energiespargedanken nahebringen, sie können ihn in ihrem Denken und
Handeln verinnerlichen. Es wird nicht nur darüber geredet, sondern konkret
gehandelt - Learning by doing !

Kurzfristig sind Energieeinspareffekte nicht unbedingt verkaufsfördernd.
Sollten allerdings die Ergebnisse der Untersuchungen im Rahmen des von
uns unterstützten Energiesparprojektes, aufgrund einer veralteten Heizungsanlage, einen zu hohen Verbrauch nachweisen, müßte schnell Abhilfe
geschaffen werden. Die EVP würde natürlich mit den ihr zur Verfügung
stehenden Mittel eine Heizungsmodernisierung (Fernwärme bzw. Erdgas)
unterstützen.

Somit ist neben dem Energiespar- und Umwelteffekt auch ein unmittelbarer
wirtschaftlicher Vorteil für die EVP zu erzielen - ein echter Win/Win-Er-
folg.

Eine derartige Verfahrensweise ist überhaupt wichtig, für den Unterneh-
menserfolg eines Stadtwerkes. Energiesparmaßnahmen und ökologische
Orientierung sollten nicht im ständigen Widerspruch zur Wirtschaftlichkeit
gesehen werden bzw. dorthin nicht geraten. Das Gegenteil muß erreicht
werden. Ökologisches Engagement muß finanziert werden, das ist nur
möglich, wenn wir ökonomisch erfolgreich sind. Entsprechende politische
Rahmenbedingungen des Bundes, besonders eine fiskalische/ökologische
Steuerreform, könnten diesen Ansatz noch verstärken.

4. Weitere Angebote an die Schulen

Neben der Unterstützung von Potsdamer Schulen im Rahmen des Energiesparprojektes haben wir es uns zur ständigen Aufgabe gemacht, Schulen und andere Bildungseinrichtungen bei der didaktischen Arbeit zum Thema Energie zu unterstützen. Unsere aktive Mitarbeit im Landesarbeitsausschuß „Schulinformation" der Vereinigung Deutscher Elektrizitätswerke - VDEW - e.V., Landesgruppe Berlin/Brandenburg, sowie in analogen Arbeitsgruppen des Bundesverbandes der deutschen Gas- und Wasserwirtschaft (BGW) e.V., des Verbandes

Kommunaler Unternehmen (VKU) usw. schaffen dazu auch institutionell wichtige Voraussetzungen.

Wir bieten beispielsweise den Schulen an, unser neues GuD HKW Süd geführt zu besichtigen. Die Potsdamer Schulen, aber auch Berliner Bildungseinrichtungen und darüber hinaus Hochschulen aus dem weiteren Bundesgebiet machen von diesem Angebot rege und gern Gebrauch. Hier können vor allem die Potsdamer Schüler „erleben" wie „ihre" Energie erzeugt und von wo sie verteilt wird. Strom kommt dann sicherlich nicht nur einfach aus der Steckdose bzw. aus einem anonymen Kraftwerk von j.w.d., sondern von nebenan, aus ihrer Stadt, von ihrem Energieversorger/-dienstleister. Unser Ziel ist es, daß möglichst jeder Potsdamer Schüler vor dem Verlassen der Schule bei uns war - praktizierte Kundennähe von Anfang an!

Ebenso können die Schulen bei uns Vorträge zum Energiesparen im Haushalt, zur Erdgasversorgung von der Quelle zum Verbraucher usw. hören. Außerdem beschaffen wir für Lehrer und Schüler Unterrichtsmaterialien zur Energie-Thematik im breitesten Sinne und für die verschiedensten Fächer, aber möglichst fächerübergreifend, vernetzt, ganzheitlich.

5. Zusammenarbeit mit Schulen - Entwicklungsschritt zum kunden-orientierten Dienstleister

Die intensiver werdende Zusammenarbeit mit Schulen belegt einmal mehr unsere Entwicklung vom
reinen   Energieversorger   zum
(Energie-)Dienstleister. Beim Kunden ist im wachsenden Maße Zu-
satznutzen in Form innovativer
Dienstleistungen gefragt. Dabei sehen wir in der Schulberatungs-
tätigkeit eine direkte und unmittelbare Dienstleistung. Gleichzeitig
ist sie aber auch eine Investition in
die Zukunft, und das in mehrfacher
Weise:

- Zu unseren künftigen Kunden kann eine Vertrauensbasis aufgebaut werden;
- wir bieten ihnen später Energie zu für sie vorteilhaften Konditionen,
hinsichtlich Preis, Technik, Komfort usw. an, die unter weitestgehender
Beachtung ökologischer Gesichtspunkte bei der EVP erzeugt wird;
- darüber hinaus offerieren wir Energiesparprogramme, Vorschläge zur
Wärmedämmung, Heizungsvarianten, Lüftungssysteme, Contracting-
Modelle zur Energielieferung, Wärme-(direkt)Service;
- bieten unsere Unterstützung bei Planung und Bau ihres Eigenheimes, besonders hinsichtlich der Elektroenergie-, Fernwärme-/Erdgas- und Was-
ser-/Abwasserversorgung und Telekommunikationsanschluß an;
- informieren über bzw. organisieren eine günstige Verkehrsanbindung -
öffentlich oder individuell - bis hin zum Leasen eines Erd-/Biogas-,
Elektro- oder Solar-Pkw.

Damit qualifiziert sich die EVP zum integrierten Infrastruktur-Anbieter.

Alles gute Gründe für unsere Zusammenarbeit mit Schulen -
auch beim Energiesparen.

Energieunternehmen und effizienter Einsatz von Energie

Elke Scholz

Die TEAG Thüringer Energie AG ist das regionale Energieunternehmen in Thüringen. Unsere Hauptgeschäftsfelder sind die Versorgung von etwa 580000 Kunden und 29 Stadtwerken mit Elektroenergie, sowie die Erzeugung und der Verkauf von Wärmeenergie. Weitere Geschäftsfelder haben wir im Mobilfunkbereich und der Entsorgung erschlossen.

1. Das Projekt „Energieeffiziente Schule" aus unserer Sicht

Im Rahmen unseres Angebotes Schulberatung und -information haben wir für die Jahre 1996 - 1999 das Projekt „Energieeffiziente Schule" ausgeschrieben. An diesem Projekt beteiligen sich 8 Schulen. Es handelt sich hierbei um Regelschulen und Gymnasien, die sich in unserem Versorgungsgebiet befinden.

Das Ziel des Projektes wurde wie folgt formuliert: „Erzielen von Energieeinsparungen im Haushalt

– der Schule durch verändertes Umweltbewußtsein

– der Schüler und natürlich auch der Lehrer".

Gemeinsam mit dem Lehrer wird den Schülern die Möglichkeit gegeben, den Energiehaushalt der Schule selbst zu untersuchen, zu bewerten und Einsparmöglichkeiten zu erkennen. Hierbei werden grundlegende Informationen zur Notwendigkeit des Energiesparens und zu den unterschiedlichen Möglichkeiten zu Hause sowie in der Schule vermittelt.

Somit stellt sich das Projekt als *praxis- und handlungsorientierte sowie fächerübergreifende* Unterrichtsvariante dar.

Ein weiterer Effekt, der sich im Ergebnis des Projektes erzielen läßt, ist das Erlangen von Fähigkeiten zum eigenständigen Planen und auch zum verantwortungsbewußten Verwenden von Haushaltsmitteln durch und für die Schule. Durch die Möglichkeit der Selbstverwaltung können die Einsparungen auch besser materiell umgesetzt werden.

Als Beispiel hierfür ist ein Pilotprojekt zu nennen, welches am Bückeberger Gymnasium Adolfinum in Niedersachsen durchgeführt wurde. An diesem Gymnasium werden jährlich zum Beispiel Heizkosten in Höhe von

20000 Mark eingespart. Auch die Rechnung über den Elektroenergiever-
brauch ist um 10000 Mark gesunken.

Für Thüringen ist beginnend mit dem Schuljahr 97/98 ebenfalls die Durchführung des Projektes „Selbstverwaltung an den Schulen" geplant. Die
Durchführung wird sich vorerst auf Schulen in der Stadt Erfurt beschränken.

2. Warum bieten wir als Energieunternehmen das Projekt „Energie effiziente Schule" an, setzen uns für das Energiesparen ein?

Wirtschaftswachstum, Wohlstand, ein breites Warenangebot, uneinge-
schränkte Kommunikation über Ländergrenzen, ein schnelles Auto, Reisen
in ferne Länder - Vorteile und Bedürfnisse der Menschen unserer Gesellschaft. Dem stehen Verbrauch der endlichen Rohstoffe, die Zerstörung der
Landschaft und andere Umweltprobleme gegenüber.

Wie können diese Probleme gelöst werden? Folgende Varianten wären
denkbar:

1. Der Lebensstandard wird reduziert, zurück zu „reinen Natur".

2. Die Probleme sind nicht lösbar, wir wirtschaften weiter wie in der Vergangenheit.

3. Die Menschen verringern oder beseitigen die Umweltschäden mit Mitteln der Forschung und Technik. Voraussetzung hierfür ist ein erheblicher Kapital- und Ressourcenaufwand, der auch zur Verringerung des
   bisherigen Lebensstandards führen kann.

Welcher dieser Wege ist richtig? Das läßt sich schwer sagen. Wichtig ist
jedoch, daß für die Umwelt etwas getan wird.

Wir als Energieunternehmen stellen uns mit unseren Möglichkeiten den
Anforderungen der Zeit. Das geschieht natürlich nicht nur aus der eigenen
Erkenntnis heraus, sondern auch aufgrund verschiedener Faktoren, die auf
uns einwirken.

Der Energiemarkt unterliegt derzeit einem grundlegenden Wandel. Einerseits gibt es energiepolitische Vorgaben, die von der Bundesregierung formuliert wurden. Als Beispiel sind die Umwelt- und Klimaschutzziele zu
nennen, die unter anderem eine Verringerung von 25% des Kohlendioxid-
ausstoßes bis zum Jahr 2005 im Vergleich zu 1990 anstreben. Eine Maßnahme hierzu ist z.B. die Novellierung der Wärmeschutzverordnung vom
1. Januar 1995.

Zum anderen ist in unserer Gesellschaft einen Wertewandel zu verzeichnen; der Kunde legt heute auf Umwelt, Umweltverhalten, Klimaschutz u.ä. deutlich mehr Wert. Ein Anstieg des Energiebedarfs ist nicht gefragt.

Weiterhin ist durch die Liberalisierung des Energiemarktes ein zunehmender Wettbewerbsdruck für die Energieunternehmen zu erwarten. Insbesondere Großkunden haben dann die Möglichkeit, sich ihren Versorger frei zu wählen.

Unser daraus abgeleitetes Ziel besteht darin, daß wir konsequent den Weg von einem Energieversorgungsunternehmen zu einem Energiedienstleistungsunternehmen gehen. Aus diesem Grund führen wir Rationalisierungsmaßnahmen durch und zeigen Engagement für den Umweltschutz und das Energiesparen als Dienstleistungen für Kunden und Gesellschaft.

Die TEAG Thüringer Energie AG kann gerade im Bereich des Umweltschutzes über verschiedene Positionen berichten:

- Stillegung veralteter Wärmeerzeugungsanlagen,
- umfassende Rekonstruktion von Heizkraftwerken in Bad Salzungen und Jena (Senkung des Schadstoffausstoßes),
- Altlastensanierung auf den Deponien und in Umspannwerken ,
- Begrünung von Aschehalden,
- Wegbepflanzungen und Aufforstung von Waldflächen,
- Vogelschutz,
- Erhaltung und Neugestaltung von Biotopen.

Mit unseren Dienstleistungsangeboten (Contracting, Kommunale Beratung, Beratung für Industrie- und Gewerbekunden) orientieren wir uns an den Anforderungen und Wünschen unserer Kunden und der Bürger. Dabei finden die rationelle Energieanwendung als auch die Wirtschaftlichkeit (als Maßstab für die rationelle Nutzung aller Ressourcen) Beachtung.

Gleichzeitig fördern wir die Bemühungen unserer Kunden, mit Energie rationell umzugehen. So gewährt die TEAG Thüringer Energie AG, zusätzlich zu den staatlichen Fördermitteln, zum Einsatz von Wärmepumpen einen Zuschuß in Höhe von 100 DM/kW-Heiznennleistung. Des weiteren bieten wir Sonderstrompreise für den Einsatz von Wärmepumpen an.

3. η - die „Initiative Energievernunft"

All die vielfältigen Aktivitäten der Stromversorger auf dem Gebiet der rationellen und sparsamen Energienutzung sowie des Umweltschutzes werden in der Öffentlichkeit zu wenig wahrgenommen. Die Unternehmen der Stromversorgung sehen keinen unlösbaren Widerspruch zwischen marktwirtschaftlichem Denken und den berechtigten allgemeinen Anliegen wie dem Umweltschutz.

So haben die deutschen Stromversorger für die Bündelung ihrer Maßnahmen ihre „Initiative Energievernunft" gestartet. Als Markenzeichen wurde der Buchstabe - Eta - gewählt. Dieser Buchstabe ist seit langer Zeit als Formelzeichnen für den Wirkungsgrad bekannt und bezeichnet damit das Maß der Energieausnutzung.

Das Eta-Zeichen symbolisiert den branchenweiten Aktionsrahmen für Maßnahmen zur rationellen Energienutzung. Es wirbt für mehr Energie-Vernunft jedes einzelnen. Gleichzeitig steht das „Eta" auch für die Attraktivitätssteigerung des Standortes Deutschland hinsichtlich des Produktionsfaktors Energie und natürlich für optimalen Umweltschutz.

4. Hinter dieser Initiative stehen folgende Grundsätze:

1. Vernünftiger Umgang mit Umwelt und Ressourcen

Unsere Umwelt und die begrenzten Kohle-, Öl- und Gasressourcen verdienen jede nur mögliche Schonung. Dazu trägt der verantwortungsvolle Umgang mit Energie entscheidend bei. Um die Belastungen von Natur und Atmosphäre immer mehr zu verringern, werden hohe Summen in den Umweltschutz investiert.

2. Vernünftige Entwicklung und Nutzung neuer Energiequellen

Schon heute wird die Wasserkraft in großem Maße genutzt. Da, wo es sinnvoll ist, kommt die Windenergie zur Anwendung. Die Nutzung der Sonnenenergie wird als langfristige Option erprobt. An Bedeutung als Energielieferant wird die Biomasse gewinnen. Diese und andere erneuerbare Energien (z.B. Deponiegas) werden genutzt und in ihrer technischen Entwicklung gefördert. Dennoch gilt das Gebot der Verantwortung, neben den Möglichkeiten auch die Grenzen der erneuerbaren Energien klar anzusprechen.
Die TEAG hat 1996 in Thüringen 4 Photovoltaikanlagen als Pilotanlagen an Thüringer Schulen gefördert. Diese Förderung lief unter dem Projektnamen „Strom aus der Sonne für Schulen". Die Schulen hatten hier die Gelegenheit, die Photovoltaikanlage selbst zu planen, zu installieren und zu betreuen. Dazu gehört ein drei Jahre währendes Meßprogramm, das von den Schulen in eigener Verantwortung durchgeführt wird. Im Ergebnis können die Chancen und Grenzen einer solchen Anlage realistischer beurteilt werden.

3. Vernünftiger Energiemix für dauerhaft sichere Versorgung

Jede Art der Energiegewinnung hat spezifische Vor- und Nachteile. Die deutschen Energieunternehmen stehen in der besonderen Verantwortung, die unterschiedlichen Energiequellen so zu nutzen, daß sie sich im Sinne einer sicheren, kostengünstigen und umweltverträglichen Energieversorgung möglichst gut ergänzen. Auf absehbare Zeit dürften die fossilen Brennstoffe und die Kernenergie, die heute 98 Prozent unserer Energieversorgung und 95 Prozent unserer Elektroenergieversorgung bestreiten, die Basis unserer Energieversorgung bleiben.

4. Vernünftige Strompreise für einen attraktiven Industriestandort Deutschland

Beim privaten Kunden entlasten günstige Energiepreise die Haushaltskasse. Auch für die deutsche Wirtschaft ist preiswerte Energie ein wichtiger Produktionsfaktor.

Durch die Stärkung des Industriestandortes Deutschland, auch von der Energieseite aus, sichern wir Arbeitsplätze in Deutschland und somit den künftigen Lebensstandard der Bürger.

5. Vernünftig miteinander reden

Wir wollen, daß die Kunden die „Initiative Energievernunft" ernst nehmen, somit beschränken wir unserer Aktivitäten nicht auf Anzeigen und Broschüren. Wir setzen Maßnahmen um und stehen auch Rede und Antwort. Nur ein offener, ehrlicher Dialog kann das nötige Vertrauen schaffen, mit dem sich gemeinsam mehr Energievernunft verwirklichen läßt. Dabei sparen wir kein wichtiges energiepolitisches Thema aus.

Eine gute Gelegenheit für einen energiepolitischen Dialog im Rahmen der Lehreraus- und -weiterbildung bietet die TEAG Thüringer Energie AG mit dem jährlich stattfindenden „Energietag" in Thüringen an. Der „3. Energietag" am 6. November 1996 stand unter dem Thema „Energiefrage - ein Schlüsselproblem der Menschheit". An dieser Fachtagung haben 200 Vertreter vorwiegend des bildenden Bereiches aus Thüringen teilgenommen.

6. Vernünftiges Energiesparen

Was bedeutet „Energiesparen"? Hinter dem Begriff Energiesparen verbergen sich die persönlichen Verhaltensweisen als auch die Ausschöpfung der technischen Möglichkeiten, die zur Senkung des Energiebedarfes beitragen.

Energie kann grundsätzlich eingespart werden:
- durch Verzicht,
- durch Veränderung des Verbrauchsverhaltens,
- durch effizientere Bereitstellung von Energiedienstleistungen,

- durch Verringerung von nicht erwünschten Energieumwandlungen,
- entlang der gesamten Energienutzungskette,
- durch den vermehrten Übergang auf Kreislaufprozesse.

Mit Energie vernünftig umzugehen bedeutet, Verantwortung für eine ressourcenschonende, umweltgerechte Bereitstellung und Anwendung von Energie zu übernehmen. Dazu sind gleichwertig alle gesellschaftlichen Kräfte gefragt.

5. Welche Positionen beziehen die Energieunternehmen zum Energiesparen?

Für uns sind folgende *Argumente* wichtig:

1. Die Forderung zum sparsamen bzw. sinnvollen Umgang mit Energie steht im Einklang mit den Forderungen unserer Kunden und der Gesellschaft.

2. Energiesparen erhöht die Wirtschaftlichkeit der Energiebereitstellung.

   Wir als Energieunternehmen selbst können Brennstoffe und Kraftwerksleistung sinnvoller ausnutzen, indem wir unsere Kunden über die Preis- und Tarifpolitik beeinflussen. Durch Lastmanagement reduzieren wir unsere Lastspitzen. Damit kann auf das Vorhalten teurer Spitzenleistung verzichtet werden. Eine gleichmäßige Auslastung der Kraftwerke und die Auffüllung der Lastteiler senkt ebenfalls unsere Kosten.
   Somit kann der energetisch ungünstige Teillastbetrieb von Kraftwerken vermieden werden. Der spezifische Brennstoffbedarf und der Schadstoffausstoß wird so wirkungsvoll reduziert.

3. Energiesparen als Alternative zum Kraftwerksneubau.

   Es kann für die Energieunternehmen wirtschaftlich vorteilhafter sein, durch Maßnahmen zum Energiesparen beim Kunden den Neubau von Kraftwerken und Netzen zu vermeiden oder mindestens zeitlich hinauszuschieben. Dies ist insbesondere dann der Fall, wenn die Energieerzeugung mit neuen Kraftwerken teurer wird als mit vergleichbaren vorhandenen Anlagen und gleichzeitig Maßnahmen zur Energieeinsparung für Energieunternehmen und Kunden deutlich kostengünstiger sind.

4. Energiesparen als vermarktbares Produkt.

   Der Markt für Dienstleistungen zur Förderung des Energiesparens entwickelt sich immer mehr. Es liegt in unserem Interesse, an diesem Markt teilzuhaben. Dieses Geschäftsfeld ist als Ergänzung zum Elektroenergieverkauf zu sehen.

Energiedienstleistung bedeutet die Summe aus Energielieferung und Dienstleistung zur Bereitstellung des Energienutzens. Unser Angebot der reinen Energiebelieferung wird erweitert um Service, Beratung, Planung, Bau und Finanzierungshilfen (z.b. Lösungen zur energetischen Optimierung öffentlicher und privater Gebäude).

Das Projekt der TEAG Thüringer Energie AG „Energieeffiziente Schule" umfasst die oben aufgeführten Bereiche der Dienstleistung. Es werden gemeinsam mit den Schülern Analysen über die Raumwärme einschließlich Wärmebedarfsberechnung, die Wärmeabgabe über die Fenster, die Wände und Türen, über die Lüftung, die Beleuchtung und über andere den Energiebedarf beeinflussende Faktoren erstellt. Den Schülern wird hier die Möglichkeit gegeben, die einzelnen Meßgeräte, wie den Elektroenergiezähler und den Gaszähler, kennenzulernen, aber auch mit Meßgeräten zur Erfassung des Wärmebedarfs, der Beleuchtung als auch des allgemeinen Elektroenergiebedarfs umzugehen. In gemeinsamer Analyse der erfassten Daten werden gemeinsam mit den Schülern Maßnahmen zur Einsparung erarbeitet.

5. Energiesparen erhöht die Wettbewerbsfähigkeit unserer Kunden.

Wirtschaftliche Energieeinsparungen führen für die Kunden zu einer Senkung ihrer Energiekosten. Für Industrie- und Gewerbekunden bedeutet das eine Verbesserung der Wettbewerbsfähigkeit. Natürlich stärkt das auch die Bindung dieser Kundengruppe an das Energieunternehmen. Gerade in der Industrie lassen sich durch moderne Elektroverfahren oft erhebliche Primärenergieeinsparungen und Kohlendioxidminderungen im Vergleich zu Brennstoffverfahren erzielen.

6. Energiesparen fördert ökologisch vorteilhaften Einsatz von Elektroenergie.

Energiesparen ist keinesfalls mit der Einsparung von Elektroenergie und damit mit „Negawatts" gleichzusetzen. Vielmehr läßt sich Energieeinsparung gerade auch mit ökonomisch und ökologisch vorteilhaften Elektroenergieanwendungen („Ökowatts") erreichen, z.B. den Einsatz von Elektrowärmepumpen anstelle von Ölzentralheizungen, wo sich 30 bis 50 Prozent Primärenergie einsparen und in gleichem Maße Kohlendioxidemissionen vermindern lassen.

7. Energiesparen durch Energiekonzepte

Unser Dienstleistungsangebot beschränkt sich nicht nur auf einzelne Kunden. Wir leisten auch einen maßgeblichen Beitrag zur Lösung kommunaler und regionaler Energieprobleme, die Entwicklung und Umsetzung von Energiekonzepten.

8. Energiespar-Dienstleistungen machen das Energieunternehmen attraktiv für den Kunden.

Durch das Angebot von Einspar-Dienstleistungen erschliessen sich allen Energieunternehmen neue Geschäftsfelder. Wir sind damit nicht mehr allein auf den Stromabsatz angewiesen. Das ist bei dem zunehmenden Wettbewerbsdruck von Vorteil. Je größer und breiter das Dienstleistungsangebot ist, um so mehr bietet sich die Möglichkeit, sich von Konkurrenten abzuheben und somit für die einzelnen Kundengruppen attraktiver zu werden. Dem Kunden wird nicht mehr nur Energie, sondern ein ganzes Service-Paket angeboten. Das Paket enthält nicht nur Hinweise für Maßnahmen zum rationellen Energieeinsatz, sondern das komplette Energiemanagement eines Gebäudes. Dabei können auch Synergie-Effekte durch das Know-how aus der Versorgungstätigkeit genutzt werden.

Der Ausbau von Energiespar-Dienstleistungen reicht für uns als Energieunternehmen bis zum „Systemführer Energie". Bei größeren Entwicklungsprojekten planen, finanzieren, bauen und betreiben wir Energieversorgungsanlagen und koordinieren das Gesamtsystem. Die Bereitstellung einer derart umfassenden Dienstleistung eröffnet zukünftig interessante Perspektiven neben dem Stammgeschäft „Elektroenergie". Sie dient gleichermaßen der rationellen Energieanwendung und dem Umweltschutz.

Quellennachweis

Engagement für das Energiesparen beim Kunden. - VDEW 22. Mai 1995.

Prof. Dr. J. Grawe: Das Dienstleistungsangebot der Stromversorger zwischen Tradition und Innovation. - HEA-Herbsttagung 1996.

Energiesparen, Heft 5. - ASE Frankfurt/Main, 1. Auflage 1996.

Erfolgreich Kommunizieren, 3. Corporate Identity. - IZE Frankf./Main 1994.

Hans-Edzard Busemann: Wenn Lehrer zu Kaufleuten werden. - Thüringer Landeszeitung (TLZ), Dezember 1996.

Autorenkollektiv: Lehrbuch Physik A2. - Klettverlag, Stuttgart 1997.

Energiesparen an Schulen. - HEA/ASE Frankfurt/M. 1. Auflage 1996.

Peter Hammel: Nisthilfe, Biotop und Altlastenbeseitigung. Mitarbeiterzeitung der TEAG 4/96.

Die Energiestiftung Schleswig-Holstein als Beispiel für die Modernisierung der alternativen Energiepolitik

Holger Krawinkel

1. Aufgaben und Organisation der Energiestiftung

Die Energiestiftung Schleswig Holstein wurde als „private-public-partnership" durch Landesgesetz im Dezember 1993 errichtet. Sie arbeitet in einem Politikfeld, in dem nach wie vor Zielkonflikte zwischen der staatlichen Politik und den Energieunternehmen bestehen. Diese werden im zweiten Abschnitt näher beschrieben. Die Energiestiftung stellt in ihrer Form ein bundesweit einmaliges Experiment zur Überwindung bzw. Klärung dieser Zielkonflikte dar, wobei mit der Energiestiftung eine neue Organisationsform erprobt wird, bei der beide Seiten die gleiche Verantwortung tragen. Die Landespolitik ging bei dieser Art der Modernisierung ein nicht unerhebliches Risiko ein, da sie in diesem konfliktträchtigen Feld auf den ersten Blick Steuerungskapazitäten abgibt, ohne in gleichem Maße Sicherheiten für zusätzliche Impulse für ihre energiepolitischen Ziele aus der Kooperation mit der Energiewirtschaft zu erhalten.

Die Energiestiftung Schleswig-Holstein stellt das Ergebnis einer längeren partnerschaftlichen Entwicklung dar, die auf eine Vereinbarung zwischen der PreussenElektra und dem Land Schleswig-Holstein zur Stromeinsparung in öffentlichen Gebäuden aus dem Jahre 1989 zurückgeht, mit der dem Land Schleswig-Holstein ein zinsgünstiges Darlehen in Höhe von bis 100 Millionen DM zur Verfügung gestellt wurde, um vorhandene Stromsparpotentiale in öffentlichen Liegenschaften zu realisieren. Im Rahmen dieses Vertrages wurde im September 1990 die gemeinnützige Forschungsgesellschaft für umweltschonende Energieumwandlung und -nutzung mbH gegründet. Anteilseigner waren je zur Hälfte die PreussenElektra AG und das Land Schleswig-Holstein. Die Forschungsgesellschaft sollte u.a. die Implementierung des Stromsparvertrages wissenschaftlich begleiten. Als sich im Rahmen der Abwicklungen dieses Programms zeigte, daß im zuständigen Energieministerium die operativen Handlungskapazitäten nicht ausreichten, wurde im Juni 1991 eine Energieagentur nach dem Vorbild anderer Bundesländer eingerichtet und organisatorisch in die Investitionsbank eingegliedert, einer nicht rechtsfähigen Anstalt des öffentlichen Rechts, die als Zentralbereich der Landesbank die Förderprogramme des Landes banktechnisch abwickeln soll. Forschungsgesellschaft und

Energieagentur erhielten bis 1993 aus laufenden Haushaltsmitteln insgesamt ca. 1,1 Mio. DM an jährlichen Zuwendungen.

Im Zuge des Verkaufs von Geschäftsanteilen, die das Land an Unternehmen wie beispielsweise der SCHLESWAG AG und der Landeszentralbank hielt, eröffnete sich die Möglichkeit einer längerfristigen finanziellen Absicherung der beiden Einrichtungen. Zunächst war daran gedacht worden, einen Energiefonds zu bilden, aus dessen Erträgen u.a. deren Finanzierung erfolgen sollte. Da sich auch die Energiewirtschaft an einem solchen Fonds beteiligen wollte, war eine Lösung zu finden, die Landesregierung und Energiewirtschaft gleichermaßen Gestaltungseinfluß auf die gesamte Infrastruktur ermöglichte. Nach kurzer Diskussion zeigte sich im Sommer 1993, daß eine öffentlich-rechtliche Stiftung die am besten geeignete Organisationsform darstellte. Land und Energiewirtschaft stellen daraufhin jeweils ca. 50 Mio. DM zur Verfügung, so daß nach Verabschiedung des Errichtungsgesetzes die Energiestiftung Schleswig-Holstein als öffentlich-rechtliche Stiftung bereits zum Januar 1994 ihren Betrieb aufnehmen konnte.

Nach dem Stiftungsgesetz hat die Stiftung den Zweck, die Erforschung und Entwicklung sowie Verbreitung von Kenntnissen und Maßnahmen des Klimaschutzes, der rationellen Energieverwendung und insbesondere der Verminderung der CO_2-Emissionen in den Bereichen Energienutzung, Energieumwandlung und erneuerbare Energien zu fördern. Die Satzung konkretisiert den Stiftungszweck durch den Auftrag aufzuzeigen, durch welche sozialen, wirtschaftlichen und finanziellen, technischen sowie rechtlichen und organisatorischen Maßnahmen die Anwendung bereits vorhandener Techniken, die dem Klimaschutz, der rationellen Energieverwendung und der Verminderung der CO_2-Emissionen dienen, gefördert werden kann. Für die Energiestiftung wurde also bewußt ein eher „ganzheitlicher" Ansatz gewählt, der über die traditionelle Sichtweise technisch-ökonomischer Betrachtungen hinausgehen sollte.

Gemäß ihrer Satzung hat die Stiftung u.a. die Aufgabe, Energieforschung und -beratung zu unterstützen, Pilot- und Demonstrationsvorhaben zu fördern, Stiftungsprofessuren und Stipendien zu vergeben sowie die Ostseekooperation zu unterstützen. Das Stiftungsgesetz gibt der Energiestiftung die Möglichkeit, diese Aufgaben durch Dritte wahrnehmen zu lassen. In der Satzung wurde konkretisiert, daß die Energiestiftung ein Energieforschungsinstitut und eine Energieberatungseinrichtung finanziert. Diese beiden Aufgaben wurden von den bereits bestehenden Institutionen Forschungsgesellschaft und Energieagentur übernommen. Gleichzeitig wurde bestimmt, daß die beiden Einrichtungen die Energiestiftung bei der Durchführung der Pilot- und Demonstrationsprogramme (Investitionsbank/Energieagentur) bzw. bei der Konzeptentwicklung und der Bewertung dieser Programme (Forschungsgesellschaft) unterstützen sollten. Hierfür wurden ab 1994 jährlich insgesamt ca. 2,5 Mio. DM zur Verfügung gestellt, was einer Steigerung um 60% gegenüber der Ausstattung vor Stiftungsgründung entspricht.

Neben den Aufgaben der Energieberatung und Energieforschung fördert die Energiestiftung Pilot- und Demonstrationsprojekte, deren Schwerpunkte jährlich vom Stiftungsrat beschlossen werden. Zur Zeit liegt der Schwerpunkt auf der Förderung des Einsatzes erneuerbarer Energien im Bereich der Biomassen- und Sonnenenergienutzung. Insgesamt hat die Energiestiftung bisher Projekte mit einem Volumen von ca. 5 Mio. DM gefördert, wovon fast 3 Mio. DM auf Biomasse- und Solarprojekte und ca. 2 Mio. DM auf sog. „weiche" Maßnahmen im Bereich Ausbildung, Weiterbildung und dem Schwerpunkt auf der Energieeinsparung entfallen. Die Ausbringung von Stiftungsprofessuren ist im Zusammenhang des mit Unterstützung der Energiestiftung eingerichteten Studiengangs „Wirtschaftsingenieurwesen" in Flensburg mit dem Schwerpunkt „Energie- und Ressourcenmanagement" vorgesehen. Der geplante Studiengang wird gemeinsam mit der Handelshochschule Süd realisiert und nimmt seinen Betrieb zum Wintersemester 1997/1998 auf. Darüber hinaus nutzt die Energiestiftung ihre Möglichkeiten, Stipendien zu vergeben und wissenschaftliche Veranstaltungen zu fördern, um die angesprochenen Kooperationen in der Ostseeregion zu unterstützen.

Die Organisation der Energiestiftung wird durch das Stiftungsgesetz und die Stiftungssatzung geregelt. Im Stiftungsrat, dem obersten Beschlußgremium, sitzen zur Zeit zwei Vertreter der PreussenElektra AG, zwei Vertreter der SCHLESWAG AG und ein Vertreter der Stadtwerke Kiel AG für den Verband kommunaler Unternehmen (VKU) sowie drei Vertreter der Landesregierung und zwei Mitglieder des Schleswig-Holsteinischen Landtags. Beschlüsse des Stiftungsrates bedürfen einer ¾ Mehrheit. Unterhalb des Stiftungsrates ist ein zweiköpfiger Vorstand angesiedelt, der aus einem hauptamtlichen Mitglied und einem nebenamtlichen Mitglied, das von der Energiewirtschaft gestellt wird, besteht. Dem Vorstand obliegt es, ein jährliches Arbeitsprogramm und einen dazugehörigen Wirtschaftsplan vorzulegen, die als Leistungs- bzw. Mittelvorgaben für die unterschiedlichen Aufgabenschwerpunkte dienen. Forschungsgesellschaft und Energieagentur entwickeln daraus ihre jeweiligen Maßnahmen- und Budgetplanungen, die von dem Stiftungsvorstand genehmigt werden.

Die Zusammenarbeit mit der in der Investitionsbank angesiedelten Energieagentur, die im Zuge der Stiftungsgründung auf 9 Mitarbeiter erweitert werden konnte, regelt ein Vertrag zwischen Energiestiftung und Landesbank, der der Energieagentur innerhalb des öffentlich-rechtlichen Rahmens den Status eines „Tochterunternehmens" der Energiestiftung gibt. Die Auf-

gaben der Agentur bestehen in drei Schwerpunkten, nämlich in der Initial-
beratung für Klimaschutzprojekte vor allem in Kommunen, in der Vorbereitung, Betreuung und Abwicklung der Pilot- und Demonstrationsprogramme der Energiestiftung sowie der Erstellung von Beratungsprogram-
men wie z.B. EDV-gestützter Planungshilfen für Gemeinden und Energieunternehmen. Der Kostenrahmen für die Tätigkeit der Investitionbank beträgt zur Zeit ca. 1,3 Mio. DM. Aufgrund der öffentlich-rechtlichen Ver-
tragsgestaltung kann es allerdings im Rahmen der sog. „Ist-Kosten-
Abrechnung" zu geringfügigen Abweichungen kommen.

Die Forschungsgesellschaft ist zwischenzeitlich eine 100%ige Tochter der
Energiestiftung, hat aber ihren Status als gemeinnützige GmbH beibehal-
ten. Die Schwerpunkte der Forschungsgesellschaft liegen auf der sog.
Evaluierungsforschung, der Untersuchung der Zusammenhänge zwischen
Energiebedarf und dem Verhalten von Verbrauchern und Organisationen
sowie technisch-ökonomischen Analysen. Die Gesellschaft erhält eine institutionelle Förderung in Höhe von 1,2 Mio. DM, die sich in eine Grundfinanzierung, Mittel für Tätigkeiten für die Energiestiftung im Zuge der
Konzeptentwicklung und Auswertung der Demonstrationsprojekte sowie in
einen Kostenbeitrag für Forschungsvorhaben, die die Forschungsgesellschaft selbst vorschlagen kann, aufteilt. Die Forschungseinrichtung hat für
alle diese Projekte entsprechende Kostenstellen eingerichtet, so daß die
Mittelverwendung auch im Abgleich zu den Drittmittelprojekten jederzeit
überprüft werden kann. Das Institut erwirtschaftet momentan knapp die
Hälfte ihrer Erträge durch Drittmittelforschung. Es beschäftigt 15 Mitarbeiter, davon 9 Wissenschaftler. Eine Anbindung an die Hochschulen in
Flensburg ist im Rahmen der Ausbringung einer Stiftungsprofessur vorgesehen.

2. Auswirkungen auf alternative Energiepolitikkonzepte

Die Tätigkeit der Energiestiftung hat bestätigt, daß die Ziele des Klimaschutzes weitgehend unbestritten sind. Sie hat aber auch gezeigt, daß nach
wie vor eine langfristig tragfähige Umsetzungsstrategie fehlt. Während die
Bundesregierung bisher die „Null"- bzw. Minimallösungen bevorzugt hat,
gingen alternative Politikkonzepte eher von einer Maximal- bzw. Konflikt-
strategie aus. In dieser Situation wurden in einigen Bundesländern Umrisse
von sog. „konsensorientierten" Strategien deutlich, ohne auf regulative
Bestandteile zurückgreifen zu können bzw. zu wollen. Das war die energiepolitische Ausgangslage der Energiestiftung.

Aufgrund der energiepolitischen „Altlasten" in Deutschland sind die ratio-
nalen Entwicklungsbedingungen zur Herstellung von Handlungskapazitäten zur rationellen Energienutzung nach wie vor ungünstig. Gleichzeitig

bestätigt sich aber eine „Risikogesellschaft" (U. Beck), die dadurch ge-
kennzeichnet ist, daß die konservativen Handlungsmuster der alten Indu-
striegesellschaft zunehmend mit neuen Denkansätzen konfrontiert werden,
die versuchen, die alten Schwarz-Weiß-Muster zu überwinden. Dies bleibt
nicht ohne Auswirkungen auf den Energiesektor. Während die Reforman-
sätze im Energiesektor lange Zeit auf die Herstellung von Symbolen in
Gestalt einer scheinbar unendlichen Zahl von Pilot- und Demonstrations-
projekten mit relativ geringen institutionellen Anforderungen und Auswirkungen beschränkt blieben, entfaltet plötzlich vor allem die Liberalisie-
rungsdebatte mit ihren Beispielen aus Nord(west)europa erstaunliche Perspektiven auch jenseits des staatlichen und (monopol-)unternehmerischen
Handelns.

In Deutschland beginnt sich auszuzahlen, daß die vor allem Anfang der
90er Jahre begonnenen Projekte den bisherigen Gegnern aus der Energiewirtschaft und der alternativen Energiepolitik zu gemeinsamen Erfahrungen und Erkenntnissen verholfen haben. Dadurch konnte zumindest die
bisherige Begrenzung auf technisch-ökonomische Fragestellungen aus der
Phase der „gutachtergestützten Energiepolitik" erkannt und zum Teil überwunden werden. Sowohl das traditionelle energieunternehmerische als
auch das alternative energiepolitische Denken konnten sich im Gleichklang
mit den sonstigen gesellschaftlichen Entwicklungen schrittweise aus den
engen Fesseln ihrer Freund-Feind-Sichtweise befreien. In Schleswig-
Holstein zeigte sich ein solcher Paradigmenwechsel am deutlichsten an
dem bereits erwähnten Stromsparvertrag. Im Rahmen dieser Vereinbarungen erhielt die Landesregierung von der Energiewirtschaft 100 Mio. DM in
Form eines zinsgünstigen Darlehens zur Finanzierung von Stromsparmaß-
nahmen in öffentlichen Liegenschaften. Gleichzeitig wurde das oben erwähnte Forschungsinstitut eingerichtet, das u.a. die Evaluation des Imple-
mentierungsprozesses zur Aufgabe hatte.

Die wissenschaftlichen Untersuchungen galten anders als bei vergleichbaren Programmen vor allem der Analyse der institutionellen Voraussetzungen für die Umsetzung dieses Stromsparprogramms. Es zeigte sich eine
strukturelle Überforderung aller beteiligten Akteure, da die Programmge-
staltung u.a. stark auf eine unmittelbare Realisierung theoretisch ermittelter
Stromsparpotentiale fixiert war. Durch die Evaluierungsstudien wurde aber
deutlich, daß die Implementierung eines solch anspruchsvollen Programms
zahlreiche „Alltagsprobleme" aufwirft, die in den bisherigen Potentialstu-
dien nicht berücksichtigt waren. Zwar beinhalten diese Schwierigkeiten
auch einige ungeklärte grundsätzliche Fragen, die dann jeweils im Detail
„durchschlugen". Im Vordergrund wurden aber vor allem „praktische"
Probleme gesehen und erkannt, was schon für sich genommen einen großen
Fortschritt in der Debatte darstellte. Beispielsweise waren die Kommunen

nur sehr unzureichend über ihren Energiebedarf informiert und zu wenige
Ingenieure bzw. Büros in der Lage, das Einsparpotential zu ermitteln.

Die ebenfalls im Zuge der Umsetzung des Stromsparvertrages zur Bereitstellung zusätzlicher Handlungskapazitäten gegründete Energieagentur hat
u.a. aus den Erfahrungen dieses Pilotprogramms die Konsequenz gezogen,
zunächst in ausgewählten Gemeinden für eine systematische Erfassung der
Energieverbräuche der kommunalen Liegenschaften zu sorgen. Dadurch
konnte ein nächster Schritt in der Entwicklung der Konzeption einer Energiepolitik exemplarisch vollzogen werden, die sich stärker am realisierba-
ren Potential orientiert. Mit dem von der Energiestiftung finanzierten Projekt „Energiemanagementsystem" lassen sich mittelfristig die Marktpoten-
tiale für derartige Einsparinvestitionen flächendeckend nach vergleichbaren
Kriterien ermitteln. Die Informationen stehen dann allen potentiellen Investoren offen. Eine Umsetzungsgarantie ergibt sich daraus aber noch nicht.

Ähnliche Entwicklungen gibt es auch auf dem Gebiet der Kraftwärmekopplung. Hier wurde in Schleswig-Holstein zunächst eine Vereinbarung mit
dem Regionalunternehmen SCHLESWAG getroffen, das sich verpflichtete,
über einen Zeitraum von zehn Jahren eine elektrische Leistung von ca. 40
MW in dezentralen Heizkraftwerken zu errichten. Eine ähnliche Vereinbarung mit dem Verband kommunaler Unternehmen wurde ebenfalls abgeschlossen. Die Energieagentur hat jetzt die Aufgabe, mit Hilfe der Erstellung eines flächendeckenden Wärmeatlasses, der ebenfalls von der Energiestiftung gefördert wird, u.a. die unter jeweils gegebenen Rahmenbedingungen erschließbaren Potentiale für Kraftwärmekopplung zu ermitteln.
Durch eine größere Markttransparenz werden die zunehmenden Wettbe-
werbselemente auch unter den Energieunternehmen unterstützt, was allerdings durchaus zu Konflikten führen kann.

Der Rollenwechsel, den die Energieagentur in diesem Prozeß vollzieht, ist
markant. Sie beginnt, sich von einem Symbol der alternativen Energiepolitik zu emanzipieren und nimmt zunehmend eigenständig, (noch) als Einrichtung der Landes- bzw. Investitionsbank gegenüber allen relevanten
Handlungsträgern im Energiesektor Dienstleistungsaufgaben durchaus in
Konkurrenz zu etablierten Energieunternehmen wahr, was mittelfristig
nicht ohne Auswirkung auf ihre Finanzierung sein dürfte. Die Forschungseinrichtung, die im Zusammenhang mit dem VEBA-Stromsparvertrag gegründet wurde, erlebt zur Zeit ebenfalls einen Rollenwechsel. Während bei
Durchführung der Pilotprogramme ihr Schwerpunkt in der sog. Hemmnisa-
nalyse lag, gerät sie immer stärker in die Rolle einer wissenschaftlichen
Politik- und Unternehmensberaterin bei der Konzeption und Umsetzung
von Programmen im Klimaschutz. Angesichts des zunehmenden Wettbewerbs sind Marktanalysen ein immer wichtigeres Segment ihrer Tätigkeit.

Traditionelle Forschungsaufgaben wie aus der Zeit der gutachtengestützten Politik treten in den Hintergrund.

Die schleswig-holsteinische Energiepolitik stellt mit ihrer zum Teil komplexen Struktur ein nicht untypisches Beispiel der Entwicklung einer neuen (öffentlichen) Organisation bei einem sich neu etablierenden Politik- oder Geschäftsfeld dar. Neue öffentliche Aufgaben, die bis vor kurzem nicht bzw. nur in der vergleichsweisen kurzen Anfangsphase durch Ministerien wahrgenommen wurden, obliegen wie in anderen „neuen" Politikbereichen jetzt Institutionen des „Dritten Sektors", was sich besonders deutlich in der Gründung einer öffentlich-rechtlichen Stiftung zeigt, die - wie oben erwähnt - von der Energiewirtschaft und dem Land Schleswig-Holstein mit jeweils 50 Mio. DM ausgestattet wurde.

Ein solcher Schritt mag auf den ersten Blick als Ergebnis einer erfolgreichen Verschlankung des öffentlichen Sektors verstanden werden, zumal gleichzeitig mit der Stiftungsgründung Personal und Aufgaben aus der Ministerialverwaltung an die Stiftung übertragen wurde. Dabei sind Geschichte und Erfahrungen mit Einrichtungen des Dritten Sektors durchaus unterschiedlich zu bewerten. Gerade gemeinnützigen Organisationen und verselbständigten Vewaltungsträgern wird unterstellt, sie wiesen bestimmte Prädispositionen für sog. Steuerungs- und Kontrollversagen auf, die im öffentlichen oder privatwirtschaftlichen Sektor weniger anzutreffen sind. Es erscheint die Frage angemessen zu sein, inwieweit mit der Etablierung der Energiestiftung ein bestimmtes Politikmodell institutionell zum Tragen gekommen ist, das „jenseits von marktwirtschaftlicher oder bürokratischer Zweckrationalität deren subjektive oder auch objektive Widersprüche kompensieren soll" (W. Seibel).

Wolfgang Seibel geht in seinem bezeichnenderweise mit der Hauptüberschrift „Funktionaler Dilettantismus" betitelten Buches über „erfolgreich scheiternde Organisationen im Dritten Sektor zwischen Markt und Staat" davon aus, daß dies „in einer marktwirtschaftlichen Ordnung mit demokratischem politischem System (...) der Fall (ist), wenn sowohl Markt als auch Staat im Hinblick auf ihre Grundfunktionen der Güterallokation und der politischen Stabilisierung versagen. Ein Dritter Sektor bietet die institutionelle Chance, kumulatives Markt- und Staatsversagen zu kompensieren, allerdings nicht durch komperative Vorteile nach den Maßstäben der Norm- und Zweckrationalität, sondern durch deren relative Suspendierung." Seibel vertritt die These, daß „halbstaatlich-gemeinnützige Organisationen <überleben>, nicht obwohl, sondern weil sie gemessen an den Maßstäben der Rechtmäßigkeit und Effizienz versagen, nicht obwohl, sondern weil sie nur begrenzte Lernfähigkeit und Responsivität aufweisen, daß ihr Erfolg darin liegt, daß sie notorisch scheitern."

Stimmt man den Thesen und Überlegungen Seibels zu, müßte man sich
fragen, woran die Organisationen des Dritten Sektors im Energiebereich
scheitern, worin also ihr eigentlicher Erfolg besteht. Um sich wiederum
diese Frage einfach zu beantworten, hilft ein Blick in die zahlreichen Po-
tentialstudien aus der Phase der gutachtengestützten Energiepolitik. Gemessen an den dort formulierten Zielen, so kann in der Tat leicht festgestellt werden, sind die jeweils zu deren Umsetzung eingerichteten Organisationen, wie Energieagenturen oder Forschungsinstitute, gescheitert. Wo
aber liegt nun der Erfolg dieses Scheiterns? Man kann es drehen und wen-
den, wie man will: Die gesellschaftliche, wirtschaftliche und politische
Realität vor allem der 80er und frühen 90er Jahre haben dieses Markt- bzw.
Staatsversagen im Verhältnis zu einem effizienten Klimaschutz ermöglicht,
zugelassen oder auch erzwungen. Im Klartext: Mit der politischen Entscheidung in den 70er Jahren, die Atomenergie in Deutschland in größerem
Umfang zur Stromerzeugung einzusetzen, waren für die Laufzeit dieses
Programms alternative Entwicklungsrichtungen aufgrund der hohen Kapi-
talinvestitionen zumindest stark eingeschränkt.

Diese einfache gesellschaftliche Realität anzuerkennen, fällt sicher nicht
allen Beteiligten leicht. Da starke Kräfte in der Gesellschaft diese struktu-
relle Alternativlosigkeit nicht hinnehmen wollen, kommt es nach wie vor
zu offenkundigen Legitimationsdefiziten wegen des Nichthandelns von
Staat und Markt im Verhältnis zu diesen gesellschaftlichen Kräften. Das
Nichthandeln als ein gleichzeitig auftretendes Markt- und Staatsversagen
bedurfte der Kompensation. Dennoch weisen diese Einrichtungen
„Verdienste" auf, die ihnen weitere Zukunftsperspektiven eröffnen. Diese
Verdienste liegen in der Begegnung der unterschiedlichen Kulturen, in der
Anerkennung der Redlichkeit der jeweiligen Motive, ohne die eigenen Interessen verbergen zu müssen. Hierin liegt ein nicht zu unterschätzender
Beitrag zur Entwicklung einer diskursfähigen (energie-)politischen Kultur.
Die weiteren Entwicklungsmöglichkeiten hängen jetzt stark von den sich
im Zuge der Liberalisierung der Energiemärkte verändernden Rahmenbedingungen ab. Es scheint, als würde die Möglichkeit des weiteren Aufwei-
chens der bisherigen Verhakungen im Energiesektor bestehen. Dabei geht
es vor allem um die weitgehende Entflechtung der (zu) engen Verhältnisse
zwischen Staat, Kommunen und Energiewirtschaft mit einer neuen, klare-
ren Rollenverteilung als Ergebnis.

Wenn dem so ist bzw. wird, könnte folgendes Szenario eintreten: Staatliche
Steuerung wird sich neben der Gestaltung der Rahmenbedingungen im Bereich des aktiven Handelns vor allem auf die Regulierung der verbliebenen
Monopolbereiche konzentrieren. Hier ist allerdings eine umfassende Pro-
fessionalisierung angezeigt. Staatliche Subventionen im Energiesektor
werden zunehmend abgelöst durch geänderte Preisparitäten etwa im Zuge

einer ökologischen Steuerreform. Zusätzlich kann ein entkrampfteres Verhältnis zum Ordnungsrecht etwa wie im Bereich von Höchstverbrauchs-
normen für Geräte, Gebäude, Anlagen etc. erwartet werden. Die Energieunternehmen werden immer stärker nach betriebswirtschaftlichen Kriterien
arbeiten, wobei ihre Ausnahmestellung hinsichtlich der ungewöhnlich langen Amortisationszeiten und der fast risikolosen Absicherung ihrer Investitionen durch höhere Marktrisiken abgelöst wird. Der Einfluß der Kunden
wird größer. Angesichts bevorstehender Liberalisierungstendenzen wird einerseits die Analyse der Kundenwünsche noch wichtig. Hier kann die Forschungseinrichtung der Energiestiftung gezielt weiterentwickelt werden.
Möglicherweise können neue Aufgaben durch neue Akteure, die außerhalb
der Energieunternehmen operieren, wahrgenommen werden. Die Energieagentur könnte hierzu innerhalb der Landesbank als Energiedienstleister in
bestimmten Bereichen (z.B. Contracting) organisatorisch ausgebaut werden.

3. Perspektiven der Energiestiftung

Eine Einrichtung wie die Energiestiftung Schleswig-Holstein kann keine
Energiepolitik ersetzen. Das gilt auch für den Fall, daß sich z.B. die Lan-
desenergiepolitik aufgrund geringerer materiell-rechtlicher Handlungs-
möglichkeiten insbesondere über eine akzentuierte Förderpolitik definiert.
Für die weitere Perspektive kommt es daher sehr stark darauf an, inwieweit
im Zuge der Liberalisierung der Strommärkte und einer möglicherweise
damit einhergehenden Diskussion der künftigen Atompolitik tatsächlich
energiepolitische Aktivitäten auf Bundesebene etabliert werden können.
Wie eine solche tragfähige Energiepolitik auch in ihren zentralen Verwal-
tungsstrukturen aussieht, kann in Dänemark und jetzt interessanterweise
auch in Schweden beobachtet werden, nachdem die dortige Regierung den
Atomausstieg ernsthaft eingeleitet hat und entsprechende Ersatzkapazitäten
aufgebaut bzw. eingespart werden müssen.

Eine mögliche Rolle einer Energiestiftung in einem solchen Umbruch ist
ausführlich beschrieben in einem Gutachten der Prognos AG für das Bundeswirtschaftsministerium aus dem Jahre 1992 über die „Identifizierung
und die Internalisierung externer Kosten der Energieversorgung". Dort
heißt es, daß es insbesondere bei einer Internalisierungsstrategie zur Ab-
wehr einer drohenden Klimakatastrophe nicht ausgeschlossen ist, „hier
teilweise an die Grenzen der Steuerbarkeit pluralistisch organisierter Gesellschaften (zu) stoßen. Der Versuch, durchhaltbare Lösungen zu finden,
wird in solchen pluralistischen Strukturen nie in einem großen Entwurf,
sondern in einem beharrlichen Trial-and-Error-Prozeß, in einem ständig mit

neuen Erkenntnissen, Widersprüchen, Widerständen konfrontierten Such-
und Lernprozeß münden".

Der Organisation solcher Such- und Lernprozesse in Richtung einer trag-
fähigen Entwicklung stehen nach Ansicht der Prognos-Studie vier Engpäs-
se entgegen:

– unzureichende Kenntnisse,
– Überforderung der natürlichen menschlichen Fähigkeiten,
– hohes Konfliktpotential und
– Unbeweglichkeit von Organisationen und Gesellschaftsstrukturen.

Auf diesem Hintergrund sehen die Autoren der Studie vier Aspekte, die als
Orientierungshilfe für Ansätze zur Verringerung bzw. Internalisierung externer Kosten dienen können:

– Gewinnung von Erkenntnissen als Voraussetzung für die Wahrnehmung
  von entstehenden Widersprüchen in den Wertvorstellungen und Ordnungsstrukturen,
– Steigerung der gesellschaftlichen Lern- und Anpassungsbereitschaft,
  damit die wissenschaftlichen Erkenntnisse zur Anwendung kommen
  können,
– Gewinnung von Zeit und schließlich
– die Entwicklung angepaßter Wert- und Ordnungsstrukturen.

Für die Organisation dieser Prozesse ist nach Ansicht von Prognos ein eigens hierfür eingesetztes Amt oder Ministerium für Klimaschutz ungeeig-
net, da es in einer solchen Situation erstens organisatorisch strukturell überfordert wäre und zweitens über kurz oder lang die gleichen veränderungs-
hemmenden Interessenbindungen und Verkrustungen aufweisen würde wie
bereits bestehende, vergleichbare Einrichtungen.

Die Autoren halten es dabei für erforderlich, die Entwicklung neuer trag-
fähiger Strukturen über einen Prozeß sich ergänzender zentraler und dezentraler Regulierungsformen erfolgen zu lassen, indem sich die beiden dia-
lektischen Ordnungsprinzipien, das Kooperationsprinzip und das Konkurrenzprinzip jeweils problemorientiert ergänzen. Das Kooperationsprinzip
stehe für die Satzung konsensfähiger organisatorischer und infrastrukturel-
ler Rahmenbedingungen, während das Konkurrenzprinzip die Sicherung
dezentraler und individueller Freiräume, Verantwortungsfelder und Risiken
garantiere. Die jeweils richtige Abstimmung und Ergänzung beider Ordnungsprinzipien ist dabei die eigentliche Aufgabe der Politik.

Um einen solchen Such- und Lernprozeß organisatorisch zu strukturieren,
schlägt Prognos für die Bundesregierung die Gründung eines Fonds (bzw.
einer Stiftung) vor, deren Aufgabe die Definition, Vergabe und Betreuung

von Forschungsarbeiten zur Analyse der laufenden Beobachtungen der externen Kostenenergieversorgung in Deutschland ist. Gleichzeitig soll mit den Mitteln des Fonds eine sog. Wahrnehmungsinstanz eingerichtet werden, die die gewonnenen Erkenntnisse auswertet, sie in einer wirksamen Öffentlichkeitsarbeit verbreitet, den politischen Handlungsbedarf aufzeigt und Strategien zur Austragung von Interessenkonflikten und Gegensätzen erarbeitet. Diese Strukturen sind mit der Energiestiftung und ihrer Forschungseinrichtung im Zusammenhang mit dem erwähnten Studiengang in Flensburg und den dort auszubringenden Stiftungsprofessuren angelegt, ohne aber aufgrund des relativ naturwüchsigen Aufbauprozesses scharf entlang der Prognos-Empfehlungen strukturiert zu sein. Die Energiestiftung kann die ihr in diesen Prozessen zugedachten Aufgaben allerdings nur dann wahrnehmen, wenn sie - wie es im übrigen auch durch Stiftungsgesetz und Satzung vorgesehen ist - über ein hohes Maß an Autonomie sowohl gegenüber politischen Entscheidungsprozessen und energiewirtschaftlichen Interessen, aber auch gegenüber gesellschaftlichen Initiativen verfügt und durch diese Unabhängigkeit Widersprüche und Konflikte zwischen den genannten Bereichen ansprechen kann.

Als Energiestiftung eines relativ kleinen Bundeslandes und angesichts der zunehmenden Verschlechterung der Situation in den Landeshaushalten hat die Energiestiftung mit zwei sehr grundsätzlichen Problemen zu kämpfen. Einerseits ist der im Prognos-Gutachten dargelegte Anspruch an eine solche Einrichtung für ein einzelnes Bundesland sehr hoch und kann in Schleswig-Holstein nur deshalb unter akzeptablen Bedingungen eingelöst werden, wenn eine intensive Verbindung in die Ostseeregion aufgebaut und erfolgreich nach außen vermittelt wird. Hier liegt die zentrale Rechtfertigung auch für Größe und Ausstattung einer solchen Einrichtung. Aufgrund der Haushaltslage ist die Energiestiftung in vielen Fällen veranlaßt, Vorhaben zu finanzieren, die „eigentlich" seitens des Landes gefördert werden müßten, weil sie die strengen Anforderungen der Energiestiftung nicht unbedingt erfüllen. Das gilt letztendlich auch für die Finanzierung der Energieagentur innerhalb des zentralen Förderinstituts des Landes, der Investitionsbank. Hier scheinen in einer Übergangsphase pragmatische Kompromisse erforderlich zu sein, die einerseits eine Fortsetzung der landespolitischen Schwerpunkte ermöglichen, ohne jedoch die Energiestiftung als bloßes Instrument der Exekution landespolitischer Vorgaben einzusetzen. Damit würde sie dem Auftrag und dem Geist der Stifter nicht gerecht.

Autorenverzeichnis

Adam, Eberhard
Umweltberater an Schulen der Bezirksregierung Lüneburg
Initiator des Projektes „Öfter mal abdrehen"
Bezirksregierung Lüneburg
Auf der Hude 2
21331 Lüneburg
Tel. 04131/15-2784
Fax 04131/15-2902

Benecke, Hans-Jürgen
Lehrer an der Gesamtschule Niendorf
Paul-Sorge-Str. 133
22455 Hamburg
Tel. 040/841021

Eschner, Jörg
Lehrer an der Askanischen Oberschule
Hugsburger Str. 27
10789 Berlin
Tel. 030/213 37 68

Hector, Martin, Dipl. Kfm.
Bundesverband der deutschen Gas- und Wasserwirtschaft e.V.
Bereich Marketing Gas
Josef-Wirmer-Str. 1
53123 Bonn
Tel. 0228/2598-143
Fax 0228/2598-120

Heidecke, Heidrun, Ministerin a.D.
vormals
Ministerium für Raumordnung, Landwirtschaft und Umwelt
des Landes Sachsen-Anhalt
Olvenstedter Str. 4
39108 Magdeburg
Tel. 0391/567-01
Fax 0391/567-1727

Hempler, Karl-Heinz
Landeshauptstadt Hannover
Zentralstelle für Planung und zentrale Aufgaben im Hochbauamt

Hoffmann, Astrid
Landeshauptstadt Hannover
Leitstelle Energie und Klimaschutz im Amt für Umweltschutz
Hans-Böckler-Allee 1
30173 Hannover
Tel. 0511/168-42600

Jürgens-Pieper, Renate, Ministerin
Niedersächsiches Kultusministerium
Schiffgraben 12
30159 Hannover
Tel. 0511/120-0

Kirsch, Wolfgang
Lehrer an der Realschule „Erich Weinert"
Rudolf-Breitscheid-Str. 23
19055 Schwerin
Tel. 0385/73 25 24

Krohn, Walter
Lehrer am Goethe-Gymnasium
Rispenweg 28
22547 Hamburg
Tel. 040/841021

Krawinkel, Holger, Dr.
Vorstand der Energiestiftung Schleswig-Holstein
Dänische Str. 3-9
24103 Kiel
Tel. 0431/9805-600
Fax 0431/9805-699

Lüth, Birgit
Landeshauptstadt Hannover
Leitstelle Energie und Klimaschutz im Amt für Umweltschutz
Hans-Böckler-Allee 1
30173 Hannover
Tel. 0511/168-42600

Medler, Herbert, Ministerialrat
Bundesministerium für Wirtschaft
Villemombler Str. 76
53123 Bonn
Tel. 0228/615-4255

Meyer, Klaus, Dipl. Ing.
Leiter des Projektes „Öfter mal abdrehen"
Niedersächsische Energie-Agentur GmbH, Rühmkorffstraße 1
30163 Hannover
Tel. 0511/96529-19
Fax 0511/96529-99

Möller, Ludwig, Dr.
Lehrer an der Beruflichen Schule Bad Segeberg
Theodor-Storm-Str. 9-11
23795 Bad Segeberg
Tel. 04551-2834

Reichelt, Dietmar
Leiter Energieberatung
EVP - Energieversorgung Potsdam GmbH
Friedrich-Ebert-Str. 23
14467 Potsdam
Tel. 0331/661 1760
Fax 0331/661 100

Schmid, Werner, Ltd. Verwaltungsdirektor
Bayerischer Gemeindetag
Dreschstr. 8, 80805 München
Tel. 089/360009-0
Fax 089/365603

Scholz, Elke, Dipl. Ing.
TEAG Thüringer Energie AG
Postfach 450
99009 Erfurt
Tel. 0361/652-2570
Fax 0361/652 3490

Steup, Klaus
Lehrer an der Integrierten Gesamtschule Busecker Tal
35418 Buseck
Schützenweg 16
Tel./Fax 06408/3248

Susel, Roland
Lehrer an der Gesamtschule Winterhude
Meerweinstr. 28
22303 Hamburg
Tel. 040/278 183 27
Fax 040/278 183 45

DGU-Geschäftsstelle
Ulmenstraße 10
22299 Hamburg
Tel. 040/410 6921
Fax 040/456129

DGU - Büro Schwerin
Hagenower Str. 73
19061 Schwerin
Tel./Fax 0385/3993-185

DGU - Büro Erfurt
Albrechtstr. 40
99092 Erfurt
Tel. 0361/2119939
Fax 0361/2119940

DGU - Büro München
Sedlmayrstr. 32
80634 München
Tel./Fax 089/1689915

DGU - Büro Frankfurt
c/o Hessisches Landesinstitut für Pädagogik
Gutleutstr. 8-12
60329 Frankfurt
Tel. 069/2568326

Klaus Schleicher (Hrsg.)

Umweltbewußtsein und Umweltbildung in der Europäischen Union

Zur nachhaltigen Zukunftssicherung

2., erweiterte Auflage

KRÄMER

Klaus Schleicher (Hrsg.)

Umweltbewußtsein und Umweltbildung in der Europäischen Union

Zur nachhaltigen Zukunftssicherung

2., erweiterte Auflage

512 Seiten, Kart., mit Abb. und Tabellen
ISBN 3-926952-89-X
DM 68,--/öS 496/sFr 62,--

Umweltprobleme kennen keine Grenzen, auch nicht innerhalb der Europäischen Union. Umweltpolitische Forderungen stoßen jedoch auf national unterschiedliche Ausprägungen des Umweltbewußtseins und der Umweltbildung.

Bedeutende in- und ausländische Experten suchen nach Lösungen, wie nationales Umweltbewußtsein europäisch erweitert bzw. eine europäische Umweltbildung als bildungspolitische und pädagogische Zukunftsaufgabe der Nationen realisiert werden kann.

In dieser aktualisierten und erheblich erweiterten 2. Auflage wird der Beitrag der Umweltbildung zur nachhaltigen Zukunftssicherung ausführlich behandelt.

Entwicklung eines zukunftsfähigen Europas/Requirements for sustainable development in Europe

- K. Schleicher: Chancen einer dauerhaft-umweltgerechten Entwicklung in der EU
- H. Westholm: 'Sustainability' als neue Dimension in der Umweltbildung

Rechtlicher und wirtschaftlicher Kontext/Legal and economic context of environmental education

- E. Brandt, Cottbus: Europäisches und nationales Umweltrecht
- G.-J. Krol/J. Karpe, Münster: Die umweltökonomische Dimension europäischer Umweltbildung

Europäische Umweltpolitik und öffentliche Meinung
Environmental politics and public opinion in Europe

- K. Schleicher, Hamburg: Umweltbewußtsein und Umweltbildung in der EU
- W. Leal Filho, Bradford: Umwelterziehung im europäischen Kontext

Willensbildung in europäischen Institutionen/
Initiatives of European Institutions

- Bauer/Ribaut, Straßburg: Perspektiven und Initiativen des Europarats
- A. Kuhn, MdEP, Mainz: Ziele, Strategien und Maßnahmen aus Sicht des 'Europäischen Parlaments'

Europäische Naturschutzaufgaben und Umweltkooperation/European concepts of environmental protection and education

- Wacher, D., Tilbourg: Internationaler Naturschutz: Neue Aufgaben für die europäische Umweltbildungspolitik
- L. Ryden/P. Lindroos/U. Wikström, Uppsala: Umweltbildung durch universitäre Verbundsysteme im Ostseeraum - The Baltic University Programme

Nationales Umweltverständnis im Vergleich
A comparison of national concepts of environmental education

- M. Pieters, Nieuwegein: Akzente in der Umwelterziehung verschiedener europäischer Länder
- N. Reichel, BMBW, Bonn: Demokratie und Umweltbildung in Deutschland - Es wird Zeit für neue Ideen

Strukturelle Elemente europäischen Umweltlernens
Structural elements of environmental learning in Europe

- P. Posch, Klagenfurt: Entwicklung von ökologischer Wahrnehmung und ökologischem Bewußtsein
- Chr. Salzmann, Osnabrück: Regionales Lernen und Umwelterziehung in Europa

Aufgaben einer politischen und öffentlichen Umweltbildung
Environmental education a democratic and public task

- K. Schnack, Kopenhagen: Umweltbildung als politische Bildung in demokratischen Gesellschaften
- E. Piel, Allensbach: Risikowahrnehmung und Umweltbewußtsein im Spannungsfeld medienvermittelter Wahrnehmung

Nachwort:

- H.H. Wilhelmi, BMBF, Bonn: Europa wird nur zukunftsfähig durch radikales Umdenken

Prof. Dr. Klaus Schleicher, Professor für Vergleichende Erziehungswissenschaft an der Universität Hamburg. Geschäftsführender Direktor des Instituts für Internationale und Vergleichende Erziehungswissenschaft.

Verlag Dr. R. Krämer, Postfach 13 05 84, D-20105 Hamburg

UMWELTERZIEHUNG - ökologisches Handeln

UMWELTERZIEHUNG - Ökologisches Handeln in Ballungsräumen

Herausgeber:
Prof. Dr. Helmut Gärtner
Prof. Dr. Martin Hoebel-Mävers

Helmut Gärtner und Martin Hoebel-Mävers (Hrsg.)
Umwelterziehung - ökologisches Handeln in Ballungsräumen
UWE, Bd. 1, 228 Seiten
ISBN-3-926952-29-6
DM 38,--/öS 277/sFr 35,--
Ein Überblick zu theoretischen Positionen von Umwelterziehung.

Umwelterziehung

Martin Hoebel-Mävers (Hrsg)
Ökologisches Gestalten im Ballungsraum

Verlag Dr. R. Krämer

Martin Hoebel-Mävers (Hrsg.)
Ökologisches Gestalten im Ballungsraum
UWE, Bd 2, 288 S., mit vielen Abbildungen, ISBN 3-926952-30-X
DM 38,-/öS 277/sFr 35,--
Arbeitsbuch zur Umweltgestaltung mit konkreten Darstellungen und Analysen, wie im Ballungsraum Ökologie erkennbar, erlebbar, erfaßbar, erlernbar vermittelt werden kann - als Voraussetzung für ökologisches Gestalten im Ballungsraum.

Helmut Gärtner (Hrsg.)
Ökologische Partizipation im Ballungsraum
UWE, Bd. 3, 200 Seiten
ISBN 3-926952-32-6
DM 38,--/öS 277/sFr 35,--
Probleme des Ballungsraumes bedürfen umfassender Mitplanung und Mitgestaltung von Beteiligten und Betroffenen.

Monika Schwarzbach
OEKO-SIM - Ökologische Simulation mit dem Computer
DM 98,--/öS 715/sFr 89,--
ISBN 3-926952-64-4
Schnelle Simulation ökologischer Veränderungen.
PC-Programm (MS-DOS), Diskette, Handbuch mit ausführlicher Anleitung, ökologischen und didaktischen Hinweisen (76 S.) und Kurzreferenz.

Regina Marek
Praxisnahe Umwelterziehung
Handreichungen für Schule und Lehrerfortbildung
UWE, Bd. 4, 208 Seiten
ISBN 3-926952-31-8
DM 38,--/öS 277/sFr 35,--
Umwelt mit allen Sinnen wahrnehmen und aktives Umwelt-Handeln.

Michael Rösler
Ökologische Verkehrsplanung im Ballungsraum
UWE, Bd. 5, 172 Seiten
ISBN 3-926952-33-4
DM 38,--/öS 277/sFr 35,--
Die Ziele ökologischer Verkehrsplanung - weitgehende Verkehrsvermeidung und Umweltorientierung nicht vermeidbarer Verkehre - können nicht allein durch regulierende Eingriffe in den Verkehrsverlauf erreicht werden.

Klaus Schleicher (Hrsg.)
Lernorte in der Umwelterziehung
Beiträge zur Schul- und Erwachsenenbildung
UWE, Bd. 6, 436 Seiten
ISBN 3-926952-62-8
DM 48,--/öS 350/sFr 44,50
Es werden Wechselbeziehungen zwischen Lern-, Handlungs- und Entscheidungsräumen untersucht und das Spannungsverhältnis von Umwelterziehung, Umweltbedeutsamkeit, Umweltbewertung und Umweltgestaltung thematisiert.

Helmut Schreier (Hrsg.)
Die Zukunft der Umwelterziehung
UWE, Bd. 7, 276 Seiten, Abbildungen
ISBN 3-926952-76-8
DM 48,--/öS 350/sFr 44,50
Gelangen wir zu einem 'Planet-Erde-Bewußtsein' und wie könnte die Großstadt künftig unter ökologischen Aspekten aussehen?

Klaus Schleicher (Hrsg.)
Umweltbildung von Lehrern
Studien- und Fortbildungsaufgaben
UWE, Bd 8, 328 Seiten, mit vielen Abbildungen und Übersichtstabellen
ISBN-3-926952-78-4
DM 58,--/öS 423/sFr 52,50
Umweltbildung erfordert Umweltengagement bei Lehrenden und Lernenden, einen Dialog zwischen Schule und Hochschule sowie eine Ergänzung von Wissenschaft und Bildungspolitik.

Hans Baier/Erich Renner (Hrsg.)
Umwelterziehung in der frühen Kindheit
UWE, Bd 9, 236 Seiten, mit vielen Abbildungen und Tabellen
ISBN 3-89622-004-7
DM 48,--/öS 350/sFr 44.50
In diesem Band zur frühkindlichen Umwelterziehung soll mit fundierten Analysen und konkreten Beispielen gezeigt werden, wie Umwelterziehung im Kindergarten und in der Vor- und Grundschule aussehen sollte.

Helmut Gärtner (Hrsg.)
Umweltpädagogik in Studium und Lehre
UWE, Bd. 10, 440 Seiten
ISBN 3-89622-008-X
DM 98,--/öS 715/sFr 89,--
Ein umfassendes Werk zur Entwicklung einer umweltpädagogischen Studienkonzeption.

Klaus Schleicher/Christian Möller (Hrsg.)
Perspektivwechel in der Umweltbildung
Erschließung und Bearbeitung komplexer Probleme
UWE, Bd. 11, 324 Seiten
ISBN 3-89622-012-8
DM 58,--/öS 423/sFr 52,50
Umweltprobleme können nur durch eine Überschreitten der Fachgrenzen und im Zusammenwirken verschiedener Perspektiven angemessen bearbeitet werden.

Regula Kyburz-Graber
Lisa Rigendinger
Gertrude Hirsch Hadorn
Karin Werner Zentner
Sozio-ökologische Umweltbildung
UWE, Bd. 12, 334 Seiten
ISBN 3-89622-015-2
DM 58,--/öS 423/sFr 52,50
Ein überzeugendes Konzept, wie sozio-ökologische Umweltbildung in der Schulpraxis realisiert werden kann.

Verlag Dr. R. Krämer, Postfach 13 05 84, 20105 Hamburg